国家社科基金艺术学一般项目（项目批准号：20BG106）
“燕山大学优秀学术著作及教材”基金项目

中国文创产品设计中的人文情感作用机制研究

于　雷　著

燕山大学出版社
·秦皇岛·

图书在版编目（CIP）数据

中国文创产品设计中的人文情感作用机制研究 / 于雷著. -- 秦皇岛 : 燕山大学出版社, 2025. 8. -- ISBN 978-7-5761-0768-5

Ⅰ. G124

中国国家版本馆 CIP 数据核字第 20243N48P5 号

中国文创产品设计中的人文情感作用机制研究

ZHONGGUO WENCHUANG CHANPIN SHEJI ZHONG DE RENWEN QINGGAN ZUOYONG JIZHI YANJIU

于　雷　著

出 版 人： 陈　玉

责任编辑： 刘馨泽

责任印制： 吴　波　　**封面设计：** 刘馨泽

出版发行： 燕山大学出版社　　**电　　话：** 0335-8387555

地　　址： 河北省秦皇岛市河北大街西段 438 号　　**邮政编码：** 066004

印　　刷： 廊坊市印艺阁数字科技有限公司　　**经　　销：** 全国新华书店

开　　本： 710 mm×1000 mm　1/16　　**印　　张：** 13.75

版　　次： 2025 年 8 月第 1 版　　**印　　次：** 2025 年 8 月第 1 次印刷

书　　号： ISBN 978-7-5761-0768-5　　**字　　数：** 220 千字

定　　价： 88.00 元

序　一

文创产品作为新时代文化与经济融合的重要载体，日益成为提升国家文化自信、推动文化传承的重要媒介。随着社会经济的迅速发展与大众精神文化需求的持续提升，中国文创产品设计逐渐受到广泛关注，并迅速发展成为兼具市场价值与社会意义的新兴产业。然而，目前学界对文创产品设计的研究大多集中于产品外观、文化元素的提取与应用，而对产品背后深层次的人文情感作用机制则缺乏深入系统的探讨与分析。因此，深入挖掘和全面揭示文创产品设计中的人文情感作用机制，已成为当代设计研究领域的重要课题。

本书基于人文情感认知理论，着眼于中国文创产品设计实践中情感作用机制的分析，综合运用设计美学、消费心理学以及情感设计的相关理论，深入探讨设计师与消费者在文创产品设计和消费过程中产生的情感认知差异与共鸣。从人文情感认知的双重维度出发，即以人为主体的设计认知视角与以产品为载体的物质认知视角，本书提出了一套清晰且兼具实践指导价值的研究框架。

本书不仅丰富了文创产品设计领域的人文情感理论体系，同时也为设计实践提供了具体可行的方法论指导与现实参考。研究成果致力于帮助设计师更深入地理解和挖掘文化元素与情感体验的结合点，推动设计师创造出更具文化内涵、更有市场吸引力的文创产品。此外，通过系统地解析人文情感作用机制，本书力求推动文创产品设计从单一的视觉符号表达向更深入的情感与文化价值共鸣转变，为中国文创产业的持续发展与文化创新传承提供坚实的理论支撑与实践路径。

陈国强
燕山大学党委常委、副校长
燕山大学教授
河北省燕赵英才（A 类）
河北省优秀教学团队带头人
中国工业设计十佳教育工作者

序　二

在当今时代，文化创意产业已经成为推动国家经济增长、文化自信提升和社会发展的重要力量。尤其是在中国，文创产品作为这一产业的核心组成部分，承载了深厚的文化内涵和情感价值，成了文化传播、创新与传承的重要载体。随着中国经济的迅速发展与人民生活水平的提升，消费者对文创产品的需求已经从最初的物质满足转向了对文化和情感的深度渴求。文创产品不再仅仅是物理形态的商品，而是成了消费者精神世界的延伸和情感认同的载体。因此，如何在文创产品的设计中精准地融入人文情感，提升产品的文化价值和情感认同，已经成为当前设计领域研究的一个重要方向。

本书正是基于这一背景展开的。作者通过细致入微的研究，探讨了人文情感在中国文创产品设计中的深刻作用，特别是如何通过情感设计来实现文化元素的传递与消费者情感的共鸣。本书以设计师与消费者的情感认知差异为切入点，深入分析了文创产品的设计不仅要满足功能需求，还必须注重情感与文化价值的传递，从而建立起消费者对文创产品的情感认同。这一课题在学术界和实践中都有着极高的研究价值，不仅帮助我们更好地理解文创产品设计的内在机制，也为从业者提供了具体的设计思路和方法。

在书中，作者从中国文创产业发展的宏观背景出发，详细分析了文化创意产业尤其是文创产品在当前中国社会中的发展脉络。随着经济的增长和社会审美意识的提升，文创产品逐渐超越了传统的纪念品和工艺品范畴，成了具有文化价值和市场潜力的新兴产品类别。随着科技的进步与社会文化环境的变化，文创产品的设计不仅需要承载传统文化的精髓，还要充分结合现代审美与技术创新，使其更加贴近消费者的情感需求。本书正是在这一趋势下，深刻探讨了人文情感如何在文创产品设计中发挥重要作用，如何通过情感设计与文化元素的融合，推动产品的创新与市场成功。

本书的一大亮点在于它对设计师与消费者在文创产品设计中情感认知的差异进行了深入剖析。设计师不仅是技术与美学的创造者，更是文化与情感的传递者。如何通过情感设计来捕捉消费者内心深处的需求，如何将文化元素与现代设计语言相结合，以实现文化的传承与创新，是本书研究的核心之一。作者通过多层次的理论分析与实证研究，探讨了情感设计在文创产品设计中的多维度作用，包括功能属性、虚构价值、情景价值和定向属性等。这些维度不仅为文创产品设计提供了科学的理论框架，也为设计师提供了创新的路径指引。

此外，本书还对乡土文创产品和人工智能生成的文创产品进行了研究，进一步拓展了情感设计的应用范围。在中国，乡土文创产品通常以地方文化为基础，通过设计与创新的方式，激发人们对家乡的情感认同和记忆。作者以河北武强年画为例，探讨了如何将地域特色与情感认同相结合，设计出既符合市场需求又具有文化深度的乡土文创产品。而随着人工智能技术的飞速发展，文创设计也迎来了新的机遇与挑战。本书通过对人工智能生成文创产品的研究，揭示了新兴技术在情感设计中的应用潜力，探讨了人工智能如何通过其算法生成的艺术作品，带来更加个性化和多元化的情感体验。这些研究为文创产品设计提供了更加广阔的视野，并为未来设计的创新方向提供了新的思考。

本书的研究不仅关注文创产品的设计实践，还深入探讨了情感认知在文创产业中的重要作用。随着市场竞争的日益激烈，文创产品的成功不再仅仅依赖于产品本身的功能性和美学价值，更依赖于其背后传递的情感价值。消费者对于文创产品的选择，越来越受到情感因素的影响。如何通过情感设计提高产品的市场吸引力，如何通过品牌塑造与市场推广将情感认知与产品的文化内涵相结合，已经成为文创产品成功的关键因素之一。本书对情感认知在品牌建设与市场推广中的作用进行了详细分析，提出了情感设计如何助力品牌忠诚度和消费者推荐意图的提升，为文创产业的商业化路径提供了有益的参考。

本书不仅在理论上为文创产品设计提供了创新的视角和深刻的理解，也为行业从业者提供了切实可行的设计方法和实践指导。通过对设计师与消费者的情感认知、地域文化特色、新兴技术应用等多个层面的综合分析，作者深入探讨了人文情感如何在文创产品设计中发挥核心作用，并揭示了文化创意产业的未来发展趋势。本书的研究成果将为学术界提供宝贵的理论参考，也将为文创产业的从业者提供实践指导，推动文创产品的创新设计和市场推广。

余隋怀

西北工业大学教授

中国工业设计协会副会长

教育部工业设计专业教学指导分委员会副主任委员

序　三

在文化创意产业蓬勃发展的浪潮中，文创产品已成为文化传播与经济增长的重要结合点。本书聚焦于这一充满活力与挑战的领域，展开了深入且系统的研究，为我们理解文创产品背后的复杂逻辑提供了关键线索。

文创产品的兴起是社会经济文化发展到一定阶段的必然产物。在满足人们基本物质需求后，对精神文化的追求促使文创产业应运而生。它承载着文化传承与创新的使命，在全球化文化交流的大舞台上，成为彰显民族文化特色与魅力的重要窗口。然而，文创产品的设计与发展并非一帆风顺，面临着诸多亟待解决的问题。

本书作者敏锐地察觉到这些问题的关键所在，将研究核心聚焦于人文情感作用机制。从人的认知角度出发，通过严谨的研究方法，对设计师和消费者的情感认知进行了细致入微的剖析。设计师作为文创产品的创意源头，其情感设计认知层次决定了产品的文化深度与创意高度。书中运用扎根理论等方法梳理出的设计要素及层级关系，为设计师在创作过程中如何精准融入情感元素提供了清晰的理论框架，有助于提升产品的文化内涵与艺术价值。消费者方面，基于系统动力学等研究手段构建的情感认知系统，全面揭示了影响消费者对文创产品情感反应的多元因素及其动态变化，使企业能够更准确地把握市场需求，优化产品设计与营销策略，增强产品与消费者的情感共鸣。

在物的认知层面，本书对乡土文创、人工智能生成文创及工艺创新等方面的研究极具开创性与启发性。乡土文创产品研究深入挖掘地域文化情感认同路径，凸显了地方文化在文创中的独特价值，为乡土文化的传承与发展开辟了新的途径；人工智能生成文创产品的研究紧跟科技发展前沿，探索公众对新技术下文创产品的情感认知，为文创产业的创新发展提供了新的方向与可能性；文创产品工艺创新研究以故宫文创为典型案例，借助复杂网络分析方法揭示工艺元素内在关联，为文创产品的品质提升与文化传承提供了实践指导。

总体而言，本书为文创产业的理论研究与实践发展架起了一座坚实的桥梁。无论是对于学术研究者深入探索文创产业的内在规律，还是从业者寻求产品创新与市场突破的方法，乃至对于文化爱好者理解文创产品的文化与情感价值，都具有不可忽视的重要参考价值。相信本书的出版将在文创产业发展进程中激起思维的涟漪，推动文创产业朝着更具文化内涵、情感温度与创新活力的方向稳健前行。

张明

南京艺术学院工业设计学院院长

南京艺术学院教授

中国工业设计协会副会长

中国美协工业设计艺委会委员

教育部首批国家一流专业及一流课程负责人

文化部文化创意重点入库人才

中国工业设计协会设计研究专业委员会秘书长

江苏省工业设计学会副理事长

中国工业设计十佳教育工作者

目　录

下篇　物的认知机制

绪　论

一、中国文创产品

文创产品，顾名思义，其指代的是基于文化符号而衍生出的具有实物形态的产品。文创产品作为消费者进行创意消费的具体载体，推动着消费者为了文化而消费。大部分文创产品介于日用品和奢侈品之间，从需求上来讲，比起生存需要，文创产品往往面向人类的高级精神需要，不属于生活的刚性必需品。因其本身的性质，文创产品长期在旅游纪念品、手工艺产品等行业的夹缝中生存，所以，文创产品的概念在很长一段时间内没有被学者单独认知。然而，随着时代的进步和人们审美意识的提升，以及中国经济发展战略的调整，供给侧与需求侧的概念逐渐清晰，许多企业意识到满足人民精神生活需求的重要性，并定制出以提升用户端体验为目标的策略。因此，文化创意产业在中国迅速崛起，成为推动国家经济增长和文化传承的重要力量，文创产品也逐步演变为一种全新的产品类别，被大众所熟知。同时，科技的进步所引发的生活方式与文化环境的变革，也不断为文创产品设计提供全新的载体与灵感源泉。因此，新时代的文创产品不仅需要融合文化与创意，还需要结合先进技术，以确保文创产品设计的前沿性与生命力。

文创产品由于其固有的文化属性与商品属性，在文化产业中具有举足轻重的地位。顾江等学者在《文化产业研究》一书中，详细阐述了文创产品在产业方面的价值，并明确指出产品文化属性的关键作用。他们强调："文创产品短期看是刺激内需增长的有效手段，但是从长期看其已成为提升国家竞争力和文化自信的重要手段。"文创产品作为文化创意产业的核心，无疑承载着推动经济增长的使命。然而，从长远来看，文创产品的价值并不局限于消费，其文化属性对国家文化建设的影响将持久且深远。日本设计大师原研哉在其著作《设计中的设计》中指出："文创产品作为一种特殊的产品设计形式，它所具有的艺术和文化属性既需要满足消费者的审美需求，更要注重消费者的精神需求；同时，产品所蕴含的文化特质也被置于用户的内心深处。"对于文创产品而言，其文化价值和社会意义正是在于这一点，即注重消费者的审美与精神需求，注重产品的文化特质与精神传承，这与我国当前的文化发展要求相吻合。

文创产品作为文化创意产业的核心内容，承载着丰富的文化内涵和情感认知，引领人们对美的追求和审美体验。有关文创产品的分类和定义，多位学者在相关文章中进行了阐述。其中，陈墨、余隋怀等人在《文化创意产品的设计方法与路径》一文中明确提出，文创产品是将文化融入产品的产物，是一种文化衍生品，并受到人们广泛的喜爱。魏鹏举等学者在《文化创意产品的属性与特征》一文中则强调，文创产品是指来源于文化创意产业领域的产品，包括相互依存、不可分割的文创内容与外在载体。台湾艺术大学设计学院的林荣泰教授提出了"文化三层次"的概念，即外在、中间和内在层次，为设计师进行文化创意产品设计提供了基本思路。在国外的研究中，学者们更加关注文创产品的消费研究，如 Sweeney 和 Soutar 提出的价值感知模型成为重要的理论基础。Lindstrom 在《洞察当今全球儿童的思想及其与品牌的关系》一书中指出，消费者通常会在比较产品效益和成本效益的基础上作出理性的购买决定。除了原创性和美感的情感诉求，这一点也值得重视。

现如今，我们面临着既要延续地域元素的文创产品，又需关注文创产业发展、设计流程优化、消费者认知提升以及产品文化融合创新等多方面研究领域的挑战。因此，许多设计学领域的学者在研究文创产品时，开始关注用户体验、人性化、社会情感的需求以及文化价值的挖掘等问题。而人文情感作用机制的研究作为提升用户体验、深入挖掘文化价值、满足用户的人性化需求以及提供社会情感支持的重要理论方法，正成为学者们研究的一个重要方向。如 Green 和 Jordan 提出，通过提升产品的吸引力可以使产品更具使用价值，因此产品设计应满足用户的四种愉悦感受：意识愉悦、社交愉悦、身体愉悦和心理愉悦。唐纳德 · A. 诺曼在《情感化设计》中从本能、行为和反思三个层面出发，详细阐述了情感在设计中的重要性，并深入探讨了如何将人类情感融入产品设计。McCarthy 和 Wright 认为情感是用户在体验产品和被服务过程中所感受到的体验感受，涵盖了整个体验过程、感官、情感以及广泛的社会和文化背景以及实时使用场景。Anderson 提出了产品设计应考虑的层次结构，包括实用性、可靠性、可用性、易用性、愉快性和意义性。这些理论为我们提供了产品设计的重要指导原则，也为人文情感设计提供了广泛的理论基础。

同时，作为具有深厚历史文化背景的国家，中国拥有丰富多样的文化遗产和艺术传统。这些传统不仅是历史的见证，也是民众身份认同的关键因素，吸引着越来越多的学术关注。然而，当前研究的主流方向主要以产品外观为切入点进行外在特性的描绘，其设计理念往往过于隐晦，难以在短时间内引起不同文化群体的情感共鸣。因此，揭示中国文创产品设计中的人文情感作用机制，培养出更符合市场需求的设计师，并将中国传统文化资源与现代设计相融合，创造出具有中国特色和时代内涵的文创产品，是本书所研究的重要议题。

通过研究与了解不同的文化背景、情感体验以及人文情感的作用机制，我们可以深入理解和尊重传统文化的价值，预见市场需求与未来趋势。人文情感研究的核心意义在于，它有助于我们建立对传统文化资源的理解和尊重，从而在传承的同时，将其与现代设计理念与方法相融合，创造出具有时代内涵和中国特色的文创产品。这将有利于提升用户体验、增强品牌认同感、推动创新，并有助于建立独特的文化创意品牌形象。此外，也能够帮助设计师更好地理解消费者的情感需求和文化认同，从而设计出更具文化内涵和情感魅力的文创产品。消费者也能更好地了解文创产品的设计理念与文化内涵，从而更深入地体验文化带来的愉悦与启迪。因此，我们需要重视对人文情感的研究，特别是在处理文创产品设计的过程中。

二、设计中的人文情感认知

人文情感认知指的是在文化和情感的层面上对事物、产品或文化元素的认知和理解。它强调了个体与文化、情感和社会价值观之间的联系和互动。在文创产品设计中，人文情感认知是指设计师和消费者从情感和文化的角度来理解和体验文创产品，包括情感共鸣、文化传承、认同感以及对文化元素的理解等方面。这种认知不仅仅关注产品的功能和外观，更强调产品背后的文化内涵和情感表达，从而使产品更具深度、意义和吸引力。人文情感认知在文创产品设计中扮演了至关重要的角色，因为它不仅仅使产品成为物质的实体，更是文化、情感和认同的传达媒介。

基于此，本书将从人的认知机制和物的认知机制两方面，对中国文创产品设计中的人文情感作用机制进行系统的研究和论述。在人的认知方面，我们将重点关注现有研究中，中国文创产品设计的趋势与前沿热点，探究中国文创产品的情感设计作用初步理论机制。同时，我们还将深入探究中国文创产品设计师的人文情感认知层次，以及消费者的人文情感认知系统，以此为中介，建立消费者和设计师之间的桥梁，为文创产品设计提供有价值的参考。在物的认知方面，我们将探究乡土文创产品的人文情感认同路径，以及人们是如何认知人工智能生成的文创产品的文化元素的。此外，我们还将分析和研究当代中国文创产品的工艺创新与人文传承间的网络关系，以此更深刻地理解在不同中介要素的作用下，中国文创产品的人文情感作用机制的产生过程，为文创产品设计的改进和升级提供有益的启示。本书将通过深入系统的研究和论述，为文创产品设计中人文情感作用机制的探究提供重要的理论支持和实践指导。

三、中国文创产品设计中的人文情感作用机制研究论述要点

本书以中国文化为背景，结合设计美学和消费情感认知的相关理论，系统地解构中国文创产品的人文情感认知机制。从我国文创产品设计研究的整体发展开始进行论述，以设计师、消费者、乡土文创产品、人工智能生成文创产品以及文创产品的工艺表征等变量为中介因素，对中国文创产品设计人文情感作用机制进行实证性解构。通过理论分析、案例研究和实践探索相结合的方式，提供一系列的理论思考和实践经验，以期读者能更好地理解中国文创产品的设计美学与消费者的情感需求，并将现代元素与传统元素融合于新时期的产品设计实践中。

第一章将从中国文创产品研究者的视角，介绍中国文创设计研究的前沿热点及趋势演进。通过使用可视化引用分析工具 CiteSpace，对中国知网（CNKI）的数据源进行分析，并通过计量方法，研究中国文化创意设计的应

用发展。本章将展示文创产品的不同研究领域、人员、机构等，分析中国文创设计理论研究的前沿热点及趋势演进，以此为中国的文创产品设计实践提供具有前瞻性的发展参考。通过对中国文创产品发展的客观实证分析，扩展相关学者的研究视野，了解中国文化创意产业的发展方向，丰富中国文创产品的设计实践应用，增进国际同行对中国文化创意设计研究的理解，并促进国际同行之间的交流。

第二章将从消费者和设计师两者的认知差异角度，研究文创产品的情感设计作用机制。本章将文创产品设计竞赛中获奖的 4 个产品和在线商店中销量高的 4 个商业产品作为研究案例。通过对非专业人士进行的 176 份有效问卷调查，利用结构方程构建情感设计模型，探讨了情感因素对普通消费者购买中国文创产品的意愿和偏好的影响，并进一步探讨是否存在情感设计标准与消费者根据他们的生活经验和个人主观情感偏好所认可的优秀设计之间的认知差异，从而深入研究情感设计的影响。

第三章将从设计师的角度，解构设计师对文创产品的情感设计认知层次。受过专业训练的设计师在文创产品的设计过程中扮演着关键角色，他们是产品设计的主体，能够挖掘消费者难以注意到的产品问题，注重对文化的理解与创作。同时，设计师的情感认知对产品的创作与表达起着重要作用。本章将从设计师的角度出发，通过研究文创产品设计师在设计实践过程中的情感认知层次，解析文创产品设计塑造过程中的重要指标，揭示在文创产品情感作用中设计师对文创产品的作用机理，以此为文创产品的设计创新路径的迭代作出指导。

第四章将从消费者的角度，重点阐述消费者对文创产品的情感设计认知层次并对其进行实证解构。消费者作为文创产品的最终受众，他们对产品的情感认知和情感体验直接影响着产品的受欢迎程度和市场表现。本章将探讨消费者在文创产品选择和体验中的情感认知层次，包括对产品的美学评价、情感共鸣、情感体验等方面的认知，通过对相关要素的研究来阐述产品设计引发消费者的情感共鸣和认同的动力学机制。

第五章将以乡土文创产品为例，解构乡土文创产品的情感认同路径。乡土文创产品以乡土文化为基础，通过设计与创新的手法，引发人们对家乡情感的认同和回忆。本章将以具有浓郁中国北方民间乡土和地域文化特色的河北武强年画为例，并利用重构的图案元素进行服装设计，通过 156 份有效问卷调查和 fsQCA，探讨乡土文创产品在情感认同方面的设计路径；通过对比实验，解构消费者的情感需求差异，进而揭示消费者情感认同更深层次的动因。

第六章将以人工智能转译图像为例，探讨人工智能生成文创产品的情感认同路径解构。随着人工智能技术的不断发展，其在文创设计领域的应用也越来越广泛。人工智能的生成图像提供了一种崭新的视角，其作品在某种程度上反映了计算机对现有设计案例风格的深刻理解。这使得这些作品在解释消费者的情感认知方面具有更高的客观性，因为它们不受设计师的个人文化、性别、思想等因素的影响。通过深入研究这些人工智能生成的设计作品，可以更深入地理解人文情感的作用原理。本章将运用人工智能图像转译技术，将 6 幅中国传统艺术图案进行风格迁移和重构，并以网上问卷调查的方式，收集 355 名受试者对原图案和转译图案的情感评价与审美理解，进而对公众的认知结构进行解构与分析。

第七章将以现代故宫文创产品为例，探讨现代文创产品的工艺表征网络与创新传承。现代故宫文创产品作为中国文化遗产的创新表达形式，将传统文化与现代设计相结合，呈现出独特的美学价值。本章将以故宫文创产品工艺为研究对象，借由质性观点的内容分析法、质量混合的复杂网络分析等方法，量化分析工艺元素的内在关联和网络结构，进而解析工艺表征网络所内蕴的文化传承与创新，从创作媒介和技法赓续的视角，对中国文创产品的人文情感作用机制，以及文化遗产的传承、创新和重构进行深入讨论。

本书从人和物的两个层级，对中国文创产品设计中的人文情感机制进行系统的实证解构。通过对传统文化审美价值观念与创新形式的深入探讨，以及对情感需求和认知方式的关注，形成开启创造新时期中国特色和时代内涵的文创产品的钥匙。

上篇　人的认知机制

第一章 文创产品设计研究的前沿热点及趋势演进

中国文创产品作为消费品，长期在旅游纪念品、手工艺产品等行业的夹缝中生存，并没有被单独认知。然而，随着中国经济从“需求侧经济”向“供给侧经济”的转变，人们开始重视文创产品的独特作用。政府扶持政策和科技发展拓展了其市场范围，使其成为体现中国文化创意和创新能力的代表。文创产品不仅是商品，更是文化符号和情感表达的载体。在新的经济环境下，中国文创产品正逐渐发展成为具有广阔市场前景的独立产业。

一、中国文创产品设计研究

根据马斯洛的需求层次理论，文创设计产品能够成为精神文明的载体，与人最高层次的自我实现需求息息相关。文创设计产业的蓬勃发展映射着人民的精神物质生活的变迁，也带动着国家的经济政治发展。有学者提出，文创设计产业是一个国家经济转型升级的重要抓手，只有经济发展，文创设计产业才变得有意义。在《2021—2027 年中国文化创意市场发展前景预测及投资战略研究报告》中显示，目前，文化产业主要以美、英、日、韩和中国为主，其中、美两国约占市场总额的 43%，欧洲约占 34%，亚太约占 19%，但是在相关的统计中，美国将微软等计算机巨头都统计到了 GDP 的占比之中，这进一步说明了文创设计产品的大概念，涵盖了信息设计、服务设计、交互设计、软件设计等多个新一轮产业竞争急需的领域。在此背景下，为了给中国文创产品设计实践提供具有前瞻性的发展思考，本章将选择与中国文创相关的文献作为研究对象，力求对中国的文创设计研究进行实证分析。

文创设计产品作为一种特殊的产品设计形式，它所具有的艺术和文化属性既需要满足消费者的审美需求，又要满足消费者的精神需求。同时，产品所蕴含的文化特质也被置于用户的内心深处，这是中国文创产品的文化价值以及社会意义所在。文创设计产品短期看是刺激内需增长的有效手段，但是从长期看其已成为提升国家竞争力和文化自信的重要手段。文创设计产品和以往旅游产品、新手工产品等产品的区别是将文化融入产品，是文化衍生品的一种表现形式，它通常会受到人们广泛的喜爱。在现有关于中国文创方面的研究综述中，尽管有学者从不同视角对中国文创研究进行了回顾与展望，但都是建立在对大量文献的定性梳理基础上，在文献选择与分类标准、热点追踪和方向把控的方面存在较大的主观性，缺乏客观的定量分析研究。基于此，本章以中国文创设计研究的文献为数据基础，通过文献计量方法对中国文创设计研究进行客观定量的实证分析，力求掌握中国文创产品的研究范围和研究前沿，明晰中国文创的设计研究热点以及演进趋势；进一步丰富国内学者对中国文创产品的设计视野，发展适应中国的文创产品设计；帮助设计师更好地挖掘文化元素，设计出多元的文创产品；同时增进国际同行对中国文创设计研究的了解，促进国际同行的交流。

在研究方法的选择上，传统的阅读方式不仅使研究的工作量大，研究过程中会产生遗漏、研究重点偏移等问题，还会有很大可能造成本末倒置的问题，从而导致整体结构发生变化。本章节使用的“CiteSpace V”引文可视化分析工具，将中国知网数据库（CNKI）中有关中国文创设计的应用与发展相关文献作为研究对象，进行分析并绘制图谱，以此来研究中国文创设计的应用发展，为中国文化创意产业的应用研究提供参考。

研究通过文献计量方法，以中国知网数据库中与中国文创相关的文献为研究对象，以对中国文创产品的发展作出客观的实证分析为研究动机，进而进一步拓宽相关学者的研究视野，挖掘中国文创产品设计研究热点，了解中国文化创意产业发展方向，丰富中国文创产品的设计实践应用，同时增进国际同行对中国文创设计研究的了解，对国际同行交流起到促进作用。

二、中国文创产品设计的文献计量分析

为全面总结中国文创产品的设计研究状况，同时保证原始数据全面准确且具有较高的解释度、真实度和可信度，因此本章选用文献数量最多、覆盖中国文创产品设计相关文献最全的 CNKI 中国学术期刊为样本数据源进行检索。选择“中国文创”“文创设计”作为关键词进行索引。由于文创设计产品的应用覆盖面较广，文创设计产业相关研究综合性较强，跨学科研究较多，为了保证计量的覆盖面，获得广泛且有价值的计量结论，本章在经过筛选后，增加“文化创意产业”“创新设计”“文创产品”作为通用检索关键词。

为了保证实验中所获取文献本身的质量，文献的来源经过了 CNKI 官网提供的过滤器的筛选。本章实验中所选择的文献类型为期刊，检索范围为 2011—2021 年，检索时间为 2021 年 4 月 19 日，检索到原始文献共计 1317 篇。同时，由于检索到的部分文献主要内容为建筑设计、文学、教育学等，与所筛选关键词的关联性及与本章的主要内容联系较弱，因此，笔者剔除与本章研究主题不符的文献之后，最终得到 1297 篇文献作为中国文创设计研究的基础。

1. 文献计量法

文献计量法是一种利用文献的引用、作者、期刊等各种特征为研究对象，进行定量分析以评估学术研究成果的方法，其采用数学与统计学的方法来描述、评价和预测研究领域的现状及发展趋势，属于图书情报学的分支学科。此方法能够清晰梳理某个领域的研究热点和趋势，也能够作为评估研究成果在学术界和产业界的影响力、期刊和会议的质量等的手段，并检测学术发展的速度与演变情况。由于适用范围较广、结果直观，文献计量法在图书馆学、管理学、医学、艺术设计学、传播学等多个学科领域已经获得了广泛运用。

在文化传播方面，现有和文创产品相关的文献计量研究主要集中在文创产业发展、非物质文化遗产保护、工业设计和用户需求等领域，具有代表性的高索引研究，如罗尧成以 CNKI 中关于文化创意产业集群的相关文献为研

究对象来研究中国文化创意产业的发展现状和趋势。王诗谣通过文献计量对中国非物质文化遗产领域进行梳理研究，为非物质文化遗产的挖掘保护和创新传承提供新的发展思路。张旸以 2011—2020 年《设计研究》期刊文献为分析对象，探讨繁荣的文化背景及不断融合的文化发展趋势对工业设计带来的新需求。因此，本章通过文献计量法对中国文创产品设计现阶段的研究热点和前沿进行描述，以此揭示中国文创产品设计发展的未来趋势。

2. 研究程序

本书采用美国德雷塞尔大学陈超美博士研发的“CiteSpace V”软件（版本号为 CiteSpace V5.7.R5.32-bit），对中国文创相关研究进行可视化知识图谱分析，主要包括确定关键词、前期数据准备、可视化分析工具设置和可视化知识图谱分析 4 个部分。（1）确定关键词：以中国文创、文创设计、文化创意产业、创新设计、文创产品为检索关键词。（2）前期数据准备：通过 CNKI 中国知网数据库检索出 1317 篇文献，剔除其中与设计类学科无关的文献，最终挑选出 1297 篇文献。（3）可视化分析工具设置：在 1297 篇文献中，发表年份最早为 2011 年，在分析研究作者和学科时，阈值项选择“TopN=50”。设置“CiteSpace”分析的时间为 2011—2021 年，同时设置 1 年 1 段为时间切片。在分析研究热点关键词时，阈值项选择“TopN%=10%”。（4）可视化知识图谱分析。获取图谱后，本章可以看到每个节点的各类不同的信息，另外，通过各个年轮的颜色可以呈现出被引时间分布，也可以从时间上看出聚类之间的知识流向。数据收集、处理和分析的技术路线见图 1-1。

图 1-1　本章数据收集、处理、分析技术路线

3. 研究结果分析

发文量随年代分布情况如下。图 1-2 显示了中国文创产品设计研究文献在 CNKI 中国知网发文量随年代变化的情况。从图中可以看出，第一篇有关中国文创的文献在 2011 年首次刊登；而 2011—2014 年发文量较少，均在 5

篇以内；但从2015年开始，发文量逐渐增加；2021年是发文量最多的年份。由此可见，随着我国经济的发展、设计的转型，中国文创设计正逐渐受到我国研究者们的广泛关注。

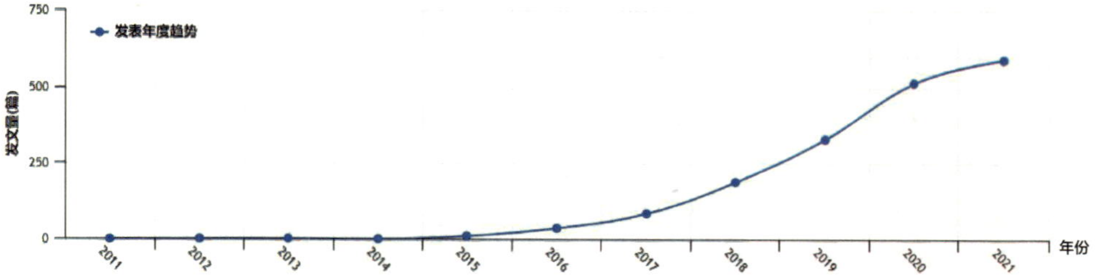

图1-2 发文量分布图

三、中国文创产品设计研究体系分析

对作者合作的分析可以更好地捕捉本学科的研究领域和研究趋势，更有可能有效地捕捉本学科的科研过程，促进课题的研究状态和分析发展。通过"Cite Space"分析研究作者与学科时，阈值项选择"TopN=50"，设置分析的时间为2011—2021年，同时设置1年1段为时间切片，在1297篇文献中共得到240个节点，74条连线，密度为0.0026，与此同时表1-1中统计出了"CiteSpace"软件分析出来的中国文创研究发文量前十位的学者。排在第一位的是浙江理工大学的张祖耀教授，发文13篇；其次是西南民族大学的付业君教授，发文量10篇；并列第三位的分别是刘俊、刘媛霞、傅蓉蓉、回璇4位教授，均为9篇；并列排在第七位的是刘晓彬、卢章平、卜俊、古丽珠4位教授，均为8篇。

表1-1 中国文创研究主要作者（前十位）

发文量/篇	作者	群集#
13	张祖耀	6.5
10	付业君	4.5
9	刘俊	3.5
9	刘媛霞	3.5
9	傅蓉蓉	3.5
9	回璇	3.5
8	刘晓彬	3.5

（续表）

发文量 / 篇	作者	群集 #
8	卢章平	3.5
8	卜俊	3.5
8	古丽珠	3.5

作者合作网络图谱如图 1-3 所示。由于各个学者相互交流与合作，在图谱上形成了几个作者子网络结构，较为显著的是分别以朱红红、李潇、刘俊哲为首的网络结构。同时，图谱也表明几位高产作者合作较少，主要表现为学者张祖耀、付业君、刘俊之间合作较少；单独节点的学者较多，如王林、李红超、李静、易平等人。其中还有一些工业经济学科的学者也发表过有关文创题材的文章，如盐城工学院何登溢、于利、施淑文、许欣雨的《海盐文化资源与区域特色文创设计研究》，大连工业大学蔡宛宏老师的《基于海洋文化视角的大连城市形象文创产品设计研发》等。有一部分的研究者均属于经济管理学领域，因他们不断重视，文化产业这一领域得到不断进步。

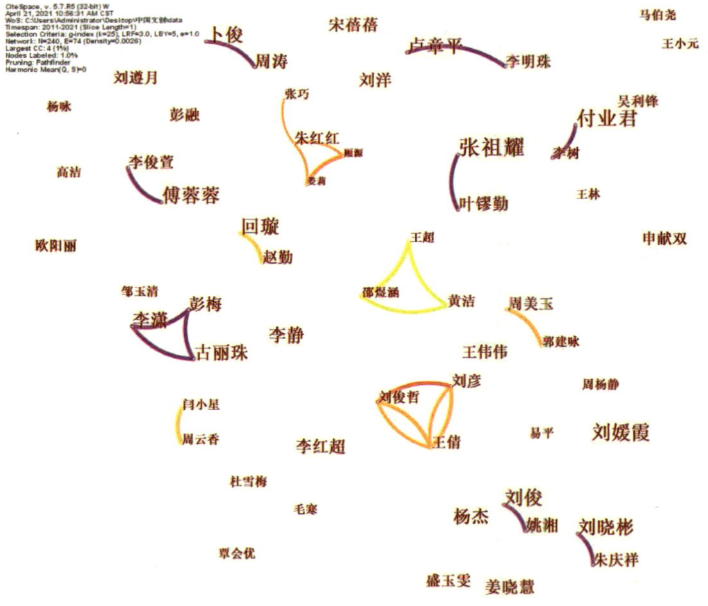

图 1-3　作者合作网络图谱

通过分析各个研究机构的分布情况，能够有效地了解到该领域的研究前沿的发展状况。中国文创研究的机构分析见表 1-2。表 1-2 中统计出了“Cite

Space”软件分析出来的1297篇文献中，中国文创研究发文量前十位的机构。排在第一位的是江西科技师范大学，发文41篇；其次是华东理工大学，发文量36篇；北京工业大学和东华大学的发文量均为35篇；接着是江南大学，发文量为34篇；浙江理工大学发文量为32篇；上海工程技术大学发文量为31篇；常州大学、华南农业大学以及厦门大学嘉庚学院发文量均为30篇。

表1-2 中国文创研究机构分布（前十位）

发文量/篇	机构	集群#
41	江西科技师范大学	156
36	华东理工大学	173
35	北京工业大学	10
35	东华大学	13
34	江南大学	11
32	浙江理工大学	46
31	上海工程技术大学	71
30	常州大学	9
30	华南农业大学	92
30	厦门大学嘉庚学院	5

由图1-4可以看出，该图谱中节点数为58，其中有9条连线，节点密度为0.0008，各结构之间的连线数较少。由于连线数表示节点之间的联系，连线数量越多表示节点之间的联系越密切。

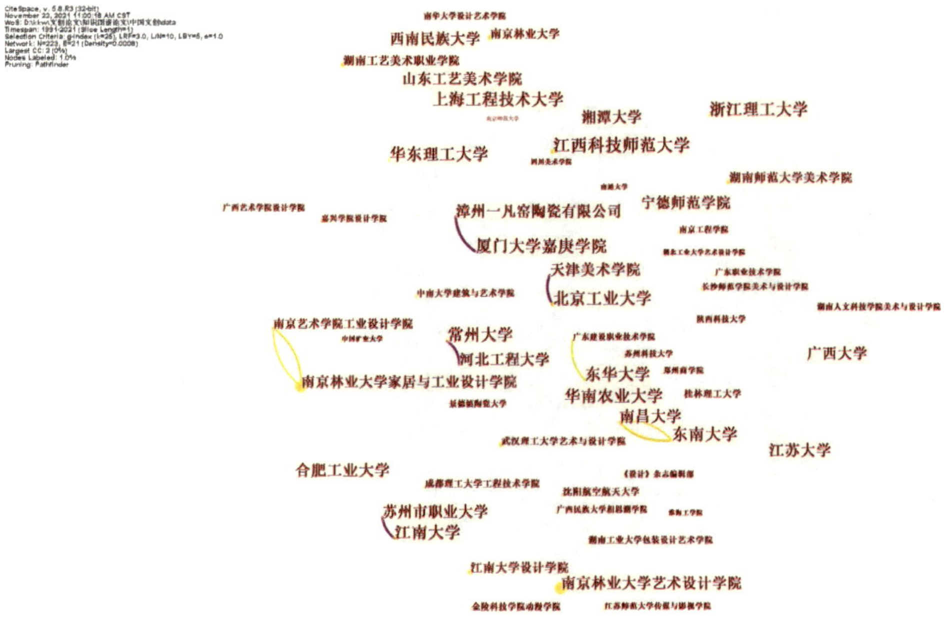

图1-4 中国文创研究机构分布

通过对中国文创的作者、机构的数据分析，可以发现，各作者和机构相互之间形成网络较少，其中主要有南京林业大学和南京艺术学院形成的合作网络、天津美术学院和北京工业大学合作网络等。造成这种结果的原因和文创产品的地域特点有关，学校之间多为同一地区或邻近地区的合作，以及同一地区校企联合的合作方式。如南京艺术学院的刘彦和南京林业大学的刘俊哲合作的《信息交互设计提升文化创意产品的市场竞争力实践研究》及《旅游文创产品的常见问题、价值构成与设计评价体系》；厦门大学嘉庚学院柳瑄与漳州一凡窑陶瓷有限公司合作的《“一带一路”背景下漳州陶瓷文创产品设计开发模式研究》。

与此同时，笔者对相关文献分类整理后发现，中国现有对文创产品设计和产业发展的研究集中在 3 个学科领域，如图 1-5 所示。其中工业通用技术及设备文献共 991 篇（48.46%），美术书法雕塑与摄影类文献共 232 篇（11.34%），文化类文献共 175 篇（8.56%）。再进一步对文献资料进行分析后，可以发现，文创产品设计几乎不在设计领域中被探讨，而对于消费者购买意愿与喜好的相关研究文献，主要以营销领域为主，二者为不同的专业领域，现有的成果中两个领域的交叉也较少。

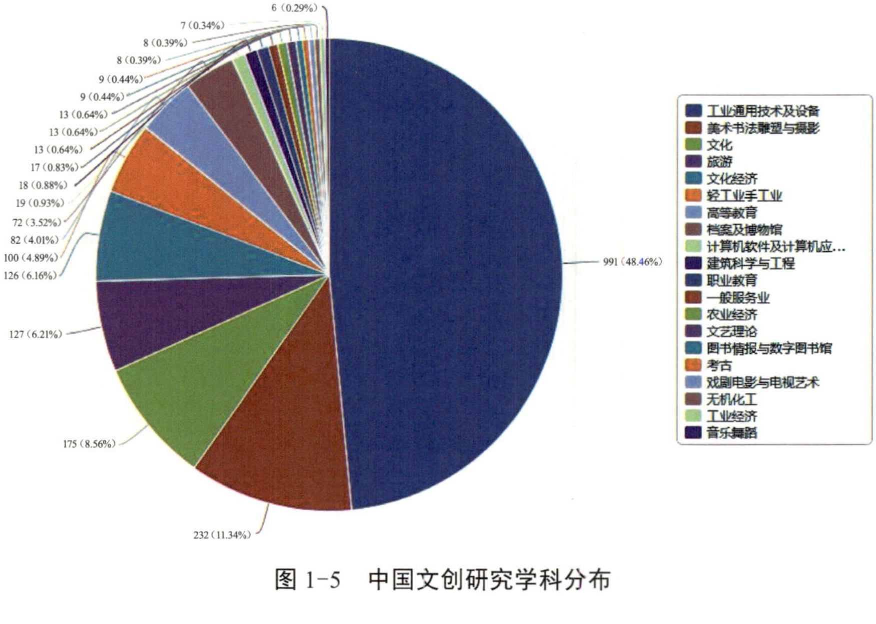

图 1-5 中国文创研究学科分布

四、中国文创产品设计的研究热点分析

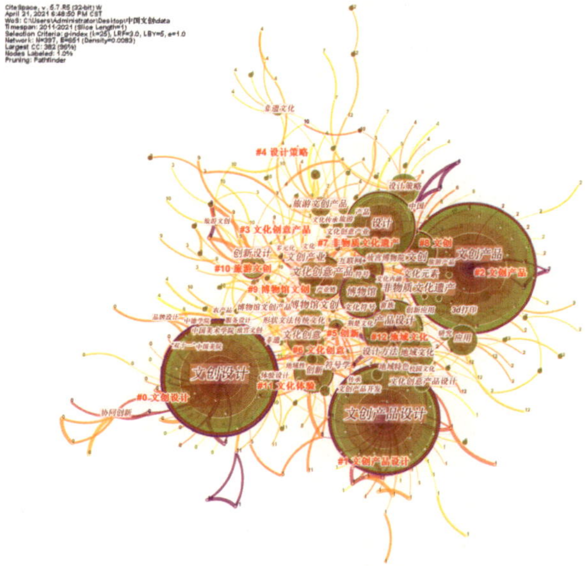

图 1-6　关键词聚类结果

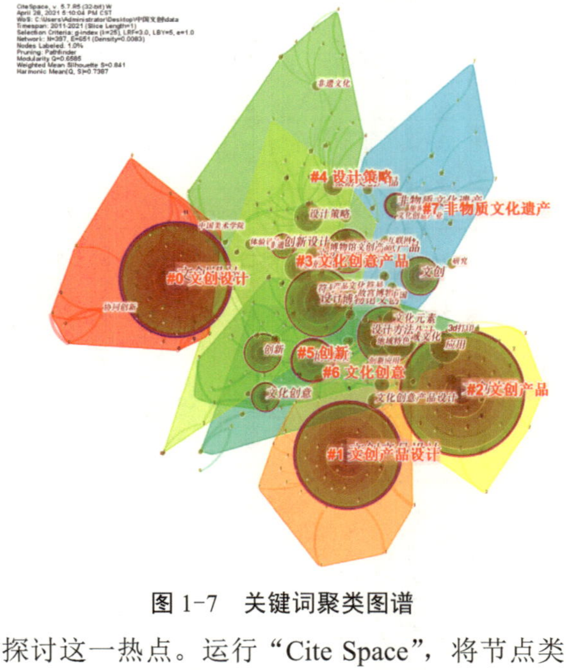

图 1-7　关键词聚类图谱

关键词是文献主体的抽象与升华。研究热点既反映了某一研究领域的研究重点，又反映出研究方向，这对于深入理解和分析该领域研究内容具有重要意义。某一领域关键词的高频率反映了这一领域的研究热点，关键词聚类后，频率与主题的热度成正比。

运行“CiteSpace”以获得中国文化创意设计研究的关键词聚类的类型，在分析研究热点关键词时，阈值项选择“TopN%=10%”，在所分析的1297篇文献中得到如图 1-6 所示的关键词聚类结果，聚类标签和关键词的标签位置以最小化重叠显示。图 1-6 中显示了 397 个网络节点，有 651 个连接，网络密度为 0.0083。其中，圆圈越大，表示节点的关键字越多。

通过聚类统计将关键词共线网络简化为相对较少的集群。本章运用关键词聚类分析的方法，对中国文化创意设计的研究热点进行了分析，以期进一步探讨这一热点。运行“Cite Space”，将节点类型设置为关键词，并显示关键词的最大数目，设置 K 值为 10。其他参数设置与机构参数相同，获取如图 1-7 所示的关键词聚类图谱。将图中显示出“文创

设计”“文创产品设计”“文创产品”“文化创意产品”“设计策略”“创新”“文化创意”“非物质文化遗产”等聚类制作成表 1-3。以此为基础对每一个聚类群中的关键词进行分析，可以发现各聚类群的研究内容是相互交叉的，因此，将文字稿进行扎根理论的开放式编码（opencoding），再以 KJ 法（Kawakita Jiromethod）根据一般设计流程进行分类、归纳与命名。最终对我国文创产品研究可以归纳为“文创设计理论”“文创设计方法”“文创设计传播”3 个科学领域，如表 1-4 所示。

表 1-3　关键词共线网络聚类表

聚类号	聚类大小	聚类名称	标签词（选前五个）
0	52	文创设计	协同创新；开放式创新；社会创新；乡村社区；乡村振兴设计
1	42	文创产品设计	文创产品设计；传承与创新；文化基因；敦煌莫高窟；文化创意产品
2	36	文创产品	文创产品；五感体验；用户体验；都江堰地域文化；元素提取
3	36	文化创意产品	文创产品；五感体验；用户体验；都江堰地域文化；元素提取
4	32	设计策略	设计策略；文创设计；乡村振兴；山景社区；可持续设计
5	29	创新	文创产品设计；深圳大学；中国高校；非遗元素；反应三层理论
6	27	文化创意	产品设计；杨柳青年画；文化传承；博物馆文创；乡村振兴
7	26	非物质文化遗产	非物质文化遗产；传承保护；艺术设计；文化创新；符号战略
8	24	文创	非物质文化遗产；传承保护；艺术设计；文化创新；符号战略
9	22	博物馆文创	博物馆文创；产品设计；多感官体验；交互体验；河南博物院
10	20	旅游文创	旅游文创；插画设计；侗族民间节会；和谐文化；非遗手工艺
11	35	文化体验	体验设计；文化体验；文创设计；服务蓝图；京津文化符号
12	46	地域文化	地域文化；泉城济南；文化基因；设计研发；Q 版文创产品

表 1-4　关键词 KJ 法聚类表

聚类群	标签词（KJ 法分类）
文创设计理论	创新设计（6）；符号战略（3）；体验设计（8）；设计策略（8）
文创设计方法	文化基因（2）；元素提取（4）；文创设计（12）；五感体验（5）
文创设计传播	非物质文化遗产（4）；传承保护（3）；乡村振兴（4）；博物馆文创（3）

1. 聚类群Ⅰ：文创设计理论

此聚类群主要包含“创新设计”“符号战略”“体验设计”“设计策略”4

个关键方向。这一类文章总共有 532 篇（41.0%）其中与“创新设计”有关的文章共 266 篇（20.5%），与“符号战略”有关的文章共 104 篇（8.0%），有 71 篇（5.5%）文章与“体验设计”有关，有 91 篇（7.0%）文章与“设计策略”有关。通过对文献的梳理可以发现，国内现有文创设计的多数创新理论都是对文创产品设计的评估和创新方法的理论研究，因此在分析此聚类群时，分析重点以研究脉络为主。

通过脉络分析可知，工业设计的关键原则之一，是 Norman《情感化设计》（*Emotional design*）中的“以用户为中心”，他将产品设计分为“反思、行为和本能层”。香港理工大学的梁町提出了一个“文化空间”的模型，其中包括 3 个层次：内在、中间、外在。该理论为文化创意产品设计的研究奠定了基础。他的理论类似于马林诺夫斯基的文化层级理论，将文化分为“器物、组织和价值”。国内如湖南大学易军和浙江大学潘云鹤等学者的研究也多是在该模型的基础上进行的。

与此同时，由日本学者长町三生提出的“感性工学”是设计量化评价的重要理论。西安工程大学的陈睿、河北工业大学的丁满等学者的研究多数基于此模型开展。部分学者认为消费者除了会以创意与美学等超越理性的感性诉求看待产品，通常还会基于产品的效益、价格和功能的评比作出理性的购买决策。而好的产品设计不仅能吸引消费者的注意并与消费者产生良好的互动，更能使消费者借由使用经验增加商品的购买意愿。因此产品情感设计是提高消费者喜好与购买意愿的重点，也是现阶段文创产品设计研究发展的重点。

同时，值得注意的是柳冠中提出的“事理学”方法论，其以“事”作为思考和研究的出发点，继而从生活中发现问题，进行归纳、分析，判断事物的本质以提供系统的解决方案。该理论的提出丰富了中国的设计艺术学体系，在现有文献中也有部分学者基于此开展文创设计工作。

2. 聚类群 II：文创设计方法

此聚类群主要包含“文化基因”“元素提取”“文创设计”“五感体验”4 个关键方向。在我国 1297 篇和文创相关的论文中，有 1096 篇（84.5%）是关于文创设计方法的，其中与“文化基因”有关的文章共 511 篇（39.4%），与“元素提取”有关的文章共 199 篇（15.3%），有 315 篇（24.3%）文章与“文创设计”有关，有 71 篇（5.5%）文章与“五感体验”有关。此类方法研究是我国现阶段成果较多的领域，主要分为两类：一类为中国传统元素转译研究，另一类为近些年运用较多的“设计量化”研究。

在中国传统元素转译中，文创设计产品表现“文化”的方式是运用符号，由于符号与意象可相互表达，所以文化符号的选择也可以通过用户感知研究来进行。文创设计产品作为普通产品设计方法研究的重要对象，文创产品设计中用户感知形象的研究与一般产品的设计方法密不可分。总体而言，文创产品的感知意象与普通产品的一样，但前者不仅包括产品造型意象的知觉，也包括文化意象。其核心仍是 Norman 提出的“用户研究”。其主要方法为文化转译，将潜在的文化元素与造型意象应用在产品形态上。朱上上等人提出的以设计符号学为基础的文化遗存元素重构理论从语构、语意、语境、语用 4 个维度对文物元素进行转译，是目前为止较为完善的理论体系。

在以统计学为研究基础进行的量化研究中。由于用户的需求过于抽象，用户无法清晰地表达，因此用户必须使用工具来表现出其感性意向。定量研究是研究用户对感性意向的重要途径，对用户感性认知进行量化，利用数据说明文化属性、造型参数和消费者偏好之间的相关性，可以帮助设计师科学准确地找到满足用户需求的关键因素，从而满足用户需求。基于感性工学，研究人员发明了很多表达用户需求的方法。由于不同的设计各有优点和缺点，所以在实践中会通过“各取所长、联合使用”的策略来进行设计，主要涉及：因子分析法、KANO 模型、TRIZ 发明理论、QFD 理论等相关方法理论。

感性意像的设计流程可分为意象收集、意象词汇评价、目标意象确定 3 个步骤。首先，可以通过头脑风暴法、问卷法或访谈法对能够表达用户心理的词汇进行统计和收集；并利用数据整理方法，如 KJ 法，对数据进行归纳和分类。其次，用语义差分方法（SD）测量感性意像；以李克特量表为基础，对典型用户的感知形象进行识别和评价。最后，确定出符合目标群体需求的产品和文化意象的要点。

3. 聚类群Ⅲ：文创设计传播

此聚类群主要包含“非物质文化遗产”“传承保护”“乡村振兴”“博物馆文创”4 个关键方向。总共有文章 569 篇（43.9%），其中关于“非物质文化遗产”的文章共88篇（6.8%），与“传承保护”有关的文章共153篇（11.8%），与“乡村振兴”有关的文章共158篇（12.2%），有170篇（13.1%）文章与“博物馆文创”有关。

研究方向主要分为地域文化传播与产业发展研究、博物馆文创产业链的开发研究两类。有代表性的如方燕从内部结构升级和要素升级两个方面对北京市文化创意产业升级进行分析，并提出升级建议。常昕对《上新了·故宫》进行了传播逻辑分析，从综艺传播的角度对历史文化与消费市场的兼容进行了解读。

这两个方面都说明，文化创意设计传播的发展与产业需求密切相关。“文化创意产业”关注“文化底蕴的厚度、创意触动的深度和产业受众的广度”，其中“文化内涵的厚度”是基于文化研究的，要使文化的现代转译更加完整，需要丰富的知识库。“创意触感的深度”要求设计创造“故事般的情境”，迎合“人性”，营造良好的“体验”。“行业受众的广度”，要求设计师根据自己对行业特点的理解来创作产品，以“用户感知”为基础来进行商业设计。可见，文化创意产品的传播需要注重文化、商业、消费者、体验设计、叙事设计和现代转译，这些内容也构成了文化创意产品设计开发的主要内容。

五、中国文创产品研究趋势分析

1. 中国文创关键词时线图与时序图分析

使用CiteSpace绘制时间线图可以用来研究某一学科的知识演进脉络，从而掌握该领域的研究进程及发展趋势。因此运行CiteSpace，设置分析的时间为2011—2021年，同时设置1年1段为时间切片，在1297篇文献的关键词共线分析基础上，按时间片段生成关键词时线图（见图1-8）。由此可见，文创设计这一研究热点随着时间的推演，研究得更为细致。例如，2015年研究热点为创意产品，2011年为多感官体验影响，2016年为博物馆文创产品、文创产业，2017年为区域文化，2018年为CTI实验方法，2019年为可持续应用研究，2020年为非遗文化文创产品设计，均能体现出设计热点的转变以及文创产品设计研究的更新与进步。

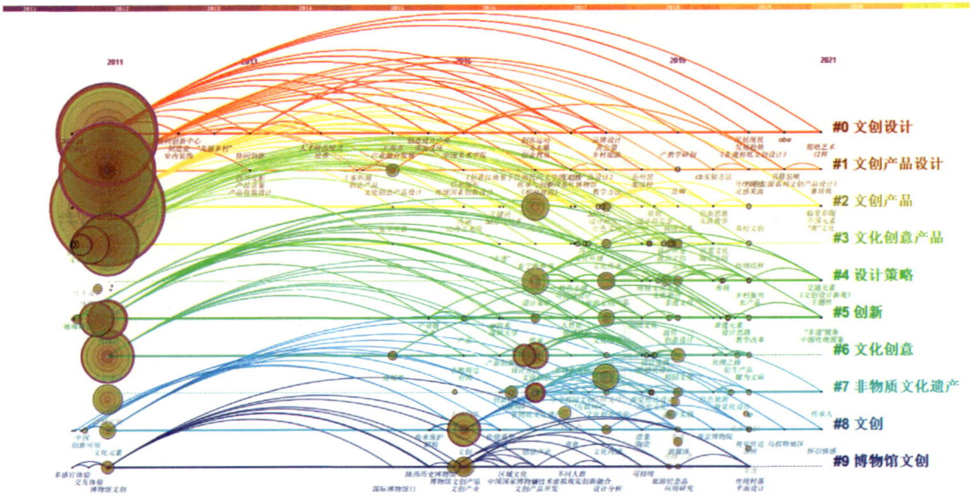

图 1-8　关键词时线图

关键词时序图是一种有力的工具，它在很大程度上能够揭示研究主题的基本内涵以及在一段时间内的研究趋势。通过对关键词的定量分析和其随时间的变化趋势的观察，研究者能够深入了解一个领域的知识结构和研究焦点。这种分析方法为学术和研究提供了相关学科领域的宝贵见解。研究内容和研究趋势的演变则反映着一个学科在一段时间内的发展轨迹。通过细致研究关键词时序图，研究人员可以发现学科内的新兴趋势、兴趣的演化以及已有知识的深化。这有助于确定未来的研究方向和优先事项，使研究者能够更好地应对学科领域的挑战和机遇。因此，本章节在关键词共线分析的基础上，时间切片依旧为一年一段，将 1297 篇文献数据利用 CiteSpace 生成了基于时域片段的关键词时序图（见图 1-9）。2011 年的研究热点为文创产品、文创设计、地域文化等，2013 年出现了协同创新，2015 年的热点为创意产品、地域性，该时间段内研究热点较少；2016 年的研究热点再次逐渐增多，出现了新的热点，如产业链、解构、文创产业等；2017 年出现了传承、设计策略等热点，2018 年的研究热点转为创意思维、文化符号等，2019 年的研究热点为文旅融合、新媒体、纹样元素等，2020 年的研究热点为数字化、非遗等。

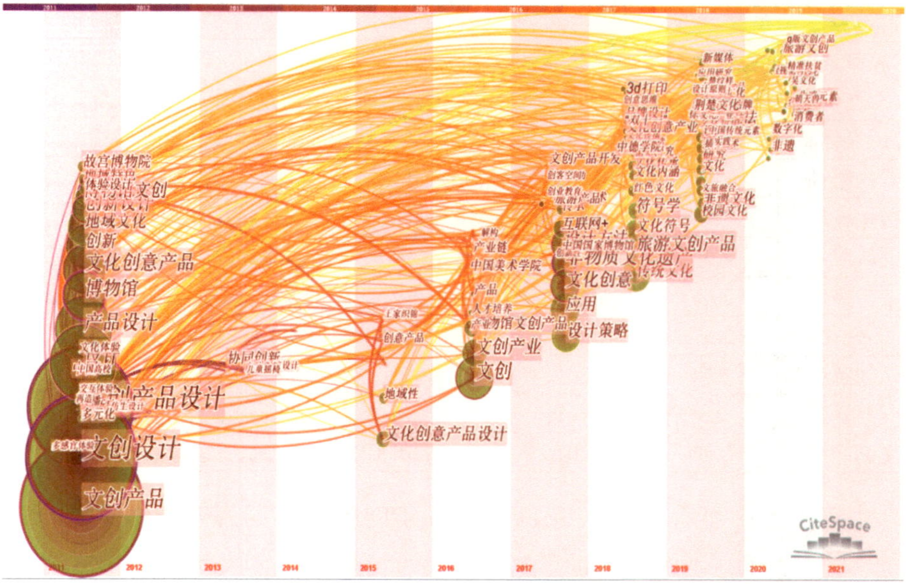

图 1-9 关键词时序图

2. 中国文创设计关键词突现

突现词是某一个时间段内被引频次突然增多的关键词，可以用来反映某一时间段内的研究趋势。为进一步研究我国文创设计的发展趋势，运行 CiteSpace，参数设置“Bursterms”，在最终的 1297 篇文献中，得到关键词突现图（见表 1-5）。

表 1-5 2011—2021 年被引用次数最多的前 21 个关键词

关键词	权重	突现开始年份	突现终止年份	2011—2021 年
文化体验	5.61	2011	2016	▃▃▃▃▃▃▂▂▂▂▂
文化元素	4.36	2011	2016	▃▃▃▃▃▃▂▂▂▂▂
博物馆文创	3.81	2011	2017	▃▃▃▃▃▃▃▂▂▂▂
再造	3.51	2011	2017	▃▃▃▃▃▃▃▂▂▂▂
农业文化	3.51	2011	2017	▃▃▃▃▃▃▃▂▂▂▂
品牌形象	3.41	2011	2016	▃▃▃▃▃▃▂▂▂▂▂
交互体验	3.36	2011	2016	▃▃▃▃▃▃▂▂▂▂▂
中国	3.25	2011	2017	▃▃▃▃▃▃▃▂▂▂▂
五感体验	3.13	2011	2017	▃▃▃▃▃▃▃▂▂▂▂
中国高校	3.13	2011	2017	▃▃▃▃▃▃▃▂▂▂▂
安徽	3.02	2011	2015	▃▃▃▃▃▂▂▂▂▂▂

（续表）

关键词	权重	突现开始年份	突现终止年份	2011—2021 年
大庆	3.02	2011	2015	
多感官体验	3.02	2011	2015	
器物精神	3.02	2011	2015	
仿生设计	2.94	2011	2017	
创新应用	2.67	2011	2017	
传播	2.66	2011	2016	
多元化	2.57	2011	2015	
文化创意产品	2.54	2011	2016	
广西铜鼓	2.5	2011	2014	
文创产业	2.97	2016	2018	

由表 1-5 中可看出，在 2011—2016 年间的突现词为“文化体验”“文化元素”等；2011—2017 年间的突现词为“博物馆文创”“再造”等；2011—2017 年间的突现词为“五感体验”“仿生设计”“创新应用”等；2016—2018 年间的突现词为“文创产业”。

通过对关键词时线图、时序图、突现图的分析可以发现，随着时间的变化，中国文创设计的研究逐渐从文化元素、文创产品设计的感性设计层面，转向设计策略、创新设计、体验设计的理论研究层面，并且逐渐向新媒体民俗文化、新文创设计研究、怀旧情感设计等数字文化传播和文创产业层面过渡。

在产业层面，随着 5G、人工智能等科技赋能带来的文化和科技的融合升级是未来几年发展的重点。但这仅限于文化展现形式的升级和科技化，并不能有效加速文化创作和影视制作本身的再次爆发。真正的创意产业与技术的结合，是文化、技术和消费转型升级所形成的巨大市场。例如，苹果手机是一种令人上瘾的消费产品，本质上是设计和技术结合的结果。

在数字传播层面，以博物馆文创为例，学者们对文创设计产品的认知逐渐从文创产品设计本身，向“新博物馆学”发展，已形成“博物馆文创”是囊括教育活动、原创展览、文创产品等在内的“大文创”的概念，其中，文创产品包含有形产品与游戏、App 等无形文化传播产品。无形的文创在科技的加持下正不断发展壮大：网络直播、直播电商、短视频、在线音乐等文化科技融合的新产品、新业态、新模式层出不穷。2020年中国文创在新业态特征较明显的行业小类中，实现营业收入8461亿元，同比增长39.8%，比2019年一季度增长61.5%，两年平均增长27.1%，高于全国平均水平17.1个百分点。而以多媒体游戏动漫设计和数字出版软件开发、互联网广告服务等为代表的无形文创的行业营业收入两年平均增速均超过30%。新技术、新平台的不断出现，使文创设计产业在数字经济大潮中快速发展，数字技术作为最重要的技术之一，它改变了社会交流的方式和艺术文化的表现方式，如何构建数字与人之间的桥梁，满足用户的情感需求进而超越实用价值，通过情感设计的手段让使用者和有形、无形的产品进行情感交流已成为文创传播的重要手段。

本章小结

随着社会经济发展和物质生活水平不断提高，对精神生活需求层次不断提升，文创产品设计迎来了新机遇，也面临着巨大考验，文创产品设计的相关研究是创新型产业发展和适应市场竞争的必然选择。本章旨在通过展示文创产品的不同研究领域、人员、机构等，分析中国文创设计理论研究的前沿热点及趋势演进，以此为中国特殊的文创产品设计实践提供具有前瞻性的发展参考。具体结论如下：

（1）随着我国综合实力的提升，文化自信与文化战略被越来越多的学者所关注。

文创设计产品让文化通过产品进行流通，成为文化的最佳宣传者，也愈加被国家所重视。在2011—2021年CNKI中国知网数据库中，第一篇有关中国文创的文献在2011年刊登；2011—2014年发文量较少，均在5篇以内；发文量逐渐增多是从2015年开始的；2021年为发文量最多的年份。由此可见，随着我国经济的发展，对外文化影响力也在逐步增强，文创设计产品作为文化传播的重要手段可以有效提升国家竞争力和扩大国际市场，提升国家的文化软实力；同时随着网络的发展，对于强化我国文创产业，塑造国家品牌形象、培养更符合现今市场需要的设计师的需求也逐渐迫切。因此对其研究也逐渐引起了设计领域的充分关注，研究的“质”也随着研究的“量”在逐渐深入与提高。

（2）未来我国文创设计理论的研究，交叉融合成为发展方向。

中国文创研究的高产作者和机构均集中在高校，发文量排在前列的作者分别是张祖耀和付业君，而发文量较多的机构则集中在江西科技师范大学。各个机构的研究侧重点也都有所不同。然而，就发文量较多的机构来看，各机构之间的发文量差别很大。文创产品设计主要在设计领域中探讨，而对于消费者购买意愿与喜好的相关研究文献主要以营销领域为主。但是现今市场的发展让消费者对产品有了多元与丰富的选择权，企业必须顺应市场的发展方向，才能获得竞争优势。鉴于存在这一研究缺口，未来研究可针对文创产品设计与消费者购买意愿、喜好度等因素的相关影响进行探讨。

（3）中国文创设计方法理论逐渐成熟，如何选择正确的方法进行开创性研究是未来文创设计发展的难点。

从文献研究中可以发现，我国文创产品研究大多集中于设计应用领域（文献占比在 80% 以上），但具有中国特质的基础理论研究相对缺失。在应用研究中又以元素转化和评量研究为主。研究主要集中在文创产品设计的方法上，其研究内容包括两个主题：一方面，理论研究侧重于用户感知信息的产品定位，客观感知工学是最重要的理论方法；另一方面，在其他创作形式的设计实践中，大多选择主观设计方法，使创作主体具有较强的感性美，避免了技术造成的“机械审美”。每种创新设计方法各有利弊，但如何扬长避短已成为设计工作者面临的一个难题，而方法过多又造成了选择困难，这迫切需要创新产品设计方法研究者进行相应的指导。

（4）随着我国经济的不断发展，创新型文创产业体系的方法构建成为未来研究的重点。

为了找到更加高效与实用的创新方法，除了深入挖掘中国文化元素的提取，情感设计也逐渐被设计界所重视。因为情绪感受是消费者评估产品的最终表现。而以人为本、从用户出发的文创产品设计方法，与以设计为本、以市场为本相比，更注重对消费者的研究。文创产品区别于一般商品，文创产品最核心的特点是文化的融合，一个优秀的文创产品的诞生，是多产业链配合的产物，包含了感性设计、理性评价、创意营销等多个学科领域。通过文献量化分析与研究可以发现，现有中国文创设计的研究学者，多数研究集中在自身领域。因此在后续的研究中，应强调学科的融合，设计学科除了继续加强对有形和无形创作的研究，还需要运用服务设计等管理学科的理论，对原创展览和教育活动的对象进行系统的设计，关注创作者产业的社会功能，特别是在发挥社会治理能力的基础上，创造性地构建创作者产业的体系和相关核心理论。

（5）随着科学技术的不断进步，情感与产品产业的融合是未来文创设计发展的主流趋势。

中国文创的研究逐渐从文化元素、文创产品设计转向多学科融合的设计策略、创新设计、体验设计研究，以及现在较为热门的新媒体民俗文化、新文创设计研究、怀旧情感设计等，从笼统的文创设计不断地细化、深入进行创新型的设计研究与文化传播研究，从单学科的研究向多学科的交叉融合研究转变，其中越来越多的学者将五感体验带入文创设计，认为情感是生活的重要组成部分，这也是近年来文创产品开发中的一个重要因素。由于过于隐晦的感性的创作，难在短时间内引起不同文化群体的共鸣，情感作为消费者进行购买决策的基础，与消费者共同理解的设计语言，在文化传播中的地位越加重要，同时也对文创产业的发展起到了有效的促进作用，因此被越来越多的学者重视。情感已经成为产品创新设计中的一个重要驱动因素。产品通过其外观能够激发用户的情感，并反映出产品与消费者的个性。因此，卓越的产品设计不仅满足用户的情感需求，还超越了其基本的功能价值。将情感融入产品设计，并与用户建立情感联系，已经成为21世纪设计的主流趋势。

第二章　中国文创产品的情感设计作用机制

自 20 世纪 90 年代初以来，全球经济已从工业时代转向知识型经济。在 21 世纪初，出现了“美丽经济”的趋势。在经济学领域，Jay 认为美丽经济是传统与现代、文化、艺术与艺术之间的结合。另有学者指出，知识经济和美容潮流的兴起，以及文化和设计的结合，带来了一个有利可图的文化消费市场。在对文化和创意产品的研究中，大多数研究倾向于描述产品的外部特征，但过于模糊的设计很难在短期内与不同的文化群体产生共鸣。Verganti 指出，产品的意义来自用户和产品之间的互动，在产品与用户间建立一种有机联系，通过改进与优化产品，在信息交互过程中用户信息体验与感知角度对信息质量做出全面、系统、综合的衡量评价。Lin Rongta 认为，文化创意产品将文化元素作为原创性的来源来满足用户的精神层面的需求。Donald Norman 说过：“如果你只关注产品功能，你可能会错过了产品的真正意义。情感设计才是产品成功的关键。”Carlo Abel 也说过：“设计是情感的传递者，产品的外观和感觉会引发人们的共鸣。”

之所以说情感是产品设计中重要的一个方面，是因为它关乎用户的感受和情感需求，能够赋予产品独特的个性和吸引力，从而增强产品的市场竞争力和用户体验。因此，在中国文创产品设计中除了文化元素，还应该将情感融入设计中，在保持其民族性的同时，也能被世界各地不同的文化群体所认同。随着社会和技术的不断发展，情感设计在未来的产品设计中将继续扮演着重要的角色。

一、文创产品的情感认知

文创产品的情感认知是指受众对于作品所包含情感因素的感知、理解以及情感体验。在数字化时代，文创产品借助多元化的艺术形式和数字媒介，以情感内容为核心，激发观众的情感共鸣与体验。情感认知在文创产品中具有重要地位，其与受众的情感互动能够深化对作品的情感认知与评价。首先，情感共鸣作为情感认知的核心，使观众能够在审美经验中与作品所传递的情感内核相连接，从而建立情感共鸣的认知联系。这种认知联系不仅增强了观众对作品情感内涵的理解，更将观众情感体验与作品情感表达紧密融合，加深了对作品的认同。其次，情感体验在情感认知中占据重要地位，观众通过与作品的情感互动，产生个人情感体验的同时，观众的情感体验反过来也会影响其对作品的评价和情感认知，从而进一步塑造了作品的社会价值与影响力。数字化平台的兴起进一步扩展了文创产品的情感认知范围。社交媒体与数字平台为用户提供了与作品创作者及其他观众互动交流的途径，进一步丰富了情感认知的维度。观众通过分享个人情感体验、参与讨论与互动，将情感认知与社会互动相结合，使情感认知的影响力得以进一步放大。综上所述，情感认知在文创产品的感知与理解过程中具有重要作用，通过情感共鸣和情感体验，观众与作品之间形成了情感联系与认知互动。数字媒体平台的参与进一步丰富了情感认知的层次与范围，推动了情感认知在当代文化创意领域的深化与拓展。

随着中国后工业化时代的到来，中国的产品设计已经从面向全球化转向寻求差异化。依靠中国深厚的文化底蕴，借助人类的情感需求，使中国的文创产品在开拓国际市场的同时传播中国文化，文化自信和文化战略也被越来越多的学者关注，优秀传统文化的传承和保护也被提高到国家文化战略层面。然而，过于含蓄和情感化的创作很难在短时间内与不同的文化群体产生共鸣。随着互联网的发展，将加强中国的产业、塑造品牌形象、培养出更符合市场需要的设计师作为发展目标，并已成为当务之急。正如 Samiee 指出的，如果消费者有品牌意识，他们可能不会对不熟悉的产品产生积极的看法，因此，塑造品牌形象、培育新兴产品和设计师是非常重要的。在过去的文献中，情感设计几乎都是在设计领域被讨论，而与消费者购买意向和偏好有关的研究文献也都集中在营销领域，但这两个领域是不同的。随着当今市场的不断发展，消费者对产品的选择变得越来越多样化和丰富化。因此，企业必须适应市场发展的方向，以获得竞争优势。为了解决这一研究空白，本章探讨了情感设计对消费者的购买意向和偏好的影响。以“偏好”作为中介，探讨了创意产品的“情感设计”是否会影响消费者的购买意向和偏好，并探讨了过去获奖的创意产品和那些在互联网上畅销的产品之间的识别差异。由于现有的设计评价大多集中在专业领域的获奖设计上，本研究的目的之一是研究非专业背景的消费者基于生活经验和主观偏好所认定的优秀设计是否与专家和专业人士认定的标准有差异，从而了解优秀设计所需的核心要素和符合当代需求的设计要素，并在中国建立合理的情感设计评价体系，以满足消费群体的情感需求。

此外，通过本研究，引导设计师了解当前产品设计的重点，并将其融入今后的教学中，以培养出更符合当今市场需求的设计人才，为相关行业进入美丽经济市场提供参考依据。

二、文创产品的情感认知研究方法

本章综合采用问卷调查法、案例分析法、量表分析法、模型构建法，通过对案例与消费者意见的深入调研分析，获得全面深入的研究结果，进一步理解消费者行为、市场趋势和产品改进的潜在机会。

（1）问卷调查法

问卷调查法是一种被广泛运用于社会科学研究中的数据获取手段，包括问卷设计、样本选择与发放、数据回收等步骤。为了广泛地了解消费者对文创产品的态度、看法、行为和偏好等，本章中使用了问卷调查法，对消费者的观点与反馈进行了收集。

为了确保数据的可靠性，本章中对消费者调研问卷的可靠性和有效性经过了严格的调研，以确保研究结果的可信度和可重复性。后文将详细介绍问卷调查法在本研究中的应用。通过向 176 位非专业人员参与者发放有效问卷，并利用结构方程模型对数据进行分析，揭示消费者对文创产品的喜好与消费者的情感认知之间的关系。此外，将详细介绍问卷设计、参与者选择和数据分析等方法细节，以及分析结果的解读和验证过程。

（2）案例分析法

案例分析法适用于对特定情境和现象进行深入理解和描述的研究，能够揭示出具体案例中的因果关系和规律。本章经过筛选，最终决定使用 4 个在文创产品设计大赛中获奖的产品和 4 个在网店中销售量高的商业产品作为研究案例，进行深入研究和分析。该方法通过详细调查和观察个案，探究其特定情境下的现象和特征，以获取具体的案例数据。

（3）量表分析法

量表分析法是一种常用的量化研究方法，可以提供较为客观的数据，适用于研究对象的主观评价和态度分析，通过设计和应用适当的量表来测量和评估消费者的特定属性、态度、信念等。

本章基于经典的李克特量表，根据参与人数构建了适量且有效的量表题目，用来收集消费者的主观评价。收集数据后，对整体的量表数据进行清洗，保留有效的部分，并使用因子分析、结构方程等方法对清洗后结构化的数据进行统计分析和解读，从而获取关于消费者对中国文创产品情感认知的定量分析结论，进而系统化地解构消费者对不同类别产品的认知机制。

（4）模型构建法

模型构建法是一种基于理论构建的研究方法，通过选取 4 个在文创产品设计大赛中获奖的产品和 4 个在网店中销量较高的商业产品作为研究对象，构建情感设计模型。情感设计模型可以包括不同变量和因素，用于描述和解释研究对象的情感体验和设计特征。在模型构建过程中，通过使用文献综述的方法辅助模型构建，以探索和理解研究对象的复杂关系和认知机制。

1. 研究过程

本章的研究重点是探索消费市场对文创产品的需求与获奖成果之间的差

异以及文创产品设计的内容和本质。研究过程分为4个阶段（见图2-1）：第一阶段是文献讨论；第二阶段是设计调查问卷，通过理论总结和分析，确定量表的要素构成；第三阶段是研究对象的选择和测试；第四阶段通过对问卷结果的验证和数据分析来论证研究假设，最后提出结论和建议。

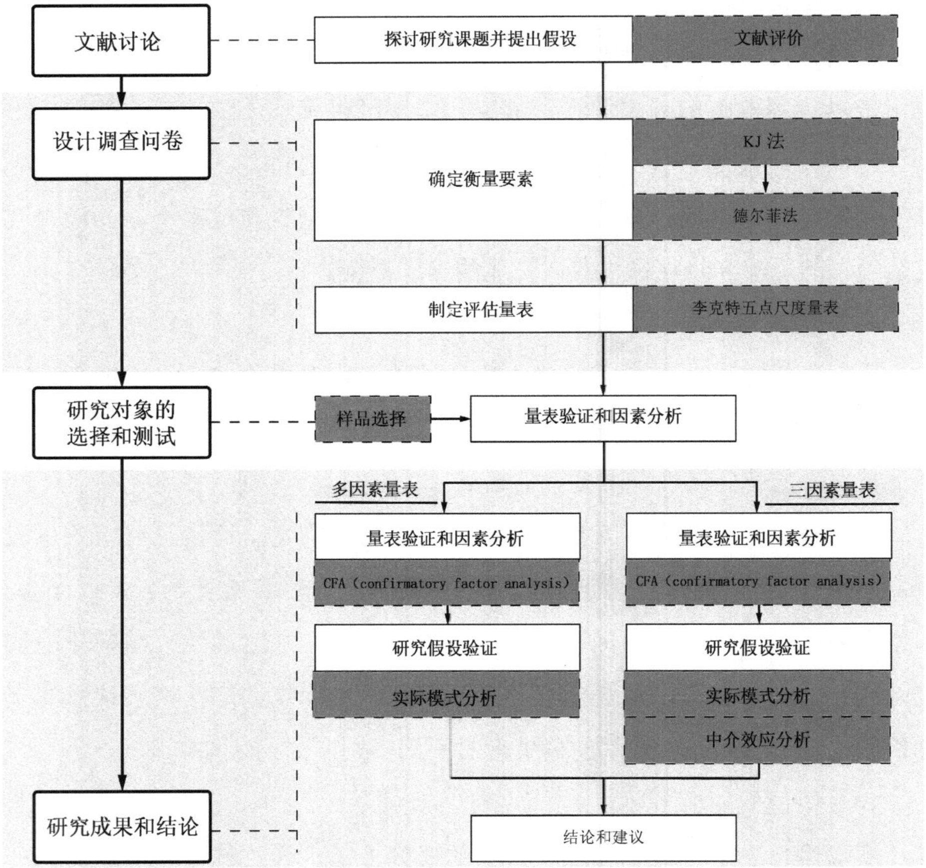

图2-1 研究过程

2. 研究假设

本章以相关理论为基础，主要进行了验证性研究，其研究假设主要有以下几点：

第一，在中国文创产品的设计与销售过程中，情感设计对消费者的购买意向和偏好有显著影响。

第二，偏好在购买意向和创意产品的情感设计之间起中介作用，产品的情感设计可以影响消费者的偏好，提高购买意向。

第三，获奖产品和畅销产品之间存在明显的差异。

第四，消费者对获奖产品和畅销产品的情感认知有不同的关注。

图 2-2 展示了文章的概念模型。

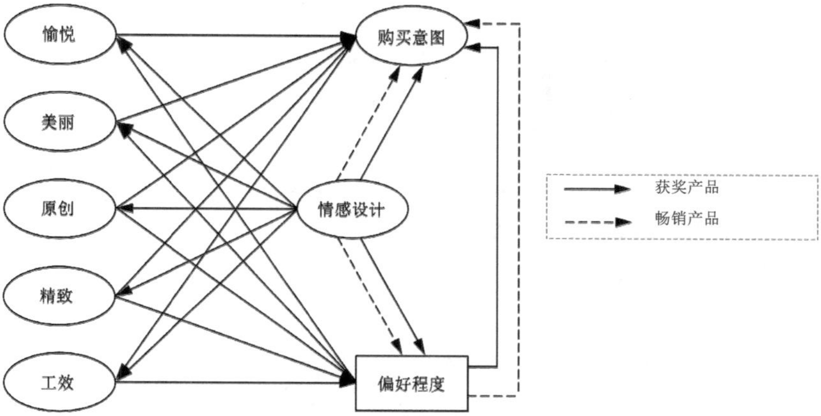

图 2-2　文章的概念模型

3. 研究对象的选择和检验

根据研究目标，本研究主要选择的获奖产品来自专家和专业人士定义的优秀文创产品，选择的畅销产品来自消费者根据其生活经验和个人主观情感偏好认可的优秀设计。在具体操作上，一是选择在比赛中获奖的文创产品，二是选用淘宝网上真正的商业产品。问卷选取了 8 个样本，包括 4 个商业产品和 4 个获奖产品。

获奖产品的评选标准如下：一是生活中常用的产品；二是产品的设计元素中应具有中国文化内涵或地域文化内涵；三是产品应在知名比赛中获奖并取得名次。（见表 2-1）

商业产品是从淘宝网上选择的，选择标准如下：一是产品应是日常生活中常用的；二是设计元素中应具有中国文化内涵或地域文化内涵；三是入选产品的销量应在 1000 件以上。

表 2-1　研究对象

代码名称	产品名称	产品的照片	获奖纪录或销售纪录	备注
P1	狮子护卫队		2019 年中国数字创意设计大赛最佳创意奖	狮子是我国民俗文化中最常见的吉祥动物之一。它象征着智慧和力量，承载着吉祥如意、繁荣昌盛、生生不息的寓意。同时代表着地位、尊严和和平。该产品是一款狮子造型的蚊香灯，可以帮助用户在晚上更好地睡眠
P2	智能居月灯		总销量：5000+	月亮在中国文化中象征着美好、团圆、永恒、相思等。该产品依靠手势感应来控制开关和调节冷暖光，并可通过 App 进行远程操作。智能居月灯功能简捷，充分表达了这盏灯想要表达的艺术理念
P3	玉石手表		2019 年平洲玉器节创意设计大赛三等奖	玉文化已经成为中华民族文化的重要组成部分，玉作为一种美好的精神和意境，代表着民族的信仰和精神风貌。这款产品将玉石的材质融入手表中，让用户可以有不同的佩戴体验
P4	紫禁城走马香薰蜡烛		总销量：1682	一支简单的小香烛，不仅可以提升家居生活的品位，更可以点燃对生活的热爱。该产品结合中国传统图案，以紫禁城四大名园的香气为灵感来源，通过点燃蜡烛来提升人们生活的幸福感
P5	剑客茶罐		2019 年中国数字创意设计网最佳风格奖	在中国，几乎每个人都有一个剑客的梦想，这代表着注重个人对世界的贡献，是个人对善恶的看法。该产品的设计让茶罐放在台面上，就像看到剑客用剑与世界战斗时的形象
P6	九色鹿纸雕灯		总销量：1200	此图源于莫高窟北魏第 257 窟壁画《鹿王本生图》。纸雕又称纸浮雕。该产品选用壁画中的九色鹿碎片作为纸雕图案，以立体的纸雕为标志，结合古典与时尚的双重元素，以多层次的形象组合带来立体的视觉感受。它既是一件独特的经典雅玩，又能营造出温馨的氛围，为夜晚增添一丝惬意和温暖
P7	竹筒灯		第四届正和杯国际竹制品设计大赛金奖	中国人对竹子是非常尊重和喜爱的。竹子的美不仅来自它修长笔直的枝干和苍翠的外衣，更来自它高贵、空灵、高远的品格，其谦虚、优雅的内涵已经成为中国人性格和美的精神象征。设计师不仅发挥了竹子的特性，而且通过产品的外观让人们感受到竹子所创造的独特美感，体现了我国古老而悠久的东方文化

（续表）

代码名称	产品名称	产品的照片	获奖纪录 或销售纪录	备注
P8	布达拉宫 创意陶瓷杯		总销售额：1435	设计师以乾隆皇帝所写的“涌莲初地”中的莲花为主题，创作了莲花杯的主体。以黄、绿、红、白、蓝五种颜色代表莲花诞生时的五种感知，并融入了祈福的吉祥八宝图案，不仅表达了对莲花诞生的情感世界的包容能力，也寓意了对天地万物色彩和气息的包容能力。

4. 研究工具

近几十年来，许多学者提出了不同的模型来测试情感设计。例如，Green 和 Jordan 认为利用产品的吸引力来设计令人愉快的产品可以使产品看起来更有用，从而提出产品设计必须满足人们的四种愉快的感觉：意识上的愉快、社会上的愉快、身体上的愉快和心理上的愉快。唐纳德·A. 诺曼在《情感化设计》中以本能、行为和反思 3 个不同的维度为基础，阐述了情感在设计中所处的重要地位与作用，深入分析了如何将人类情感融入产品设计中。McCarthy 和 Wright 认为情感是产品和服务使人们体验它们的过程，包括整个体验、感官、情感和广泛的社会和文化背景以及实时使用场景。Anderson 提出了产品设计的层次，即实用、可靠、可用、方便、愉快和有意义。Ji 等人认为产品的感官质量特征越明显，消费者对产品的偏好就越高，并提出文创产品的设计语汇应以简洁明快的设计、时尚现代的外观为导向，通过魅力、美感和创意的特点满足不同民族的需求。Bhandari 等人建立了产品元素与用户感知之间的关联性，确立了产品要素与用户感知形象之间的相关性，并提出了形式、色彩、材料和技术的测量标准，及创新功能作为主要属性。Jagtap 提出了产品形式属性和情感量表，认为产品形式在决定消费者反应和产品成功的重要因素，它能引发某些特征和情感，帮助设计师设计他们的产品。

从以上观点可以看出，产品的情感设计与原创、美感、愉悦、功能和精致等因素有关。然而，除了原创性和美感的诉求之外，消费者通常会在比较产品效益和成本效益的基础上作出理性的购买决定。好的设计不仅可以吸引消费者的注意力，还可以通过互动体验来增加消费者的购买意愿。产品的情感设计是消费者偏好和购买意愿的焦点。因此，本章列出并分析了由不同学者提出的情感设计模型（见表 2-2），并利用这些模型形成了一个初步的情感设计模型。

本章探索和分析了相关文献，形成一个初步的调查问卷，并在此基础上进行逐步分析，并探讨了情感化设计对消费者购买意向和偏好的影响之间的关系。本章对之前的文献回顾结果进行了编码和分析，并根据人的购买心理过程和购买意向，增加 3 个层次，形成最终的专家问卷的结构（见表 2-3），总计 6 个主要指标元素和 19 个子元素。

表 2–2　情感设计的相关模型

学者	设计模型	测量元件			
		原创	美感	功能	愉悦
Green and Jordan	愉快地体验因素	社交愉悦	意识愉悦	身体愉悦	心理愉悦
Norman	情感设计因素	吸引、有趣	美学之美	适用性	吸引、有趣
McCarthy and Wright	情感模型	整个体验	感官	感官、适用性	整个体验、情感、社会和文化环境
Anderson	产品设计考虑水平	有意义	愉悦	实用、可靠、可用、方便	愉悦
Jagtap	产品形式属性和情感量表	创新	美丽、和谐、优雅、现代化	实用、方便、简单、高质量	快乐、满足、兴趣、惊喜、活力、魅力、平静、娱乐、幸福
Bhandari	产品元素与用户感知图像之间的相关性	创新功能	形式、色彩	创新功能	形式
Ji	感觉测量模型	创意、魅力	美感	精致、人体工程学	魅力

表 2–3　专家问卷的结构

测量元件	子项目	评价参考来源
原创	C1 产品材料是原创的 C2 产品具有原创性或创新性 C3 产品使人感到与众不同 C4 产品具有新颖性	McCarthy and Wright； Norman； Jagtap
功能	F1 产品具有实用性 F2 产品操作安全 F3 产品易于使用	McCarthy and Wright； Norman； Jagtap

（续表）

测量元件	子项目	评价参考来源
美丽	A1 产品具有时尚的品位 A2 产品比例合理 A3 产品的颜色使用得当 A4 产品有详细的设计 A5 产品表面或表面设计精美	Ji； McCarthy and Wright； Norman； Jagtap
愉悦	P1 产品能唤起人们的生活记忆 P2 产品有吸引力，令人愉快 P3 产品让人感到满意	Green and Jordan； McCarthy and Wright； Norman；Jagtap
购买意向	PI1. 你会购买这个产品吗？ PI2. 当你看到你喜欢的类似产品时，你会购买吗？ PI3. 如果有人推荐，你会买这个产品吗？	/
偏好程度	PR1. 你有多喜欢这个产品	/

在第一轮德尔菲专家问卷调查中，对 6 个主要指标元素和 19 个子元素进行分类和命名。通过专家的意见，筛选出共识度较高的指标要素，并根据其建议对子要素的含义描述进行修改。后对专家意见进行反复操作，实现了意见的趋同，确立了创意产品设计的衡量因素和子因素。最终，将产品的文化内涵传达能力、产品的外观印象、产品的时尚品位列为愉悦因素；将产品的完美比例、产品的设计感、产品的赏心悦目列为美感因素；将产品的原创性、产品的故事性、产品的材料创意运用列为原创因素；产品做工精致、产品结构精巧、产品造型犀利被归纳为精致因素；产品制作工艺精湛、产品坚固耐用、产品操作性好被归纳为工效因素；而购买同类产品、推荐他人购买被归纳为购买意向因素；还包括消费者的购买偏好程度因素。问卷共 19 个评估点，七大要素。每个点主要来自前期文献，文章中涉及的要素是根据相关理论构建，问卷的可行性在后期通过对抗性因素分析（CFA）进行检验。（见表 2-4）

表 2-4　经三轮德尔菲法处理后的地层规模

测量元件	次要元素
愉悦	J1. 产品传达的文化内涵 J2. 产品令人印象深刻 J3. 产品具有时尚感
美感	B1. 产品有良好的比例 B2. 产品有设计感 B3. 产品外形美观大方

（续表）

测量元件	次要元素
原创	C1. 产品新颖、独特 C2. 产品具有故事性 C3. 产品材料的创造性使用
精致	Ex1. 产品做工非常精细 Ex2. 产品结构良好 Ex3. 产品造型鲜明
工效	Er1. 产品制作精良 Er2. 产品经久耐用 Er3. 产品的可操作性好
购买意向	PI1. 你会购买这个产品吗？ PI2. 您会购买您喜欢的类似产品吗？ PI3. 如果有人推荐，你会不会购买这个产品？
偏好程度	PR1. 偏好程度。你有多喜欢这个产品

5. 实验对象的选择和测量

在 Lindstrom 和 Seybold 的研究中指出，幼儿对父母的购买行为的影响已经达到了惊人的程度。部分研究者也认为，大学生的消费习惯和消费偏好和购买意向具有典型的代表性意义。同时，本研究的目的是了解情感因素如何影响普通消费者购买中国文化产品的意愿和偏好，并进一步探讨其与专业人员所定义和提倡的情感设计标准之间是否存在认知差异，以及专业人员定义和推广的情感设计标准与消费者根据其生活经验和个人主观情感偏好所认可的优秀设计之间是否存在认知差异。因此，研究对象主要是非艺术专业的大学生，他们也是所选产品的潜在的消费者。由于本章的研究目的主要是探索影响购买决策的因素，并不涉及产品品牌，所以在选择产品时有意回避了品牌意识，以便更符合大学生的消费水平。本章的调查问卷通过“问卷星”在线调查问卷平台进行，经过学生在互联网上填写了调查问卷。最后，共收到 254 份问卷，筛选出 176 份有效问卷。

年龄在 18 ～ 24 岁之间的男性填写的问卷有 58 份，女性有 118 份。该问卷由图片、文字描述和多项选择题组成，被试者的基本信息包括性别、年龄、国籍和其他选项。该问卷采用李克特五点尺度量表，“完全不同意”代表 1 分，“部分不同意”代表 2 分，“一般”代表 3 分，“部分同意”代表 4 分，“完全同意”代表 5 分。共有 19 个评价问题。测试结果收集完毕后，在剔除了那些耗时过短的问卷和那些选项基本一致且没有变化的问卷后，共收集了 176 份有效问卷。根据相关理论，量表越长，对样本的要求就越高。具体要求：样本量应大于变量的 5 倍，总体样本量大于 100，分析结果具有可靠性的要求。此次的样本量已满足上述要求。

然后，本研究对结构方程模型进行统计后分析。通过问卷调查，利用 SPSS 和 Amos 对数据进行分析，通过对前人研究的总结和分析，形成测试量表，并利用构架式因素分析对量表的可行性进行验证性因子分析。最后，通过结构模型分析和研究假设的验证来确定本研究的模型路径图。

三、文创产品的情感认知机制分析

1. 多因素量表的验证和分析

本研究共取得有效问卷 176 份，为观察变量与潜在变量之间的关系，此次利用验证性因素分析获奖产品和畅销产品模型的收敛效度与区别效度。

2. 对抗性因素分析

在本研究中，对抗性因素分析被用来处理观察变量和其潜在变量之间的勾稽关系。因此，在本研究中收集的 176 份有效问卷通过 frmatory factor analysis 来检验测量模型的收敛效度和区分效度。（见图 2-3）

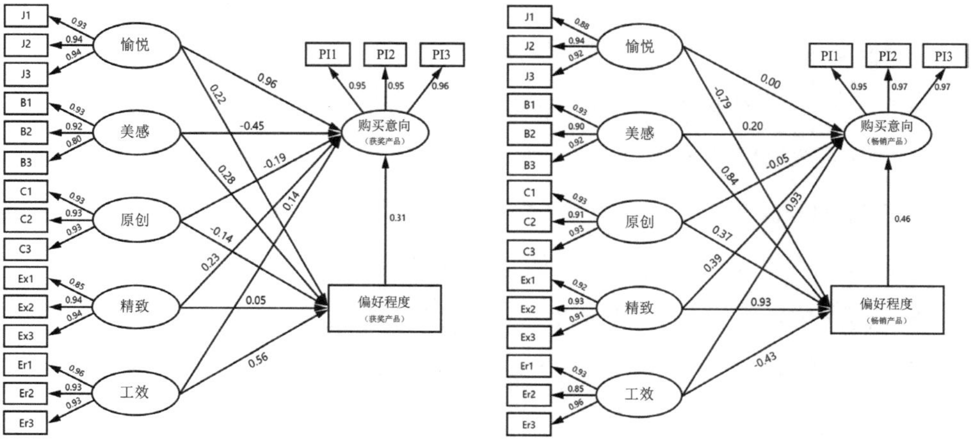

图 2-3　获奖产品和畅销产品模型图

因子分析的标准化估计值如下：获奖产品和畅销产品的产品愉悦性因子在 0.88 和 0.94 之间，产品美感因子在 0.80 和 0.93 之间，产品原创因子在 0.91 至 0.93 之间，产品精致因子在 0.85 和 0.94 之间，而产品工效因子则介于 0.85 和 0.96 之间。购买意向在 0.95 至 0.97 之间，而对产品的评价则在 0.85 至 0.96 之间。因此，各因素标准化后的估值均高于 0.7。因子高于 0.7，表明该测量系统符合标准。

在因子载荷列表中，各要素的综合信度（CR）为 0.9141 至 0.9751，两者的每个元素都在 0.9141 至 0.9751 之间，而平均方差提取（AVE）范围为 0.7809 至 0.9288。两者都高于 Bagozzi 建议的 0.60 和 0.50 的值，证明了该模型的内部一致性。在区分效度类别表中，每个元素的 AVE 的平方根在 0.884 至 0.964 之间，而且模型中所有的相关系数都小于 AVE 的平方根。根据相关理论可以看出，各个变量之间既存在着一定的相关性，又有一定的差异有效性。潜变量之间既有一定的相关性，又有一定的差分有效性，据此，可以判断本研究的因子分类模型较为合理。

3. 结构方程模型的分析和验证

本章采用结构方程模型来验证研究假设，观察其中潜在变量以此来分析畅销产品和获奖产品之间的因果关系。根据推导和分析，本研究的最终模型由 6 个部分和 18 个测量的变量构成。自变量是产品的情感设计（原创、美感、愉悦、工效和精致），潜在变量是购买意向。结果显示，获奖产品和畅销产品的平方和自由度比率分别为 1.49 和 1.97、获奖产品的 RMSEA 为 0.053，而畅销产品的 RMSEA 为 0.074，均小于 0.08，达到 ftting 指标标准，且除两款产品的 AGFI 和 GFI 外，其他指标均符合标准。上述结构模型检验是基于 Hair 等学者的定义。该模型的总体指标几乎达到或接近可接受的水平，表明该研究的整体结构模型在理论结构与经验数据之间具有良好的契合度，进一步支持了研究的可信度和有效性（见表 2-5 至表 2-12）。

表 2-5　获奖产品的因素载荷

路径			标准值	AVE	CR
J3	<---	愉悦	0.939	0.873	0.9537
J2	<---	愉悦	0.936		
J1	<---	愉悦	0.928		
B3	<---	美感	0.797	0.7809	0.9141
B2	<---	美感	0.921		
B1	<---	美感	0.927		
C3	<---	原创	0.93	0.8649	0.9505
C2	<---	原创	0.933		
C1	<---	原创	0.927		
Ex3	<---	精致	0.935	0.8304	0.9361
Ex2	<---	精致	0.943		
Ex1	<---	精致	0.853		
Er3	<---	工效	0.927	0.8769	0.9553
Er2	<---	工效	0.925		
Er1	<---	工效	0.957		
PI1	<---	购买意向（获奖产品）	0.954	0.9095	0.9679
PI2	<---	购买意向（获奖产品）	0.951		
PI3	<---	购买意向（获奖产品）	0.956		

表 2-6　畅销产品的因子载荷

Path			Estimate	AVE	CR
J3	<---	愉悦	0.924	0.8349	0.9381
J2	<---	愉悦	0.939		
J1	<---	愉悦	0.877		
B3	<---	美感	0.915	0.8393	0.94
B2	<---	美感	0.899		
B1	<---	美感	0.934		
C3	<---	原创	0.927	0.8508	0.9448
C2	<---	原创	0.908		
C1	<---	原创	0.932		
Ex3	<---	精致	0.909	0.8459	0.9427
Ex2	<---	精致	0.934		
Ex1	<---	精致	0.916		
Er3	<---	工效	0.956	0.833	0.9372
Er2	<---	工效	0.853		
Er1	<---	工效	0.926		
PI1	<---	购买意向（畅销产品）	0.948	0.9288	0.9751
PI2	<---	购买意向（畅销产品）	0.968		
PI3	<---	购买意向（畅销产品）	0.975		

表 2-7　获奖产品的区分效度

	愉悦	美丽	原创	精致	工效	购买
愉悦	0.873					
美感	0.499***	0.7809				
原创	0.558***	0.502***	0.8649			
精致	0.551***	0.497***	0.554***	0.8304		
工效	0.548***	0.492***	0.552***	0.553***	0.8769	
购买意向	0.421***	0.898	0.446***	0.452***	0.265***	0.9095
AVE 平方根	0.934	0.884	0.930	0.911	0.936	0.954

表 2-8　畅销产品的区分效度

	愉悦	美丽	原创	精致	工效	购买
愉悦	0.8349					
美感	0.519***	0.8393				
原创	0.559***	0.5***	0.8508			
精致	0.55***	0.5***	0.547***	0.8459		
工效	0.541***	0.494***	0.543***	0.542***	0.833	
购买意向	0.618***	0.701***	0.367***	0.313***	0.403***	0.9288
AVE 平方根	0.914	0.916	0.922	0.920	0.913	0.954

表 2-9　获奖产品的总体拟合系数

x2/df	RME	GFI	AGFI	PGFI	NFI	RFI	IFI	TLI	CFI	PNFI	PCFI	RMSEA
1.49	0.07	0.9	0.855	0.625	0.966	0.956	0.956	0.985	0.985	0.746	0.763	0.053

表 2-10　畅销产品的总体拟合系数

x2/df	RMR	GFI	AGFI	PGFI	NFI	RFI	IFI	TLI	CFI	PNFI	PCFI	RMSEA
1.97	0.088	0.872	0.818	0.611	0.955	0.942	0.977	0.971	0.977	0.743	0.760	0.074

表 2-11　获奖产品的因子载荷

路径			标准值	AVE	CR
偏好程度	<---	情感设计	0.949	0.7542	0.9583
工效	<---	情感设计	0.955		
精致	<---	情感设计	0.959		
原创	<---	情感设计	0.961		
美感	<---	情感设计	0.963		
愉悦	<---	情感设计	0.963		
购买意向	<---	情感设计	0.647		
购买意向	<---	偏好程度	0.323		

表 2-12 畅销产品的因子载荷

路径			标准值	AVE	CR
偏好程度	<---	情感设计	0.934	0.7428	0.9562
工效	<---	情感设计	0.954		
精致	<---	情感设计	0.977		
原创	<---	情感设计	0.957		
美感	<---	情感设计	0.947		
愉悦	<---	情感设计	0.948		
购买意向	<---	情感设计	0.564		
购买意向	<---	偏好程度	0.419		

4. 三因素量表的验证和分析

（1）三因素模型的构建

在畅销产品中，消费者通常会被产品的外观所吸引，从而产生消费行为。Nyurenberger 指出，消费者会因为产品的美丽而感到快乐；Coelho 等人也曾表明，产品带来的视觉感受可以弥补产品的不足之处的表现。在消费者被吸引后，他们会进一步了解产品的可操作性和耐用性，从而会因产生愉悦感而购买产品。虽然初始模型的每条路径都很有意义，但畅销产品模型的 ftting 指数很差且模型不是最好的。Mueller 给出了修改和优化的步骤，所以应该对初始模型进行修改。因工效和愉悦、美感和愉悦之间存在着剩余相关性，所以增加了 e1 和 e5、e4 和 e5 的路径，并在此基础上构建了三因素模型（见图 2-4）。根据 Hair、Black、Babin、Anderson、Tatham 和 Blunch 等专家学者的定义，该模型的 ftting 指数达到标准值。

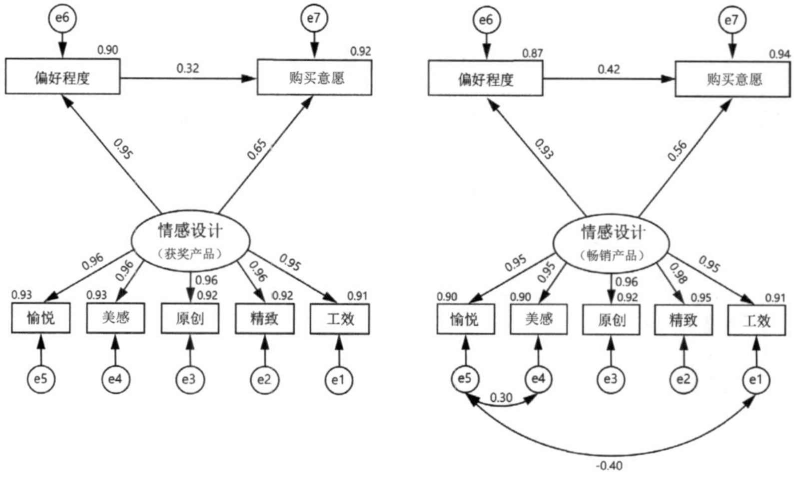

图 2-4 三因素模型

（2）验证性因子分析

对话式因子分析的标准化估价（SFL）：获奖产品和畅销产品的产品情感设计因子在 0.90 至 0.98 之间，标准化后的估值均高于 0.7，说明该测量系统符合标准。

在因子载荷表 2-11 和 2-12 中，两者各因子的综合信度（CR）分别为 0.9583 和 0.9562，平均方差提取（AVE）分别为 0.7542 和 0.7428，证明该模型具有内部一致性。

（3）结构模型分析与验证

从结果可以看出（见表 2-13 和 2-14），获奖产品和畅销产品的卡方与自由度之比分别为 2.531 和 2.110 除了两个产品的 PGFI 没有达到 0.5，获奖产品的 AGFI 没有达到 0.9（0.89 在可接受范围内），其他指标都符合标准。Shi 认为 RMSEA 低于 0.1 说明拟合好，RMSEA 低于 0.05 说明拟合非常好。Tu 等在研究消费者对故宫博物院文创产品的偏好时，从文化可持续发展的角度，提到要综合考虑拟合指数。两个模型中所有量表的 NNFI 和 CFI 值都在 0.9 以上，有些甚至达到 0.95 以上。获奖产品的 Te RMSEA 和 RMR 值分别为 0.094<0.1 和 0.038<0.08。流行产品的 RMSEA 为 0.08 ≤ 0.08，RMR 为 0.029<0.08。根据 Yockey、Takkar 和其他专家的定义，这个模型的所有指标都达到了可接受的水平。因此，综合考虑所有的良好性指标，本模型表现出良好的建构效度。这一结果证明，该模型的总体指标几乎达到或接近可接受水平，表明说明本研究的整体结构模型在理论结构和经验数据之间有很好的契合度。

表 2-13　获奖产品的总体拟合系数表

x^2/df	RMR	GFI	AGFI	PGFI	NFI	RFI	IFI	TLI	CFI	PNFI	PCFI	RMSEA
2.531	0.038	0.949	0.89	0.441	0.986	0.977	0.992	0.986	0.991	0.610	0.614	0.094

表 2-14　畅销产品的总体拟合系数表

x^2/df	RMR	GFI	AGFI	PGFI	NFI	RFI	IFI	TLI	CFI	PNFI	PCFI	RMSEA
2.110	0.029	0.967	0.917	0.380	0.990	0.981	0.995	0.990	0.995	0.519	0.521	0.080

（4）调解效果

在获奖产品的中介效应分析中（见表 2-15），间接效应情感因素一购买意向的置信区间（CI）值不包含 0，间接效应成立。并且间接效应（Z）≥ 1.96，间接效应成立。因此，中介效应是显著的，而直接效应偏好程度一购买意向的置信区间（CI）不包含 0，直接效应是显著的，并且是部分中介的。

表 2-15 获奖产品的中介效应分析

	Point estimate	Product of coefficients		Bootstrap 5000 time 95% CI			
				Bias corrected		percentile	
		SE	Z	Lower	Upper	Lower	Upper
情感因素—购买意向	0.245	0.108	2.269	0.103	0.528	0.106	0.53
偏好程度—购买意向	0.694	0.116	5.983	0.488	0.947	0.483	0.938
情感因素—偏好程度	1.023	0.031	33	0.963	1.087	0.963	1.086

在对畅销产品的中介效应的分析中（见表 2-16），间接效应情感因素—购买意向的置信区间（CI）值不包含 0，间接效应成立。并且间接效应（Z）≥ 1.96，间接应成立。所以中介效应是显著的，而且直接效应偏好程度—购买意向的置信区间（CI）值不包含 0，则直接效应是显著的，并且是部分中介。

表 2-16 畅销产品的中介效应分析

	Point estimate	Product of coefficients		Bootstrap 5000 time 95% CI			
				Bias corrected		percentile	
		SE	Z	Lower	Upper	Lower	Upper
情感因素—购买意向	0.436	0.073	5.973	0.298	0.585	0.29	0.575
偏好程度—购买意向	0.619	0.077	8.039	0.468	0.772	0.476	0.777
情感因素—偏好程度	1.054	0.031	34	0.998	1.118	0.998	1.118

（5）验证结果的分析

根据分析结果，从本章的两个结构模型中，可以发现径系数为：原创、美感、工效、愉悦和精致等变量对产品情感设计在现实生活中的影响，各因子载荷均超过 0.85。设计在现实生活中的作用，每个因子的载荷都超过 0.85，这表明这些因素构成了产品情感设计。而产品的情感设计（0.65 和 0.56）对购买意向的影响要高于偏好（0.32 和 0.42）（见表 2-17）。因此，假设 1：情感设计显著地影响消费者的购买意向和在中国文创产品销售中的偏好。

表 2-17 结构模型分析

可变参量			标准化路径	C.R	P	测试结果
获奖产品的结构模型分析						
偏好程度	⟵	情感设计	0.95	28.795	***	成立
购买意向	⟵	偏好程度	0.32	4.230	***	成立
购买意向	⟵	情感设计	0.65	8.285	***	成立
最畅销产品的结构模型分析						
偏好程度	⟵	情感设计	0.93	26.451	***	成立
购买意向	⟵	偏好程度	0.42	7.066	***	成立
购买意向	⟵	情感设计	0.56	9.240	***	成立

在图 2-4 的三因素模型中，可以看出情感设计因素对获奖和畅销产品都有影响，而且产品的情感设计与产品的销量之间存在着相关的关系。产品的情感设计与消费者的偏好程度、购买意向之间也存在关联。媒介作用效益分析证明，偏好程度对畅销产品的购买意向有中介作用，而产品的情感设计则会影响人们的偏好，并进一步影响人们的购买。因此，假设 2：偏好在购买意向和产品情感设计之间起中介作用，产品的情感设计可以影响消费者的偏好并增加购买意向。

此外，在多因素模型中，获奖产品和畅销产品对普通消费者有不同的影响。在这个结构模型中，产品的创意因素并不能直接影响购买意向和偏好程度，产品的精美程度也不能影响购买意向和偏好。

然而，获奖产品的人体工程学因素会影响人们的偏好程度，快乐因素则会影响人们的购买意向，但这并不存在于在畅销产品模型中，表明畅销产品和获奖产品之间存在差异。因此，假设 3：获奖产品和畅销产品之间存在明显的差异。

通过对消费者的综合分析、对三因素和多因素模型及其要素的综合分析，获奖产品和畅销产品的认知路径存在着明显的差异，在多因素模型的独创性方面两者之间的差异是获奖产品可以给消费者带来更强的故事替代感。在愉悦方面，J2（产品令人印象深刻）和 J3（产品具有时尚感）对获奖产品的影响较大，J2 和 J3 对畅销产品的影响也较大，差异在于由时尚引起的结果强调的是替代，而印象中强调的是情况的延伸。结合原创和愉悦，笔者发现消费者更注重产品的情景价值和情感延伸。与畅销产品相比，获奖产品能够使消费者有时尚感，并通过对产品的替代和创新给人们带来情景价值观念，从而打动消费者的购买意向。在工效方面，Er1（产品制作精良）对获奖产品的影响较大，而 Er3（产品的可操作性好）对畅销产品有较高的影响，并且对最畅销产品的影响更大。这两者代表了不同的消费目的。优秀的技术强调的是产品的制造过程，而可操作性则代表产品的功能。在精致方面，获奖产品有更多的 Ex3（产品造型鲜明）。优秀文创产品对消费者来说有更突出的过程特征，而非非专业消费者的需求。非专业消费者的需求，更喜欢与人机工程学方面的优秀设计互动。

从中可以看出，专业人士所定义和提倡的情感设计标准与消费者根据他们的生活经验和对设计的理解而认可的优秀设计之间存在差距。尽管消费者对情感设计的总体偏好和购买意向趋于一致，但在认知路径上却存在差异。因此，假设 4：消费者对获奖产品和畅销产品的情感认知的关注是不同的。

本章小结

中国制造业一直以来都有高超而复杂的生产技术和丰富的制造经验。然而，在这个不断变化的时代，产品的生产和设计必须考虑到消费者的想法和需求，以使整个行业、品牌得到可持续发展。所有这些都需要通过对相关模式的研究，以及它们在教学和相关行业中的应用来进行探索。本研究从文献探索开始，以产品情感设计的问卷调查为研究对象，对数据进行分析，验证结构方程模型的可行性，并以情感设计为基础，从情感的多维性出发，探讨影响产品情感设计的关键因素。

模型探讨影响文创产品情感设计的关键因素，构建了一个代表性的指标体系，并科学地验证和分析了情感设计的评价标准，并对文创产品的设计和开发进行科学验证和分析，探讨情感因素对文创产品的影响，也探讨情感因素对普通消费者购买中国文创产品的意愿和偏好的影响，并深入了解所定义的情感设计标准是否存在认知上的差异，深入了解专业人士定义和推广的情感设计标准与消费者认定的中国优秀文创产品之间是否存在认知差异。这些结论归纳起来有以下几点：

（1）消费者对中国文创产品的偏好和购买意向受情感设计标准的影响

文创产品的设计更注重物品本身的非功能元素，与一般的商品不同。以现代的方式呈现它们，并利用物品的外观反映出的创意和文化内涵满足用户的精神需求。因此，在文化和创意产品的设计过程中，最重要的是要满足消费者的情感期望。一个优秀的文创产品，不仅需要具备实用价值，还应融入更多的非功能属性，与时代的生活方式或精神产生共鸣，同时激发消费者的联想。当设计师考虑更多的情感因素时，他们可以先考虑精致，再考虑创新，最后考虑美感、愉悦和工效等元素，使产品具有超越实用价值的额外意义，从而影响消费者的购买意向。

（2）消费者对中国文创产品的偏好和购买意向受情感因素的交互影响

情感因素的交互作用受当代社会多元文化的影响，在社会多元文化的影响下，人们对产品的定义各不相同。根据各自的文化背景，消费者会通过自己的方式来定义最合适的文化和创意产品。然而，过于晦涩的设计很难在短时间内与不同的文化群体产生共鸣，当消费者有不同的文化背景时，消费者会根据产品本身的功能产生情感上的偏好。在实际的产品销售过程中，人们的购买行为更加复杂。人们是通过多种因素的相互作用和整体的情感体验来决定购买的。

随着时代的发展和物质的极大满足，人们越来越重视物质以外的价值，这使得文创产品的设计目标是更多地宣传主题、思想或理念。事实上，文化创意设计所要做的应是通过外部因素赋予产品以独有的特征，使犹豫不决的消费者增加购买意向。然而，由于单一因素不能直接影响到消费者的偏好和购买意向，设计师应该注意文化中情感设计的各种因素的相互作用对消费者的吸引和创意产品中各种情感设计元素的互动，以吸引来自不同文化背景的消费者。在文创产品的生产过程中，除了关注消费者的愉悦因素（如文化背景等），生产出具有必要功能的文创产品外，企业还可以关注产品的精美程度，以提升产品的原创性和美感。在各种因素的相互作用下，产品的情感设计最终会影响到消费者，从而更易获得现代消费者的青睐。

（3）消费者对于由专业人士定义和根据生活经验识别出的优秀文创产品有着不同的偏好路径

对于消费者来说，由专业人士定义的优秀文创产品能更好地体现文化价值和优秀工艺，而消费者在实际消费中更习惯于将精致因素作为诠释产品的核心要素。因此，设计师在设计文创产品时，不仅要以“产品＋文化”为设计元素，还要考虑多种因素对消费者的偏好和购买意向的影响。产品偏好和购买意向的核心是更符合消费者的情感特征、突出心理需求，并将其融入设计中，从而引起消费者的情感认同，使产品在保持其民族性的同时，能被世界各地的不同文化群体所接受，最终通过消费行为达到文化传播的目的。

第三章 中国文创产品设计师的人文情感认知层次

就中国现状来看，文创领域存在广泛的创意设计实践，其自由、多元、非组织化的特质，契合了文创产品作为承载文化，满足不同人群更高情感需求，以及强调创造、不确定性和灵感偶发性等产品的开发需求。这使得设计师们可以为文创产品开发提供更多有效路径，并成为文创产品成功开发的重要动力。

在现有关于文创产品开发的研究中，多数学者认为成功的产品取决于是否满足消费者的情感需求，并对此展开了研究，但现实中新产品的成功率仍然很低。据估计，约 40% 的新产品在发布时都失败了。虽然传统的以用户为中心的情感设计实践方法有助于了解新想法或产品，且便于确认设计生产过程中的各个阶段是否与当前消费者的情感偏好保持一致，但过度依赖消费者的观点来制定产品的开发策略，有可能是不可取的，因为消费者往往不知道他们想要什么，这也使得在强调情感设计的文创产品设计中，以用户为重的情感设计，在文创产品开发的早期阶段实际贡献相对较少。

因此，深入了解文创产品设计师在文创产品开发中“如何将情感设计融入产品并与用户进行情感交流”的设计思考逻辑与分析层次，能更加清晰地解释当代文创产品早期开发阶段的设计重点，进而提升文创产品情感依赖来加强文化认同，达到增强文化情感共鸣的效果。而要解析设计师在情感设计中的认知，核心在于对其认知要素进行科学且系统的量化评估，并对情感认知的层级进行详细剖析。

一、文创产品设计师的设计美学与情感设计认知概述

1. 文创产品设计师的情感设计认知

文创产品设计师的创作具有典型的“后现代”特质，其基于“共享、开

放、创造”的价值理念，区别于传统福特制工业生产方式，其多维度的开放性特质，契合了文创产品开发的一般规律，其通过视觉艺术和造型艺术高度融合了当代技术与文化，进而成为现阶段文创产品设计师的主要类型。文创产品设计师除了具有创新性的研发与技术应用外，更突出的特点是对文化的再现与思考。这种对文化的思考与再现源于当代消费者的需求变化，当代消费的意义已从满足最基本的使用需求，演变成消费者追求自我风格认同与生活价值的体现。在全球化背景下，产品设计更需通过创意与设计使其成为具备情感内涵的文创产品，并通过商业模式支持品牌经营，以此获得消费者的青睐。因此说，文创产品的独特魅力源自设计师对产品人性的把握，并将文化内涵融入其中，使产品的个性自然展现出文化的气质和深度。

设计师们的设计会引发用户情感，用户情感也同样会影响设计师们的设计，两者是相互关联的。但从设计的早期阶段就强烈关注消费者，可能会减弱产品的核心竞争力，并限制设计师们的创造力。因为在现实中，消费者往往不知道他们想要什么，不容易表达他们的需求和欲望。同时，不同于设计师，消费者往往缺乏设计训练，难以通过设想创造出满足其新兴需求的创新产品。

因此，对于情感设计在文创产品早期阶段的作用的研究中，本章应更加关注文创产品设计师们在这一阶段的情感设计的认知过程与层级关系，以便更加清晰地解释当代文创产品的情感设计重点。

2. 文创产品设计师的设计美学认知

设计美学是一种将艺术、文化、功能和情感融合在一起的方法，旨在创造能够触发消费者情感共鸣和满足其审美需求的作品，涵盖了产品创造过程中的审美原则和价值观，这一美学包含了多个方面，如形式、色彩、材质、工艺、创新功能以及文化和社会背景等因素。

在文创产品的设计美学中，设计师需要考虑如何将文化元素融入产品，以便传达特定的历史、传统或价值观。同时，审美要素也起着至关重要的作用，产品的外观和感觉必须吸引消费者的眼球，并引发情感共鸣。这可以通过产品的形式、色彩选择、材质质感以及创新功能的整合来实现。

文创产品是一种承载人文历史、侧重满足大众情感需求的艺术作品，这使得文创产品设计师们在开发文创产品时，除了需要考虑功能因素，还需探讨其文化范畴、操作形式、内在含义、文化意义等因素，因为正是这些因素带给了消费者触动心理的感知。由于产品通过文化创意具备了唤起消费者潜在感官愉悦以及满足其愿望的能力，可以触发使用者的情感并影响使用者与产品的互动。这种特性使文创产品具有马斯洛需求层次理论中的高级层次，不仅具有物理属性，还含有心理属性。当人们感到愉快时，人的左脑与右脑会同时进行活动，形成感性知觉。这也要求文创产品在开发时，必须考量人们心理与生理的双重感觉。

正如前文所述，近几十年来，许多学者提出了包含情感设计认知要素的设计衡量模型。例如：Green 与 Jordan 提出产品设计须满足人们意识愉悦、社会愉悦、生理愉悦与心理愉悦这四种愉悦体验感受，并认为利用产品的吸引力来设计令人愉快的产品可以使它们看起来更有用；Demirbilek 和 Sener 认为产品的部分功能属性有助于积极情绪的交流，并总结出影响幸福、喜悦或唤起梦想的因素；Norman 提出情感设计的三层次，即本能层次、行为层次、反思层次；Mc Carthy 与 Wright 将情感视为产品和服务使人们体验到它们的过程，包含整体体验、感官、情感与广泛的社会和文化环境以及实时的使用场景；Jagtap 提出产品形态属性和情绪尺度，认为产品形式对于决定消费者的反应和产品的成功是很重要的，并由此引发了某些特性和情感来帮助设计师设计他们的产品。此外，Bhandari 等人建立了产品要素与用户的感性意象之间的相关性联系，提出以形式、色彩、材质与工艺、创新功能为主要属性的衡量标准。Ji 等人认为情感特性越明显的产品，消费者对该产品的喜好度越高，并提出产品的设计语汇，即设计简洁利落、外形时尚现代，通过魅力、美感与创意等特性，满足不同族群。

通过对之前文献的探讨研究可知，在当代强调产品个性化的需求下，近代学者逐步开始关注情感设计，并且从不同角度出发，对相关要点展开论述，但现有论述大多围绕产品的机能、造型与审美情趣、创意及魅力、愉悦等大的构面进行探讨，相关论述多是基于结构功能主义的宏大理论论述，缺少对于不同种类产品的中层理论论述。因此，对于文创产品，以传统产品情感设计的认知方法评估文创产品，容易低估情感设计在提升文创产品情感依赖程度、加强文化认同、增强文化情感共鸣效果中的重要性。

二、文创产品设计师的情感设计认知研究流程

1. 研究方法

笔者基于研究目的，通过对文创产品设计师群体（主要涉及的学、官、产三方专家）进行“文创产品设计师群体深度访谈”，并将研究流程分为文献归纳、专家深度访谈、扎根理论三级编码、三回合德尔菲法专家问卷检验及意见征询以及建立各因素间的解释结构模型，对要素之间的关系进行修正完善，运用解释结构模型对文创产品的情感设计要素及认知层次进行解构。

（1）扎根理论（ Grounded Theory）

扎根理论认为任何理论都有经验事实作为依据，一定的理论总是可以追溯到其产生的原始资料，主张从资料中通过归纳的方式，不断反复地提升概念层级并最终建立理论。目前该研究方法已被广泛应用到各个学科领域，如社会科学领域的农民合作社联合社合法性的动态获取机制；心理学领域的心理契约多元关系路径及其影响效应；以及设计领域的设计师感知视角下图书馆创客空间服务质量评价指标体系等多个学科领域的问题。以上研究成果表明，以原始资料样本为基础，运用扎根理论方法构建出设计师的文创产品情感设计的认知是可行的。

（2）解释结构模型法（ISM）

解释结构模型法的特点是将复杂的系统分解成为多个子系统和组成元素，并结合实际经验、先验知识和计算机辅助，构建层次分明的递归结构模型。ISM 以收集和准备分析的原始数据为基础，将想法转化为清晰、直观和层次分明的理论模型。

2. 研究流程

鉴于每位专家的不同经验与认知，形成不同角度与深度的初步文创产品设计师情感设计认知要素。笔者之后对访谈进行整理分析、归纳，形成德尔

菲法问卷的基础，后期结合德尔菲法专家调查，确定文创产品设计师情感设计认知要素，进而通过解释结构模型，明确各要素间的层级关系，研究流程表见表 3-1。

表 3-1 研究流程

第一阶段	第二阶段	第三阶段	第四阶段	第五阶段
文献归纳（通过文献总结为专家访谈做好前期准备）	专家深度访谈（通过对文创领域专家的访谈对文创产品设计师情感设计认知要素提出看法）	文创产品设计师情感设计认知相关要素与次级要素初步建立（扎根理论三级编码）	确立文创产品设计师情感设计认知要素表（实施三回合德尔菲法专家问卷调查及意见征询）	确立各要素间的层级关系（通过三回合德尔菲法专家问卷调查，建立各因素间的解释结构模型）

3. 访谈内容及研究样本

本研究通过前期文献探讨、个人实际接触与研究经验，针对文创产品设计师情感设计认知相关议题，围绕文创产品设计师广泛实践的文创产品开发领域展开访谈，重点对情感设计在此领域所涉及产品的机能、造型、审美情趣、创意、魅力以及愉悦等方面展开探讨，并设计出具有固定结构的统一问卷进行访谈。

本研究选择“专家级设计师”作为访谈对象，并根据文创产品设计师成员的主要构成，对访谈对象进行分类，主要包含文创产品设计生产相关产业的从业者、政府部门相关职位者，以及曾研究过相关文创产品设计生产的专家学者（见表 3-2）。在电话邀约受访者后有计划性地设计提问顺序、提出问题并记下笔记，从各题目中了解产业、官方、学术各领域专家学者对文创产品设计提出的相同或相异的观点与看法。

在正式访谈前，先将拟好的访谈提纲以电子邮件方式送达受访者。访谈提纲分为三大部分，包括“受访者的基本资料”“由受访者的工作经验中了解文创产品设计中哪些因素会影响人们的喜好”及“了解受访者对目前文创产品设计中主要情感要素的看法与观念”，共计 17 题。每段访谈的时间约为 2 ～ 2.5 小时，使受访者在结构性访谈下亦能充分表达。本研究第一次专家深度访谈的调查内容见表 3-2。

表 3-2　第一阶段专家深度访谈调查内容表（本研究制表）

调查目的	调查内容	调查结果
建立专家对情感设计的一般看法	选定 7 位产、官、学专家进行深度访谈，提出对文创产品情感设计的看法	将访谈资料转成文字稿，进行开放式编码，最终提取 508 条概念编码

4. 资料收集与处理

（1）开放性编码

将正式访谈资料整合编码，产业领域代码为 I（Industry）、官方领域代码为 G（Government）、学术领域代码为 S（Scholar）（见表 3-3），并依受访顺序进行 01、02 等类推编号，如杨先生为 I01、孟先生为 G02、杨老师为 S02 等。访谈原始文本共计 7 万余字。本研究依照重点摘要所提取的概念进行 01、02、03 等的类推编号，提取出 508 条概念编码（编码示例见表 3-4）。

表 3-3　专家受访者代码及基本资料

领域	代码	受访人	专业背景	概念编码
产业	I01	杨先生	文创产品设计从业者（设计总监）	80 条
	I02	赵先生	文化产业设计师（产业设计师）	60 条
	I03	丁女士	文化创意产业实际经营者（公司经理兼设计师）	66 条
官方	G01	王女士	文化管理、行政业务（市级政府文化产业中心主任兼设计师）	81 条
	G02	孟先生	文创产业园管理、行政业务（区级文化创意产业园中心主任兼设计师）	44 条
学术	S01	陈老师	文创产业、文创产品设计、视觉传达（教授兼设计师）	97 条
	S02	杨老师	文创产品设计研究（副教授兼设计师）	80 条

表 3-4　开放式编码部分示意

题目	回答	文字稿重点摘要	概念编码
请就您的知识简单定义在文创产品设计中，令人产生不一样的愉悦体验时，所涉及的主要情感设计要素	文创产品的情感设计中，审美、功能、内涵，缺一不可。现在多数设计仅仅是在迎合消费，但文化创意设计的更高要求应该是将古今文化进行联通，同时做到雅俗共赏。另外还有一个问题，就是很多设计师把文创产品简单地理解为衍生品。许多博物馆的文创开发都是配套活动或展览在做，缺少独立性。我认为好的文创产品不应只是简单的点缀，更多的应该是为人的生活服务	多数设计仅是在迎合消费，但文化创意设计的更高要求应是将古今文化联通，同时做到连接雅俗	S01-01 整体印象、带给使用者的满意，同时连接文化
		好的文创产品，不该是新奇点缀，而应进入生活日常	S01-02 机能认知，融入生活

（2）主轴性编码

主轴性编码是在开放性编码的基础上进行概念归类，旨在深入挖掘原始访谈数据，并提炼出理论框架中的变量，具体方法包括删除、合并、分类、重新命名、合并后重新命名、保持不变及新增，合计 7 种演变方式，每种演变通过识别编码之间的概念交集进行差异化区分，并在编码过程中进行重新定义。通过归类，研究将先前的 508 条概念编码精简至 119 条，并归类至 15 个对应范畴，编码示例为：新颖的产品、具有原创性的产品、创新性产品、令人觉得特别、产品材质创新、生理需求、实用性、便捷且方便、简单且高质量、新奇造型、细节精细、产品颜色与表面处理、心理愉悦、具有魅力、令人喜悦且满足。

（3）选择性编码

研究通过反复比对，将 15 个次级要素归类为问卷的四大类衡量要素，包括“创意及魅力要素”“造型认知与审美情趣”“机能认知”及“愉悦要素”，原 119 条概念编码则成为各要素下含义说明的主要材料。问卷架构见表 3-5。

表 3-5　选择性编码表

项目	1	2	3	4
主要素	创意及魅力要素（5）	造型认知与审美情趣（3）	机能（4）	愉悦要素（3）
次级要素	新颖的产品	新奇造型	生理需求	心理愉悦
	具有原创性的产品	细节精细	实用性	具有魅力
	创新性产品	产品颜色与表面处理	便捷且方便	令人喜悦且满足
	令人觉得特别		简单且高质量	
	产品材质创新			

注：每一衡量要素后方的数字代表着次级要素的数量。

三、文创产品设计师的情感设计认知要素及认知层次分析

1. 基于扎根理论的设计要素识别与提取

本研究透过专家深度访谈结果，进一步对译码进行分析，采用 KJ 法分类、归纳、命名，形成德尔菲法问卷，接下来，按照德尔菲法流程进行操作，并利用 SPSS 统计软件进行描述性统计分析，最终达成专家小组对要素项目的共识。本研究阶段实施三回合德尔菲法专家问卷调查。

2. 德尔菲法专家群的选定

在专家样本的挑选标准部分，本研究认为文创产品领域多元复杂，仅参考一家之言会使所获资料过于偏颇，影响研究可信度，故纳入多元专家的意见。因此，依据 Meltsner、Weimer 与 Vining 以“分析技术”与“政治技术”等二项挑选专家的技术要素，将专家分为三类：技术型政策专家（分析技术较高，本研究以相关学术领域研究者及实践者为主）；官员型政策专家（政治技术较高，本研究以政府执行政策及产业园区运营的官员为主）；企业型政策专家（分析与政治技术两者皆高）。本研究以实际操作文创产品设计生产的经营者为主。最终参与本研究的德尔菲法专家小组所包括：技术型政策专家 6 位、官员型政策专家 4 位、企业型政策专家 4 位（见表 3-6）。

表 3-6　德尔菲法专家小组基本资料表

领域	成员	专业背景
技术型政策专家	余老师	文创产品理论研究、产品设计
	孟老师	文创产品设计研究、产业经营
	韩老师	文创产品设计研究、产品设计
	陈老师	文创产品理论研究、产品设计
	薛老师	文创产品设计研究、产品设计
	陈老师	文创产品设计研究、产品设计
官员型政策专家	邱先生	艺术村行政、经营与管理、产品设计
	吴先生	艺术村行政、经营与管理、产品设计
	张先生	艺术村行政、经营与管理、产品设计
	蔡女士	产业文化资产行政管理、产品设计
企业型政策专家	蒋先生	文创产业实际经营者、产品设计
	叶先生	文创产品设计、规划
	谢先生	文创园区实际经营者、产品设计
	李先生	文创园区经营与管理、产品设计

3. 德尔菲法问卷设计

为精确判断要素的适当程度，引用李克特王点尺度量表（Likert scale）作为评估工具，问卷设计依据“非常适当”“适当”“普通”“不适当”“非常不适当”，分别给予 5、4、3、2、1 分，分数越高表示该项衡量要素越适当。经大类要素归属、合并、增补及删减，研究者对要素含义说明进行更合理的叙述，以作为下一回合问卷设计的参考。德尔菲法问卷设计说明以电子邮件形式发送至 14 位受访专家。其中，问卷有效回收率在第一回达 93%，第二、三回合达 100%。

4. 要素识别与提取

本研究基于访谈结果，通过扎根理论编码提炼出四大衡量要素与十五项次级要素。按照德尔菲法的操作程序，进行专家意见咨询，筛选评定具有高度共识的衡量要素，并根据专家反馈调整次级要素的定义，通过三轮操作，专家意见趋于一致，最终确立了文创产品设计师情感设计认知的衡量要素、次级要素与含义说明。本章将呈现四大要素的三轮德尔菲法专家的咨询结果，包括质性开放性意见及量化描述性统计。

（1）四项衡量要素及各次级要素的名称修正

根据专家反馈的“创意及魅力要素名称与次级要素之间无必然关系”“造型认知与审美情趣所指涉的对象涵盖不全面”“机能认知名称不适切”“愉悦要素的刺激要素指向不明确”等意见，四项要素以及各次级要素亦随着专家提出修正意见的关系调整要素名称及增补、删减要素（见表 3-7）。

表 3-7　三回合四项衡量要素与次级要素的名称修正与合并说明表

	第一回合问卷		第二回合问卷	第三回合问卷
衡量要素（4）	次级要素（15）	衡量要素（4）	次级要素（16）	次级要素（15）
创意及魅力要素	产品材质创新	创意要素	C1 产品材质运用具巧思	C1 产品材质运用具巧思
	具有原创性的产品		C2 产品具有原创性	C2 产品具有原创或创新性
	创新性产品		C3 产品具有创新性	
	令人觉得特别		C4 产品令人觉得特别	C3 产品令人觉得特别
	新颖的产品		C5 产品令人觉得新奇	C4 产品令人觉得新奇
造型认知与审美情趣	新奇造型	美感要素	A1 产品时尚品位	A1 产品具有时尚品位
			A2 产品造型	A2 产品造型比例好
	细节精细		A3 产品细节	A3 产品细节设计良好
	产品颜色与表面处理		A4 产品表面	A4 产品色彩应用得当
				A5 产品表面或纹饰设计细腻
机能认知	生理需求	功能要素	F1 可用性	F1 产品具有实用功能
	实用性			
	便捷且方便		F2 实用、可靠	F2 产品操作具安全性
	简单且高质量		F3 可用、方便	F3 产品具便利性

（续表）

<table>
<tr><th></th><th>第一回合问卷</th><th></th><th>第二回合问卷</th><th>第三回合问卷</th></tr>
<tr><td>衡量要素（4）</td><td>次级要素（15）</td><td>衡量要素（4）</td><td>次级要素（16）</td><td>次级要素（15）</td></tr>
<tr><td rowspan="4">愉悦要素</td><td rowspan="2">心理愉悦</td><td rowspan="4">愉悦要素</td><td>P1 整体的体验</td><td rowspan="2">P1 整体印象、带给使用者的满意程度</td></tr>
<tr><td>P2 情感与社会和文化环境</td></tr>
<tr><td>具有魅力</td><td>P3 具有吸引力与乐趣</td><td>P2 情感与社会和文化环境</td></tr>
<tr><td>令人喜悦且满足</td><td>P4 整体印象、带给使用者的满意</td><td>P3 具有吸引力与乐趣</td></tr>
</table>

衡量要素一名称确定为“创意要素”，其四项次级要素名称为“C1 产品材质运用巧思”“C2 产品具有原创或创新性”“C3 产品令人觉得特别”“C4 产品令人觉得新奇”。

衡量要素二名称确定为“美感要素”，其五项次级要素名称为“A1 产品具有时尚品位”“A2 产品造型比例好”“A3 产品细节设计良好”“A4 产品色彩应用得当”“A5 产品表面或纹饰设计细腻”。

衡量要素三名称确定为“功能要素”，其三项次级要素名称为“F1 产品具有实用功能”“F2 产品操作具安全性”“F3 产品具便利性”。

衡量要素四名称确定为“愉悦要素”，其三项次级要素名称为“P1 整体印象、带给使用者的满意程度”“P2 情感与社会和文化环境”“P3 具有吸引力与乐趣”。

（2）第三回合四项衡量要素与次级要素的描述性统计分析

本研究通过 SPSS 软件，运用描述性统计中的平均数（M）、标准差（SD）、变异系数（CV）等统计方法检验专家小组意见的集中趋势与偏离情形。此外，删除或修改要素的原则为：当平均数（M）$\geqslant 4$ 时，表同意程度高；标准差（SD）> 1 时，表离散程度大；变异系数（CV）$\leqslant 0.3$ 时，表一致性高（见表 3-8）。通过参考 α 系数信度检验，专家问卷题项的内部一致性，信度 α 值大于 0.7 表示具有高信度。研究对专家最终筛选评定具有高度共识的四大要素和十五项次级要素进行信度验证，检定结果为创意要素 $\alpha = 0.73$、美感要素 $\alpha = 0.81$、功能要素 $\alpha = 0.77$、愉悦要素 $\alpha = 0.74$，四要素的信度 α 值皆已达 0.70 以上，统计结果表示，本研究的各要素问项皆具相当的可信度。

表 3-8 第三回合四项衡量要素与次级要素的描述性统计分析表

施测回数	衡量要素	次级要项	平均数	标准差	变异系数	样本数
第三回合	创意要素	C1 产品材质运用具巧思	4.5	0.52	0.12	$N=14$
		C2 产品具有原创或创新性	4.86	0.36	0.07	$N=14$
		C3 产品令人觉得特别	4.71	0.47	0.1	$N=14$
		C4 产品令人觉得新奇	4.5	0.52	0.12	$N=14$
	整体要素		4.64	0.47		
	美感要素	A1 产品具有时尚品位	4.43	0.51	0.12	$N=14$
		A2 产品造型比例好	4.5	0.52	0.12	$N=14$
		A3 产品细节设计良好	4.29	0.83	0.19	$N=14$
		A4 产品色彩应用得当	4.43	0.51	0.12	$N=14$
		A5 产品表面或纹饰设计细腻	4.79	0.43	0.09	$N=14$
	整体要素		4.48	0.56		
	功能要素	F1 产品具有实用功能	4.43	0.51	0.12	$N=14$
		F2 产品操作具安全性	4.43	0.51	0.12	$N=14$
		F3 产品具便利性	4.29	0.83	0.19	$N=14$
	整体要素		4.38	0.62		
	愉悦要素	P1 整体印象、带给使用者的满意程度	4.41	0.52	0.12	$N=14$
		P2 情感与社会和文化环境	4.42	0.57	0.12	$N=14$
		P3 具有吸引力与乐趣	4.46	0.56	0.12	$N=14$
	整体要素		4.43	0.55		

5. 衡量要素与次级要素建构

本研究经过德尔菲法专家问卷调查，由第一回合四大衡量要素、十五项次级要素操作至第三回合后，专家的意见均已达到收敛，且具有“同意”以上程度的共识，确认“文创产品设计师情感设计认知要素”的四大衡量要素、十五项次级要素。第一回合至第二回合参照各回合专家所提出的修正意见，研究者参考专家意见调整要素名称以及要素归属，必要时合并、增补及删减要素，第二回合至第三回合则随着要素与要素的调整，研究者对要素含义说明进行更合乎逻辑的叙述。最终确定文化产品设计师情感设计认知要素（见表 3-9），这些因素之间呈现出直接或间接的影响和制约关系。

表 3-9　文创产品设计师情感设计认知要素分析表

衡量构面	次级要素	含义重点	衡量构面	次级要素	含义重点
创意要素	C1 产品材质运用具巧思	具有地域特色的材质、通过材质产生情感联想、通过材质展现事物的真实本质、对人的心理和生理上的关怀	美感要素	A1 产品具有时尚品位	具有时尚的符号价值、产品具有现代元素
	C2 产品具有原创或创新性	演绎新的故事、具有跨越性和突破性、注入创作者心血、拒绝抄袭		A2 产品造型比例好	具有地域形态、形式美原则、人机工程学
				A3 产品细节设计良好	具有人情味、注重材料工艺的美感、制作精良
	C3 产品令人觉得特别	运用地域制作工艺设计、引发人的内在动机、产品具有自身个性、具有专业性，对文化内涵有专业的解读		A4 产品色彩应用得当	展现产品本身特性或提供服务、颜色让产品有可识别性、通过色彩展现针对群体、通过颜色引发用户不同的情绪
	C4 产品令人觉得新奇	可以引起人们的兴趣、打破对原有事物的认知、打破原有看待事物的角度、与高科技元素结合		A5 产品表面或纹饰设计细腻	具有纹饰的符号价值、表面具有亲和力、材质使用的道德和社会责任
功能要素	F1 产品具实用功能	满足主要的使用认知、涵盖相关联的行为、产品结构合理	愉悦要素	P1 整体印象、带给使用者的满意程度	产品会提升个人形象、产品可以彰显自身品位、产品让自己感觉与众不同、产品让人觉得自己属于某群体
	F2 产品操作具安全性	对产品的操作符合人体机能、对用户的某些行为进行约束、保障用户免受伤害或损失		P2 情感与社会和文化环境	产品内容多元化、产品体现地域文化的特殊性
	F3 产品具便利性	操作方式具有可视性、产品具有记忆辨识度、运输储藏装卸等环节的经济性		P3 具有吸引力与乐趣	产品满足审美认知、产品具有文化代入感、产品具有个性

6. 确立因素关系分析图

首先，通过整理相关文献资料与此前质性研究中的访谈文本，确定 15 项文创产品设计师情感设计衡量要素之间的影响关系，以字母 R、C、O、X 定义不同逻辑。其中，R 表示行要素对列要素有直接影响，C 表示列要素对行要素有直接影响，O 表示行列两要素相互影响（强连接关系），X 表示行列两要素之间无影响。然后，运用三回合德尔菲法对此前的 14 位专家开展意见咨询。最终，得到文创产品设计师情感设计认知要素关系分析表（见表 3-10）。

表 3-10 文创产品设计师情感设计认知要素关系分析表

衡量要素	P3	P2	P1	F3	F2	F1	A5	A4	A3	A2	A1	C4	C3	C2	C1
产品材质运用具巧思（C1）	R	X	R	X	X	X	X	X	X	X	X	R	R	O	—
产品具有原创或创新性（C2）	R	X	R	X	X	X	X	X	X	X	R	R	R	—	
产品令人觉得特别（C3）	R	R	X	X	X	X	C	C	C	X	X	O	—		
产品令人觉得新奇（C4）	R	R	R	X	X	X	C	X	C	X	X	—			
产品具有时尚品位（A1）	R	X	R	X	X	X	X	C	X	O	—				
产品造型比例好（A2）	R	X	R	X	X	X	X	X	X	—					
产品细节设计良好（A3）	R	X	R	C	C	X	C	X	—						
产品色彩应用得当（A4）	R	R	R	X	X	X	X	—							
产品表面或纹饰设计细腻（A5）	X	X	R	X	X	X	—								
产品具有实用功能（F1）	R	X	C	R	C	—									
产品操作具安全性（F2）	X	X	R	O	—										
产品具便利性（F3）	R	X	R	—											
整体印象、带给使用者的满意程度（P1）	X	X	—												
情感与社会和文化环境（P2）	X	—													
具有吸引力与乐趣（P3）	—														

7. 建立邻接矩阵、可达矩阵

基于上述衡量要素关系分析表，通过整理各项文创产品设计师情感设计认知要素之间的逻辑关系，构建邻接矩阵（见表 3-11）。

将邻接矩阵带入布尔代数运算法则得出可达矩阵（见表 3-12），该矩阵揭示了文创产品设计师情感设计认知要素之间的间接关系。

表 3-11 文创产品设计师情感设计认知要素邻接矩阵

衡量要素	C1	C2	C3	C4	A1	A2	A3	A4	A5	F1	F2	F3	P1	P2	P3
产品材质运用具巧思（C1）	0	1	1	1	0	0	0	0	0	0	0	0	1	0	1
产品具有原创或创新性（C2）	1	0	1	1	1	0	0	0	0	0	0	0	1	0	1
产品令人觉得特别（C3）	0	0	0	1	0	0	0	0	0	0	0	0	0	1	1
产品令人觉得新奇（C4）	0	0	1	0	0	0	0	0	0	0	0	0	1	1	1
产品具有时尚品位（A1）	0	0	0	0	0	1	0	0	0	0	0	0	1	0	1
产品造型比例好（A2）	0	0	0	0	1	0	0	0	0	0	0	0	1	0	1
产品细节设计良好（A3）	0	0	1	1	0	0	0	0	0	0	0	0	1	0	1
产品色彩应用得当（A4）	0	0	1	0	1	0	0	0	0	0	0	0	1	1	1
产品表面或纹饰设计细腻（A5）	0	0	1	1	0	0	1	0	0	0	0	0	1	1	1
产品具有实用功能（F1）	0	0	0	0	0	0	0	0	0	0	0	0	1	0	0
产品操作具安全性（F2）	0	0	0	0	0	0	1	0	0	0	0	1	1	0	0
产品具便利性（F3）	0	0	0	0	0	0	1	0	0	0	1	0	1	0	1
整体印象、带给使用者的满意程度（P1）	0	0	0	0	0	0	0	0	0	0	0	0	0	0	0
情感与社会和文化环境（P2）	0	0	0	0	0	0	0	0	0	0	0	0	0	0	0
具有吸引力与乐趣（P3）	0	0	0	0	0	0	0	0	0	0	0	0	0	0	0

表 3-12　文创产品设计师情感设计认知要素可达矩阵

衡量要素	C1	C2	C3	C4	A1	A2	A3	A4	A5	F1	F2	F3	P1	P2	P3
产品材质运用具巧思（C1）	1	1	1	1	1	1	0	0	0	0	0	0	1	1	1
产品具有原创或创新性（C2）	1	1	1	1	1	1	0	0	0	0	0	0	1	1	1
产品令人觉得特别（C3）	0	0	1	1	0	0	0	0	0	0	0	0	1	1	1
产品令人觉得新奇（C4）	0	0	1	1	0	0	0	0	0	0	0	0	1	1	1
产品具有时尚品位（A1）	0	0	0	0	1	1	0	0	0	0	0	0	1	0	1
产品造型比例好（A2）	0	0	0	0	1	1	0	0	0	0	0	0	1	0	1
产品细节设计良好（A3）	0	0	1	1	0	0	1	0	0	0	0	0	1	1	1
产品色彩应用得当（A4）	0	0	1	1	1	1	0	1	0	0	0	0	1	1	1
产品表面或纹饰设计细腻（A5）	0	0	1	1	0	0	1	0	1	0	0	0	1	1	1
产品具有实用功能（F1）	0	0	0	0	0	0	0	0	0	1	0	0	1	0	0
产品操作具安全性（F2）	0	0	1	1	0	0	1	0	0	0	1	1	1	1	1
产品具便利性（F3）	0	0	1	1	0	0	1	0	0	0	1	1	1	1	1
整体印象、带给使用者的满意程度（P1）	0	0	0	0	0	0	0	0	0	0	0	0	1	0	0
情感与社会和文化环境（P2）	0	0	0	0	0	0	0	0	0	0	0	0	0	1	0
具有吸引力与乐趣（P3）	0	0	0	0	0	0	0	0	0	0	0	0	0	0	1

8. 因素层级划分及绘制 ISM 模型

为了更清晰地厘清各文创产品设计师情感设计认知要素间的层次关系，对 15 项衡量要素进行层级划分，共分解为四层。依据要素层级划分的结果，赋予各变量本身的含义，绘制文创产品设计师情感设计认知要素 ISM 模型。例如：P1 代表整体印象、带给使用者的满意程度，P2 代表情感、社会和文化环境，P3 代表具有吸引力和乐趣；C3 代表产品令人觉得特别，C4 代表产品令人觉得新奇；A1 代表产品具有时尚品位，A2 代表产品造型比例好；F1 代表产品具有实用功能，F2 代表产品操作具安全性。其中，P1、P2、P3 为直接因素；C3、C4、A1、A2、F1 为间接要素；C1、C2、A3、A4 为基础因素，A5、F2、F3 为根本因素（见图 3-1）。

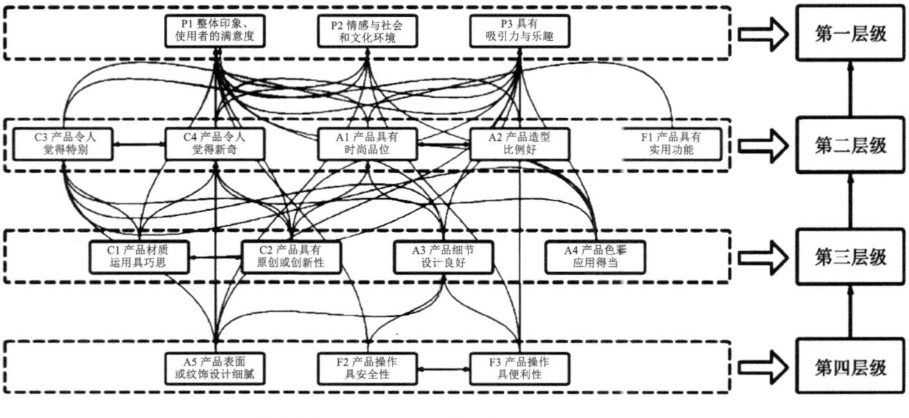

图 3-1　文创产品的设计师情感设计认知要素 ISM 模型

9. ISM 研究结果分析

由图 3-1 可知，文创产品设计师情感设计认知的 15 个要素构成了一个四级结构模型，各要素间的关系如下：

（1）第四层级

“产品表面或纹饰设计细腻”“产品操作具安全性”“产品具便利性”为文创产品设计师情感设计认知的第四层级，对其他要素能够产生直接或间接影响的，是需要关注的要素。结合编码含义可以发现，“产品操作具安全性”“产品具便利性”属于产品认知的功能构面，主要包括产品的操作难易程度、安全性、便利性等物理属性。功能性、人因工程、安全性及通用性等描述都是指产品的功能设计。这说明在当代文创产品设计师情感设计的认知中，文创产品主要是通过细腻的功能设计（符合人体机能、对用户的某些行为进行约束、产品具有记忆辨识度）来传递现代设计的人文关怀的。

“产品表面或纹饰设计细腻”属于产品的美感构面，其内涵包括纹饰的符号价值，表面具有亲和力，材质使用的道德和社会责任等，这说明，当代文创产品设计师，主要是通过产品表面或纹饰设计来使人们认知文创产品的文化内涵的。在文创产品设计师的情感设计认知中，功能属性满足了人们对产品的基本认知，美感属性中的表面或纹饰设计满足的则是人们的文化和审美追求。

（2）第三层级

“产品材质运用具巧思”“产品具有原创或创新性”“产品细节设计良好”“产品色彩应用得当”等因素，为文创产品设计师情感设计认知的第三层级，它能够对第二层因素产生影响，同时受到第四层因素的影响。结合编码含义可以发现“产品细节设计良好”“产品色彩应用得当”属于美感构面，产品美感以产品造型为沟通媒介，美的感觉最能够评价产品的整体印象。这说明，在当代文创产品设计师的情感设计认知中，文创产品设计主要通过产品造型因子（形态、色彩、材料、质感、细节处理等）传达信息，塑造产品的美感，进而通过美的产品来提升消费者整体的满意度。

“产品材质运用具巧思”“产品具有原创或创新性”等因素属于文创产品设

计师情感设计认知的创意构面，文创产品通过材质创新、内容创新来重新演绎文化。研究发现，在当代文创产品设计师情感设计认知中，普遍认为通过新的叙事角度，打破原有认知，讲述新的故事，可以帮助产品在情感层面营造愉快的氛围，并在回忆、想象力及潜意识中增加吸引力。借此来激发人们的购买欲望，实现市场或制度的创新。其中原创性在情感认知中显得尤为重要。通过访谈可以发现，多数设计师认为人们对抄袭或模仿行为的容忍度很低，这体现了其对文化的尊重。因此，要将文化与创意结合，必须深入研究其元素背后的社会价值，通过文化内涵的感染力，升华文创产品的现实意义。

（3）第二层级

“产品令人觉得特别”“产品令人觉得新奇”“产品具有时尚品位”“产品造型比例好”“产品具有实用功能”等因素，为文创产品设计师情感设计认知的第二层级，在系统中起到了传递影响的作用，是文创产品设计师情感设计认知的次顶层要素。结合编码含义可以发现，“产品令人觉得特别”“产品令人觉得新奇”属于创意构面，说明在多数设计师的情感设计认知中，认为通过这些要素能够为文创产品提供区别于一般商品的差异化独特感受，其中专业性是文创产品设计的重要基础，它要求文创产品在对文化进行解读时，需要提供有专业角度和内涵的解释。创意已不再单纯表现在产品功能上，而是逐渐转移到消费者的个人感知上。

“产品具有时尚品位”“产品造型比例好”属于美感构面，“产品具有实用功能”属于功能构面。说明在多数文创产品设计师的情感设计认知中，认为精致的产品与使用功能有很强的关系，是文创产品是否能够吸引不同文化群体的重要因素。在文化背景不同的人群中，直接吸引消费者的是产品的外在要素，这些要素作为产品本身散发出的气质，可以借此让消费者感受、领会产品的美感并产生购买欲望与使用期待。将现代元素和传统文化相结合，通过形式美原则、人机工程学、精美的外形等要素使文创产品获得追捧，为消费者提供极大的精神满足与享受。这些认知要素所体现的本质是设计师对文创产品虚构价值的关注。

（4）第一层级

“整体印象、使用者的满意度”“情感与社会和文化环境”“具有吸引力与乐趣”等要素，是文创产品设计师情感设计认知中的顶层情感要素。结合编码含义可以发现，“整体印象、使用者的满意度”“情感与社会和文化环境”“具有吸引力与乐趣”等要素同属于文创产品设计师情感设计认知的愉悦构面，此构面的与众不同、让人觉得安心、彰显自身品位等描述，说明在多数设计师的情感设计认知中，多元的内容和形式，以及地域文化的特殊性成为吸引不同消费者的关键，透过文创产品，人们希望看到更多的文化演绎形式、跨界、碰撞和创意。为了使文创产品更具有吸引力，可将现代元素和传统文化相融合使产品具有文化代入感，让产品满足不同消费者的审美，使其具有鲜明个性，激发消费者对文创产品的探索欲。进而使消费者通过反思而探索出产品自身的特殊价值，促进购买意愿，以达到传播文化的目的。

本章小结

本章以扎根理论为基础，通过“专家级设计师深度访谈”与三回合德尔菲法验证，明确了“文创产品设计师情感设计的相关衡量要素”。通过将扎根理论的要素含义表征和 ISM 模型相结合，借此厘清文创产品设计师情感设计认知要素间的逻辑关系和层级结构，有利于全面客观地理解文创产品的文化属性及其价值，为文创产品的评估与深入研究提供了一定的理论基础。最后，对当代文创产品设计师情感设计层级关系总结如下：

（1）当代文创产品设计师的情感设计认知的底层是构建产品的产品属性

通过对文创产品设计师情感设计认知第四层级的分析，可以发现在当代文创产品设计师的情感设计认知中，设计师们普遍认为文创产品的情感认知基础是文化＋产品。文创产品与一般商品的差异之处在于，文创产品是针对器物本身所蕴含的文化因素，透过设计将其以现代面貌呈现，并以器物表现的文化内涵来满足使用者精神层面的需求，人的情绪感受提供评估产品是否具有情感的意识讯息，这些感受能透过表面纹理进行描述，达到后续的信息传递。文创产品归根到底还是产品，虽然它承载的更多的是文化，但功能属性依旧是其基本属性。功能要素是文创产品设计师情感设计认知中最基础的部分，是文创产品是否具有实用价值的核心指标。天马行空而不切实际的创作并不是产品所追求的。一款功能设计合理的产品，会大大提高用户的使用效率，进而增加其使用频率，从而引导一种新的生活方式，而操作过程、使用材料的安全属性则给予使用者最基本的保证。

（2）当代文创产品设计师的情感设计认知的中间层是建构产品的虚构价值

通过对文创产品设计师情感设计认知第三层级的分析，可以发现在当代文创产品设计师的情感设计认知中，文创产品超越功能的价值构成了其虚构价值，虚构价值有效建构了人们对文创产品的认同。在访谈中，多数文创产品制造商并不会投入过多精力来丰富自家产品的使用价值，反而会将大笔经费投入在极致优雅的形象塑造和情景营造之中。这充分说明，现代文创产品消费更多的是一种彰显品位和批判力的方式。在过去，人们对旅游产品设计的要求主要是符合产品的实用价值，外加一些地域符号。在今天，人们的选择变得多样化，随着社会经济的不断发展，产品价值的主导定义方式由原来的实用价值逐渐演变为产品功能之外的虚构价值。因此在文创产品设计师的情感认知中，最重要的是满足消费者的期待，这就要求现代文创产品具有更多非功能的属性，即虚构价值，以此使产品的虚拟属性在消费者心中产生意向。

（3）当代文创产品设计师的情感设计认知的次顶层是使产品拥有情景价值

通过对文创产品设计师情感设计认知第二层级的分析，可以发现在当代文创产品设计师的情感设计认知中，文创产品具有情境价值，情境价值使文创产品区别于一般商品。人们之所以愿意购买文创产品，更多的是由于商品通过创意提供了有趣的印象。如同有受访者提道："人们购买文创产品往往是一种情境的想象，人们会想象通过文创产品，带给家人、好友和自己不一样的地域认知或文化认知，这时的产品越有创意，越有美感，越与众不同，越能产生充满期待的未来想象。"这种通过创意来营造情境的过程，使人们的消费也逐渐从"买到什么"向"为什么要买"进行转变，同时可以发现，区别于一般商品设计所强调的商品时尚性，文创产品所指的时尚品位更强调符号价值和现代元素的结合，其本质是一种情境价值。两者的区别在于，一般时尚造成的结果是替代，而情境强调的是延伸。也正因如此，文创产品的价值定位，实际成为一种非常精细的设定过程。营造或延伸情境，让消费者以此产生购买意愿，就成为现代文化创意类产品能够得到消费者认可的核心与关键。

（4）当代文创产品设计师的情感设计认知的顶层是使产品具有定向属性

通过对文创产品设计师情感设计认知第一层级的分析，可以发现在当代文创产品设计师的情感设计认知中，文创产品具有定向属性，人的文化背景对文创产品认同具有定向作用。文创产品外在美感因素，塑造了其鲜明的性格。人们看到赏心悦目的产品的时候，就会唤醒自身的认知从而联想到其他事物，而产品的美感要素则是一种将人带到特定的意境中的媒介。同时受现代多元化社会文化影响，现代人对产品的美感定义并不相同，消费文化的架构也同样具有多元化。消费者会在众多产品中通过自身文化背景来定义最适合自身的文创产品。因此许多企业为了在竞争中取得优势，除了定位区分产品以外，更多的是将传统文化同现代元素相结合，并通过美感要素的塑造，让产品具有鲜明的性格，为消费者提供多元的选择，以此来契合消费者不同的文化背景。因此，人的文化背景对文创产品的认同具有定向作用。设计需满足不同群体的认知，但笔者认为文创产品的定向性，强调的是对传统文化的高度还原和与自身审美的契合，而不是粗制滥造和一知半解的演绎。

第四章 中国文创产品消费者的人文情感认知系统

文化是人类生产生活实践的产物，无论哪个时代、哪个区域的文化，都具有一定的可认知性、可继承性和可创新性，而致力于传播文化价值内涵的文创产品则是沟通文化和现代生活的桥梁。在当今全球化和信息化的时代背景下，中国文创产品在国内外市场上备受瞩目和青睐。消费者对文创产品的兴趣已不再仅仅局限于购买行为本身，他们的需要变得愈发难以捉摸，其中就蕴含着对文化内涵、文化意象、创意表现和情感设计的渴望。对文创产品消费者的消费美学与情感认知系统的研究成为焦点，这涉及着文创决策、美学价值、消费心理、审美心理、历史文化、感性意象和情感设计的复杂融合。

中国文创产品消费者的消费美学体现在产品本身的独特设计和文化内涵，它们融合了传统文化元素与现代创意，以及富有情感共鸣的表达方式。消费者在接触这些产品时，不仅仅是购买了一件商品，更能与不同的文化内涵产生碰撞，感受到一种独特的审美愉悦和心灵交流。文创产品通过将文化元素与产品设计相结合的方式进行二次创作，将文化内涵注入产品中赋予产品额外的文化价值，以便更好地满足消费者的精神文化需求。同时，消费者对文创产品的价值感知也受到个体因素、情境因素等多重因素的影响，不同消费者对同样的市场提供物产生了完全不同的价值感知。

本章将从消费者角度出发，深入探讨中国文创产品消费者的消费情感认知系统。通过研究消费者对文创产品的情感认知、情感交流和情感共鸣，旨在揭示中国文创产品在消费者心中所引发的情感体验和价值认知。这将有助于企业和品牌更好地理解消费者需求，提升文创产品的竞争力，并促进中国文创产业的持续繁荣。

一、文创产品消费者的消费情感设计认知概述

1. 文创产品消费者的情感认知

情感认知评价理论认为，情感来源于个体对事物的评价，积极评价会使个体产生积极情绪并亲近该事物，反之产生负面情绪并远离该事物。该理论将情感产生的基本过程归纳为“刺激—认知评价—情绪—行为”，从认知角度解释了情感的生成。

其中，刺激指被个体感知且评价的事物。基于环境心理学的刺激反应理论（S-O-R 理论），购买意愿受到产品属性和营销行为的刺激（S），进而影响消费者对产品本身及购买活动的心理情感（O），最终引发消费者的购买意愿和行为（R）。田甜明确指出，从非遗文创产品角度来看，刺激因素包括文创产品属性和文创产品购买环境，文创产品本身属性表现为产品的享乐价值（消费者对产品的主观情感，是通过文创产品的文创理念和独特外观的基础上产生的相关活动与服务从而刺激消费者心理）和实用价值（消费者对文创产品的理性评价值）。个体对外部刺激的认知评价是特定情绪产生的关键，因此这些刺激对消费者的情感认知和态度形成起着关键作用。文化作为文创产品设计的灵魂，将文化融入产品中，一方面，有助于提高产品附加值，形成内部品牌吸引力；另一方面，可以有效提高企业外部竞争力，促进设计产业稳健发展，进而助力国家文化输出。可见，文创产品作为促使国家文化高质量发展的重要手段，在文化传播、传承和创新发展中发挥着不可替代的作用。合理利用这些刺激可以提升文创产品的吸引力，增加消费者的购买意愿，提升消费满意度。因此在文创产业竞争激烈的市场中，善于利用外部刺激与消费者进行情感互动，有助于建立稳固的消费者关系，推动文创产品的发展与成功。随着研究的深入，学者们也对认知评价的维度进行更多样化的探讨，并衍生出一系列情绪模型，如 OCC 模型（Ortony，Clore，Collins，OCC）、情绪和适应性模型（emotion and adaption model，EMA）、WASABl 模型、环状模型、线性模型、VMD-WA 模型、FRoBERTa 模型等。

尽管上述理论从认知角度出发，对情绪的产生机制进行了阐释，但我们仍需认识到，个体情绪的表现是丰富多样的，认知评价与情绪之间并非简单

的单向性关系。例如，Lazarus 曾指出，个体对刺激的评价会经历初评价、次评价和再评价的过程，每次评价可能会引发不同情绪和行为反应。此外，情绪体验与认知评价之间存在着相互影响的动态过程，个体的认知评价与情绪之间存在交互关系。情绪的转变也能反过来影响认知。

综上，目前的研究主要关注美感评价对个体情绪的影响，较少从动态的角度考虑二者之间的关系。因此，本章重点探讨消费者情感认知理论中美感评价与情感认知间的动态关系，尤其是在文创产品所涉及的复杂情绪变化方面进行深入研究，以更全面地理解消费者对文创产品的情感认知过程。

2. 文创产品消费者的消费美学

在物质丰裕的消费社会，单纯功能性的产品很难满足人们的需求，越来越多的消费者开始关注产品背后的美学价值与文化内涵。Solomon 提出，消费美学属于对消费者进行研究，即对消费者行为的研究，是与心理学和营销学密切相关的领域。自 20 世纪 80 年代以来，关于对事物审美的研究逐渐被纳入这一研究领域。消费者对艺术或审美对象的欣赏并没有很好地用理性的概念来解释之前的框架，因此出现了消费者审美体验研究的相关问题，因此被称为“消费美学”。在消费主义浪潮的推动下，一定意义而言，文化消费、产品的体验性消费已取代生产成为经济社会发展的强大的内驱动力，消费美学成为消费文化流行的策略。它不仅是一种消费行为，更是一种审美实践，是对美的追求与欣赏。消费美学作为一种体验美学，实际上是一种理解文化、看待文化和融入文化的新视野和新方式，其间亦包含着情感、道德、社会、自由、经济、政治的味道。它强调消费者在消费过程中，不仅追求商品的实用价值，更追求商品的审美价值。消费美学为大众带来前所未有的服装审美的体验、餐饮文化的感知、旅游休闲的快感、住宅环境的改变，消费者在消费过程中，不仅满足了物质需求，也满足了精神需求，实现了物质与精神的双重满足。

消费美学的表现形式多种多样。从商品的设计、包装，到消费环境的营造，都体现了消费美学的理念。在当今消费时代，文创产品的研究吸引了众多学者的关注。这些文创产品，如艺术品、文学作品、手工艺品等，作为一种具有文化内涵和创意性的物质化产品，其核心在于以产品为载体对文化进行创新转化，通过文化表达丰富消费者的精神需求。目前畅销的文创产品的共性就是既会讲故事，又能重体验。

在对文创产品的研究中，学者们探索了不同的方法和取向，以全面理解其消费美学及影响因素。一些学者倾向于深入研究文创产品特定类别问题的细节，人们可能专注于某一类别的产品或某一类特殊语境等，如探讨农业文创产品的创意表现、文学作品的情感共鸣、手工艺品的传承与发展、消费者价值感知、文创设计的符号语境、文创产品涉入度等。通过深入研究特定类别的文创产品，学者们能够揭示其独特之处和对消费者情感的影响，为文创产业的发展提供有针对性的建议和指导。另一些学者则更倾向于探索文创产品之间的交叉点或部分要素之间的关系。其重点关注文创产业的整体发展趋势，分析不同类别产品之间的共性和相互影响。通过比较不同类别的文创产品，学者们能够识别出产业发展的共同规律和关键因素，为跨领域的创新和合作提供理论依据。然而，仅从局部来理解一个系统的运作是不够全面的，一个系统的真正理解需要考虑其整体的意义和贡献。

因此，研究文创产品消费者的消费美学时，需要综合考虑其各个要素之间的相互关系。这些要素包括产品内容的设计与表现、产品与社会热点的结合、包装和情感沟通等。文创产品消费者的消费美学超越了单纯的物质需求满足，它强调通过文化元素的融入和情感价值的传递，使消费行为成为一种有内涵、有意义的文化体验。优秀的文创产品不能仅仅具有审美性、文化性，还具有实用性、功能性，只有四者统一，才能算得上是优秀的文创产品。为此，在设计的过程中，应该充分提取传统文化元素，选择符合当代人审美的元素，进行提取、简化、拆解等，使其适应当代人的使用需求，从而更有效地实现优秀文化精神的传承与文创产品的打造。

综上所述，对于文创产品消费者的消费美学研究需要综合考虑各个要素之间的相互关系，因此为了更好地理解文创产品消费者的消费美学，研究运用复杂性科学思维，从整体的角度来理解其运作机制，以此希望提供一个更全面的视角和方法。通过构建复杂性科学系统中各个要素之间的相互作用和影响，帮助我们从整体的角度来把握文创消费者的消费美学，进而更好地理解文创产品在消费者心中产生的价值和意义。这样的综合研究方法将有助于发现更深层次的文创产品消费现象，推动文创产业的发展与繁荣。

二、文创产品消费者的消费情感设计认知研究流程

基于本研究的目的，通过探究一般消费者，综合运用扎根理论、层次分析法和系统动力学这三种方法，构建综合性的研究分析框架，以揭示人们对中国文创产品情感认知的复杂过程。

研究首先运用扎根理论进行定性研究，以获得系统动力学框架所需的指标及其间的关系，然后应用系统动力学进行仿真模拟，将扎根理论所得的指标进行量化和统计分析，计算各个指标之间的权重。利用层次分析法得到各要素的权重并进行验证，同时也验证了扎根理论所得指标之间的关系以及本研究的研究目的，研究流程见图 4-1。

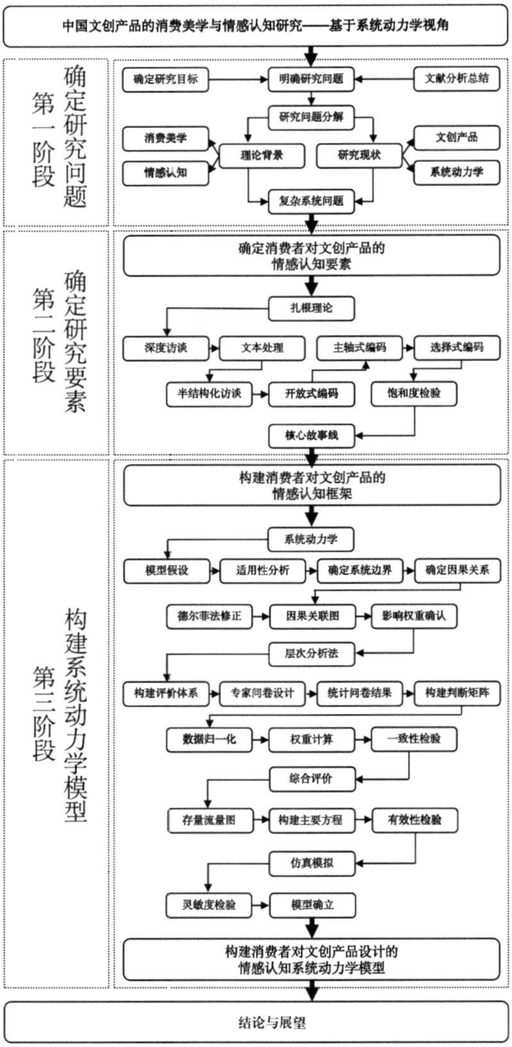

图 4-1　研究设计流程图

1. 扎根理论

扎根理论于 1967 年由格拉斯（Glazer）和斯特劳斯（Strauss）在《扎根理论的发现》中首次提出，并由 Strauss 和 Carbin 在《质性研究基础》中实现该理论的程序化。当前扎根理论共分为经典版本、程序化版本以及建构主义版本三大流派，三个版本间有所区别，但皆主张理论源自数据、反复对比编码过程、注重目的性、开放性同理论结合等核心观点。扎根理论旨在通过对数据的系统性收集和分

析，从实地（grounded）的数据中发展出新的理论。该方法适用于探索性研究，特别是对于尚未充分了解的主题或领域，与本研究所涉及的研究主题相契合。

对于“一般消费者对文创产品的情感认知”的探究，需扎根于具体现象与情景中，通过自下而上的方式进行归纳、抽象。扎根理论基于经验事实，注重对原始数据进行系统分析与归纳从而抽象出理论，不先入为主地构想问题以及提出概念、范畴、假设，尤其适用于本研究这样面向新领域的探索性研究。

本研究旨在应用扎根理论确定一般消费者对文创产品情感认知的核心范畴和关键要素，将深度访谈的实证方法运用于扎根理论的研究，同时厘清了这些情感因素之间的相互作用关系。根据先前的文献归纳设计访谈问卷，研究对经挑选后的访谈对象进行深度访谈。将整理的原始文稿依照扎根理论的编码流程进行梳理，并反复对比各节点之间的概念异同，确定主范畴。经饱和度检验完成后，构建最终的理论框架。

2. 深度访谈与问卷设计

本研究通过半结构式访谈的方式，探索受访者对于文创产品的情感认知及其认同感。半结构式访谈具有两个重要特性：其一，访谈问题由研究者事先准备并在访谈的过程中依据所获资料的内容不断改进与完善；其二，访谈应深入事实内部，受访者的回答皆为研究者所无法预测的，即在访谈的过程中，受访者的回答具有开放性、不确定性等属性。基于此，本研究在问卷设计阶段进行了三轮调整，力求在原始数据收集过程中避免访谈中的先入为主或结果预设等可能影响数据分析的因素。

基于前期文献综述，访谈问卷的题目被划分为七个核心维度，包括“对文创产品的关注度”“文创产品的整体认知”“文创产品的购买经历”“文创产品情感传递与兴趣点”“周围环境对文创产品认知的影响”“文创产品的符号价值”“文创产品的社交功能”（见表 4-1）。其中，每个维度下设有相应的问题。在实际访谈过程中，问题顺序是随机的，访谈内容根据受访者的专业背景和思维流程进行引导，尽可能避免固定的逻辑和既定的结论。此外，访谈尽量避免引导性问题，同时，确保涵盖所有七个维度，以保证数据的全面性和适度性。

表 4-1　半结构化访谈问卷问项示例

访谈角度	具体问项
对文创产品的关注度	你平时会通过哪些渠道关注文创产品？你偏好哪种类型的文创产品？
文创产品的整体认知	你如何看待中国与外国文创产品的异同？ 在你看来，中国文创产品有哪些特点？
文创产品的购买经历	你是否有过购买文创产品的经历？ 你身边的朋友有购买过文创产品吗？ 在决定购买文创产品时，你会考虑哪些因素？ 价格预算是不是决定因素？ 有没有将文创产品作为礼物送给亲朋好友的经历？
文创产品情感传递与兴趣点	你个人更喜欢文创产品的哪些特点？ 你认为文创产品通过哪些方面向你传递情感？ 这些情感具体是什么？ 你更看重文创产品的实用性还是它带来的情感体验？
周围环境对文创产品认知的影响	他人推荐或你自己被推荐文创产品时，是否会增加你对该产品的认同感？ 如果朋友向你推荐文创产品，你通常会有怎样的反应？ 文化热潮的出现是否会吸引你对文创产品的关注和购买？ 有哪些品牌或 IP 让你产生认同感？
文创产品的符号价值	你认为文创产品是否承担了文化符号的角色？ 你如何理解文创产品的符号价值？
文创产品的社交功能	文创产品是否能为你提供与他人沟通的新话题？ 你会向朋友或家人展示你对文创产品的喜爱吗？

3. 研究样本选取

为提高样本的代表性与科学性，在访谈对象选取时秉承“横纵兼顾”原则，“横”即要求受访者的专业背景分布具有多样性，尽可能涵盖更多的学科领域；“纵”则表现为受访者学历的多样性，样本中包括博士研究生、硕士研究生、本科生。由于本研究的关注点基于一般消费者的情感认同，故研究样本依据以下标准进行选择：一是受访者应具备一定程度的中国文创领域知识，并对其有所关注；二是受访者在具有中国文创产品的购买经历；三是遵从扎根理论研究的“理论抽样”原则。

本研究依照上述样本选取标准共挑选了 22 名受访对象并满足了“横纵兼顾”原则。其中，在年龄分布方面，最小年龄 18 岁，最大年龄 36 岁；在学历分布方面，博士研究生 4 位，硕士研究生 6 位，本科生 12 位；在性别分布方面，男生 7 位，女生 15 位；在学科领域分布方面，艺术设计相关专业共 12

位，非艺术设计专业共10位。基于一般消费者对中国文创产品的艺术情感认同领域的研究方向，本研究将研究对象划分为艺术设计专业与非艺术设计专业的两大一般消费者并作为该访谈编码的依据，艺术专业领域的编码为AD，非艺术专业领域的编码为NA，并依受访顺序进行01、02等类推编号，具体编码见表4-2。

表4-2 受访者信息编码表

编号	性别	年龄	专业方向	学历层次	访谈形式	访谈时长（分钟）
AD01	女	19	视觉传达设计	本科	线下	40
AD02	女	25	产品设计	硕士	线上	46
AD03	女	23	音乐学	硕士	线下	42
AD04	男	23	工业设计	硕士	线下	40
AD05	男	25	工业设计	硕士	线下	54
AD06	男	27	音乐学	硕士	线上	52
AD07	女	24	舞蹈学	硕士	线下	40
AD08	女	20	产品设计	本科	线下	47
AD09	女	32	机械工程	博士	线下	58
AD10	女	36	环境设计	博士	线下	48
AD11	女	31	视觉传达设计	博士	线下	46
AD12	女	28	机械工程	博士	线上	56
NA01	男	19	环境工程	本科	线下	47
NA02	女	20	旅游	本科	线下	43
NA03	女	18	会计	本科	线下	50
NA04	女	19	工商管理	本科	线上	49
NA05	男	20	电子商务	本科	线下	42
NA06	女	20	经济金融	本科	线下	46
NA07	男	21	计算传播	本科	线下	54
NA08	女	19	数量经济	本科	线下	57
NA09	女	18	工商管理	本科	线上	46
NA10	男	19	工商管理	本科	线下	50

4. 数据搜集整理

本研究主要通过线下一对一的深度访谈方式获取数据资料。在访谈开始之前，研究者设计了半结构化访谈问卷，并通过微信、电话等方式邀请受访者参与。所有访谈在获得受访者同意后，均以录音形式进行记录。单次深度访谈的时长为40～60分钟，访谈结束后，通过语音转写与校对，将录制的音频文件整理为文字稿，并对每段内容进行编号和记录。深度访谈阶段从2022年11月18日开始，至2022年12月22日结束。共访谈22人次，原始文本总字数超过15万字。

5. 编码过程

编码是质性研究中至关重要的步骤，它帮助我们将大量文本数据归类与整理，以便进行后续分析。在社会科学研究中，编码过程将原始数据拆解为有意义的单元，并对这些单元进行标记或分类。本研究使用Nvivo11质性研究软件，对原始文本逐字逐句地进行编码，并进行编号标注。编码过程分为三个步骤：开放性编码、主轴性编码和选择性编码，具体内容如下：

（1）开放性编码

开放式编码要求研究者在编码过程中摒弃既有的知识框架，以开放的态度从访谈原始文本中提取和抽象概念，编码结果需忠实于访谈数据，并将信息资料进行概念化和分类化。在此过程中，编码需依据逻辑关系进行归纳、聚敛、重组和拆分等操作。本研究依据前期的22名访谈对象，以“访谈对象编号——语句排序”的方式对22组数据中的关键信息句进行编号，部分开放性编码示例见表4-2，如“AD01-011 之前喜欢看《国家宝藏》，深有感触，就感觉那种东西有一种历史感，就挺好玩的。”作为第一个访谈对象的第11个关键句。经各概念逻辑的反复对比分析后，本研究最后提炼了形式表现、功能属性、文化内涵、文化特色、文化传播、价值判断、消费动机、群体导向及个体表现这9个初始范畴与其下属的38个初始概念，开放性编码结果见表4-3。

表4-3　开放性编码表

编号	代表性例句	初始概念	初始范畴
AD08	造型上就感觉很精致，看着很高级，很大气（AD08-062）	A11 造型外观	A1 形式表现
AD07	我喜欢比较柔和一点的颜色，像流行的墨兰迪色系，或是女生比较喜欢的那种奶昔色（AD07-024）	A12 产品色彩	
NA10	木头刻出来的纹路比较清晰一些（NA10-057）	A13 细节纹饰	
AD06	很光滑，然后不粗糙，没有瑕疵，就是从整个曲面上来说很光滑的感觉（AD06-019）	A14 材质用料	

（续表）

编号	代表性例句	初始概念	初始范畴
NA01	文创可以帮助宣传他们当地的文化，如比较禅意的设计（NA01-097）	A21 教育功能	A2 功能属性
AD02	不只在家摆着，而是我能用，这东西，我在生活中可以用，经常能够使用	A22 实用功能	
NA05	感觉它本身也确实挺好看的，符合现代的一些人的审美（NA05-016）	A23 审美功能	
NA10	现在的消费者们更注重一些产品所带来的娱乐性（NA10-143）	A24 娱乐功能	
NA03	文创产品大部分是表现我们国家一些很好的文化符号（NA03-167）	A31 文化符号	A3 文化内涵
AD12	有自己的独特性与特征。比如说到故宫，那全世界只有一个故宫（AD12-004）	A32 文化特征	
NA02	我比较喜欢我们国家的一些历史文化，我觉得有些东西真的很有意思和意义（NA02-071）	A41 历史特色	A4 文化特色
NA06	因为那个徽章是以中国的二十四节气和一些传统习俗为故事设计的类型（NA06-019）	A42 传统特色	
AD09	他有一些文创周边，像去四川，主要买些熊猫元素的周边（AD09-012）	A43 地方特色	
AD12	尤其像云贵地区的少数民族，有特色的旅游景点比较多（AD12-015）	A44 民族特色	
AD09	改造街区会招揽商家入驻，像 798 文创街区，里边有相关的文创产品，就也会买（AD09-002）	A45 街区特色	
AD11	买的文创也是有个主题的，我觉得没有主题单看好看，那不成日杂小市场了吗？（AD11-024）	A51 题材主体	A5 文化传播
AD07	各种平台会推送产品，或者他背后的故事也好，或多或少都会以这种形式去关注（AD07-093）	A52 传播载体	
AD03	香气或伴手礼有一种哲学，平心静气的一种感受吧，把你带到某种意境里面（AD03-069）	A53 情境延伸	
NA07	当这个文化热度掀起高潮的时候，可以被更多人看到，也会影响到我的关注程度（NA07-132）	A54 流量热度	
AD09	我觉得有的产品创意挺好的，但是我也发现有些产品会有一些雷同的情况（AD09-002）	A61 创意评价	A6 价值判断
AD10	看看它的故事会不会触动我，如果故事讲得不好，我觉得我也不会买（AD10-016）	A62 故事评价	
NA08	我会比较欣赏相对来说还原度、逼真度都比较高的这一类文创产品（NA08-041）	A63 还原度评价	
AD07	从选材到制作，肯定是有设计师的设计理念，一个好的设计理念会引起我的关注（AD07-018）	A64 设计评价	
NA03	如果在我的预算范围内的话，价格还可以的话就会把它拿下（NA03-039）	A65 价格感知	
NA06	还是很看重正品，我觉得买盗版，拥有盗版还不如不拥有呢（NA06-042）	A66 版权意识	

（续表）

编号	代表性例句	初始概念	初始范畴
NA05	不能随便把它放在大街上去卖吧，在特定环境、特定地方会让人更加有买它的冲动（NA05-064）	A71 购买环境	A7 消费动机
NA06	在特定的节日或者其他日子，商家会推出积分活动什么的，会比平时更心动（NA06-018）	A72 优惠活动	
NA09	我之前买过很多纪念币，包括各个场景，比如秦兵马俑、长城和故宫，用于收藏（NA09-077）	A73 收藏纪念	
AD05	不喜欢不带 LOGO 的同款，这可能是大牌效应带给人的一种心理吧，我是会有的（AD05-108）	A74 消费心理	
AD01	之前喜欢看《国家宝藏》，深有感触，就感觉那些文物有一种历史感，就挺好玩的（AD01-011）	A81 国家导向	A8 群体导向
NA03	故宫的这种文化氛围一定要跟它的周边店及其所售的文创产品是契合的（NA03-065）	A82 文化氛围	
NA07	让大家评价，大家都说不好就不买，大家说好在结合自身需求，如合适就会入手（NA07-045）	A83 外界评价	
AD04	我喜欢更多朋友一同喜好它，有更多话题可以感受文化，发掘一些深层次的东西（AD04-031）	A84 社交分享	
NA07	毕竟就是大家都有那种从众心理嘛，很多人都关注那我也会关注（NA07-071）	A85 消费诱导	
NA04	比如男生喜欢打游戏可能去买英雄手办，女生可能会更喜欢玩偶之类的产品（NA04-054）	A91 个体差异	A9 个体表现
NA07	动漫类的文创能够侧面反映一个人的形象、性格、喜欢的程度以及兴趣爱好（NA07-037）	A92 自我塑造	
NA08	比如送钢笔，店家会有提供你自己定制刻字或者什么一些图案的话，会很吸引我（NA08-031）	A93 个性定制	
AD02	可能作为一个摆件来说，我更看重情感的表达（AD02-007）	A94 情感表达	

（2）主轴性编码

主轴性编码的核心任务是识别与建立概念范畴之间的关系，并以更具可视化的方式呈现原始文本中的各个内容。通过分析因果关系、时间顺序、语义、情境、相似性、差异性、对等性、类型、结构、功能、过程、策略等多种逻辑，本研究在对开放性编码进行对比与提炼的过程中，将访谈原始文本中的零散范畴通过聚类分析的方式进行系统分类，归纳出九大类范畴，并在此过程中形成了七种不同的演变方式：取消、合并、归类、重新命名、合并命名、维持不变、新增。例如，在开放性编码中总结的“造型外观”“产品色彩”“细节纹饰”“材质用料”均归纳为“形式表现”。将开放性编码的九项范畴类属归纳为形式表现、功能属性、文化内涵、文化特色、文化传播、价值判断、消费动机、群体导向、个体表现共九个主要范畴（见表 4-4）。

表 4-4 主轴性编码表

主范畴	范畴内涵
形式表现	文创产品的外在形态、设计以及呈现方式，对一般消费者情感产生影响
功能属性	文创产品所具备的功能特点，影响一般消费者对其情感的认知和体验
文化内涵	文创产品背后蕴含的文化意义，与一般消费者情感认知相关
文化特色	文创产品所体现的独特文化要素，引发一般消费者情感认知
文化传播	文创产品在传播中对一般消费者情感的影响与传递机制
价值判断	一般消费者对文创产品的价值观念，以及这些观念对情感认知的塑造
消费动机	一般消费者购买文创产品的动机，以及这些动机背后的心理原因
群体导向	群体认同对消费者在文创产品上的情感态度和行为的引导作用
个体表现	个体差异如性格、态度等对一般消费者在情感认知中的表现差异

（3）选择性编码

在选择性编码的过程中，主要任务是基于已有概念和范畴，提炼出一个能够概括性的“核心范畴”，并揭示各范畴之间的内在逻辑关系。通过对主范畴之间的内在联系进行进一步归纳，重点收集并编码与消费者对文创产品的情感认知及其影响因素相关的信息，采用故事线的方式呈现各主范畴及其对应范畴之间的脉络，从而构建一个能够涵盖广泛经验事实的消费者情感认知框架。本研究通过整理访谈结果，专注于收集与编码消费者对文创产品的情感认知及其影响因素的数据。在文本标注、整理访谈笔记等工作等的基础上，选择设计认知、文化认知、价值认知以及自我认知为核心范畴。其九项主范畴涵盖形式表现、功能属性、文化内涵、文化特色、文化传播、价值判断、消费动机、群体导向、个体表现。选择性编码部分对现有各项情感认知影响要素的代号进行了二次编码，以此构建出消费者对文创产品的情感认知框架（见表 4-5）。四项核心范畴的具体含义如下：

表 4-5 消费者对文创产品的情感认知框架

核心范畴	主范畴	初始概念
A 设计认知	A1 形式表现	A11 造型外观、A12 产品色彩、A13 细节纹饰、A14 材质用料
	A2 功能属性	A21 教育功能、A22 实用功能、A23 审美功能、A24 娱乐功能
B 文化认知	B1 文化内涵	B11 文化符号、B12 文化特征
	B2 文化特色	B21 历史特色、B22 传统特色、B23 地方特色、B24 民族特色、B25 街区特色
	B3 文化传播	B31 题材主体、B32 传播载体、B33 情境延伸、B34 流量热度

（续表）

核心范畴	主范畴	初始概念
C 价值认知	C1 价值判断	C11 创意评价、C12 故事评价、C13 还原度评价、C14 设计评价、C15 价格感知、C16 版权意识
	C2 消费动机	C21 购买环境、C22 优惠活动、C23 收藏纪念、C24 消费心理
D 自我认知	D1 群体导向	D11 国家导向、D12 文化氛围、D13 外界评价、D14 社交分享、D15 消费诱导
	D2 个体表现	D21 个体差异、D22 自我塑造、D23 个性定制、D24 情感表达

设计认知：设计认知是消费者对文创产品设计的感性认知部分，包含形式表现与功能属性。作为文化认知的外在产品表现，当消费者接触到文创产品时，首先被产品外在的设计吸引。设计的独特性和吸引力会引发人们的兴趣和好奇心，文创产品的外观设计以及各种功能相互交织，形成消费者对文创产品的设计认知，通过设计认知，消费者能够形成对产品的美学评价，感受到产品的独特性以及与其视觉和感觉体验相关的情感，并以感性认识的层面切入消费者对文创产品的情感认知。

文化认知：文化认知是消费者对文创产品的核心内容认知，包含文化内涵、文化特色、文化传播。文化传播作为文创产品与消费者之间的桥梁，将文创产品所具有的独特文化特色展现给消费者，进而使消费者探索到文创产品核心的文化内涵，感知和理解产品中包含的文化符号，从而使其理解文创产品的深层文化意义，帮助消费者在文创产品中找到共鸣，引发消费者对文创产品的情感认知。

价值认知：价值认知是消费者对文创产品价值的理性评价部分，包含价值判断和消费动机。消费者在接触到文创产品时会通过考虑文创产品的设计创新度、真实还原度、产品故事背景等内在因素，理性评估文创产品所体现的各种意义是否与自身价值观念相契合，并受购买环境与优惠活动等外界因素影响其消费心理，进而形成消费者的消费决策，以理性评价的角度作用于对文创产品的情感认知中。

自我认知：自我认知在消费者对文创产品的情感认知中起着特殊的反馈调节作用，有助于消费者形成与产品相关的情感，如自尊、认同感和满足感，具体影响要素包含群体导向和个体表现。消费者对文创产品的情感认知与自身的态度、品味和情感密切相关。个体差异，即消费者对文化特色的不同偏好，这种差异反作用于对文创产品的接受程度，导致消费者对文创产品形成个性化、差异化、多元化的情感认知。

在选择式编码的过程中，研究发现，情感认知在核心范畴与主要范畴之间紧密交织，这反映了消费者对文创产品的多元需求和个性化追求。消费者对文创产品的情感认知起始于对产品的设计认知。这种认知在精心设计的形式表现和巧妙的功能属性中得到具体呈现，激发了消费者的兴趣。然而，真正深刻地打动消费者的是对产品的文化认知。

文创产品设计中蕴含的符号元素承载着深刻的文化内涵，并展示出丰富的文化特色。通过各种文化传播方式，这些元素将文创产品的外在文化特色与内在文化内涵广泛传达，进一步塑造了消费者的价值认知。随着感性认知的深入，消费者开始对产品的价值进行更为理性的评估。客观的外部环境因素影响着主观的消费心理，使消费者形成不同的文创产品价值观念，进而影响其消费动机。

同时，在价值认知形成后，文创产品引发了消费者的自我认知，与群体导向密切相关，这表现在个体的行为和态度上。群体导向促使情感认知在群体中产生共鸣和一致性。然而，由于个体表现存在差异，每位消费者对文化特色的接受程度不同，这导致情感认知呈现出多样性。这种情感认知的多样性反映了消费者在对文创产品产生情感认知时所表现出的个体差异和文化敏感性。因此，在选择式编码的过程中，本研究揭示了情感认知在核心与主要范畴之间的复杂关系，这对于理解消费者对文创产品的情感体验具有重要意义。

6. 理论饱和度检验

当收集的经验数据开始出现重复，且不再引入新的概念与范畴时，可认为理论已经达到饱和状态。本研究对之前 22 位受访者的 187 条保留访谈文本进行了饱和度检验。结果显示，三级编码的分析结果与现有文本一致，未产生新的范畴或概念。因此，当前的三级编码结果和故事线已通过理论饱和度检验。

三、文创产品消费者的消费情感设计认知系统分析

1. 系统动力学

系统动力学是一种源自系统科学的方法，始创于20世纪50年代，由麻省理工学院的Jay Forrester教授首倡，随后得到多位学者的发展与推广。此方法被用于建构及解析复杂系统的动态特性，汇聚了系统理论、控制论、信息论、运筹学、数学建模等领域的研究成果。系统动力学融合了数学、计算机模拟、系统思考以及科学方法，旨在理解系统的整体特性，揭示其根本原因和动态相互关系。

2. 模型适用性分析

系统动力学能够有效地建构模型，模拟复杂演化过程，特别适用于研究非线性、多层次、多反馈和动态变化的系统问题。消费者的差异性较大，需求变化迅速，且对新事物的接受能力更强。因此，情感认知也呈现出随时间变化的动态特征。系统动力学中的时间序列模拟方法可以捕捉系统随时间的演变，帮助我们理解情感认知的动态属性和演化趋势，这种方法的特色、优势恰好与消费者对文创产品的情感认知研究方向相契合。

（1）消费者对于文创产品的情感认知是一个复杂的动态系统，内部各种影响因素交织在一起，形成多个相互关联的动态子系统，展现出整体相关性、动态性、非线性和过程性等特点。作为分析此类复杂非线性系统的基本工具，系统动力学方法为理解这些系统提供了有效途径，能够用于分析不同影响因素及其与整体风险的相互作用。

（2）系统动力学模型具有探究因果关系、分析系统反馈、模拟动态演变等功能，能够全面准确地刻画消费者对文创产品的情感认知中各种影响因素的相互作用机制，为情感认知的前因分析和动态演化提供可靠的方法支持。因此，通过调整层次分析法得到的指标权重，可以观察到整体情感认知水平在不同条件下的反应变化，从而识别出对情感认知更为敏感的因素。

（3）系统动力学模型属于结构模型，专注于研究系统的结构和动态行为，

对数据的需求较为宽松。在以往对认知问题，尤其是情感认知问题的研究中，通常难以获得翔实且精准的数据，而运用系统动力学方法能够较好地应对这一问题。此外，系统动力学研究对象的行为主要由内部动态结构和反馈机制驱动，消费者对文创产品的情感认知系统具有一定的规律性，符合系统动力学的建模条件。

3. 系统边界确定

（1）系统边界

在假设系统行为不受外部因素变化影响的前提下，本研究明确了系统边界，确定了应包含在模型中的部分以及应排除的部分。系统边界的界定主要依据研究问题的变量和时间跨度。本研究旨在探析消费者对文创产品的情感认知问题，重点分析各类认知要素之间及其对情感认知的作用关系。仿真建模基于系统动力学，使用 Vensim PLE 9.3.5 版本软件，通过扎根理论的质性研究指标编码与层次分析法得出的量化指标权重，界定了研究变量，并为系统内部各影响因素分配了相应权重，因而确立了研究的系统边界。系统的时间边界限定为 3 年（以 2023 年为基准年），仿真步长为一个月。

（2）模型假设

基于系统动力学的分析框架，探讨以下系统行为：系统内部各要素之间的相互作用导致的系统行为，并假设这些系统行为不会因外部因素的变化而发生本质性的改变，同时内部因素也不会影响系统行为。系统边界指明了哪些部分需纳入模型，哪些不应包括在内。为便于数据仿真，本研究在消费者对文创产品的情感认知系统动力学模型中做出了以下基本假设和参数设置的说明：

①假设模型中的各变量关系可以通过线性方程表达。

②假设各阶段的认知水平不考虑滞后性，即认知水平会随参数变动即刻调整。

③假设消费者的情感认知不会因外界因素而中断或失败，且模型中不考虑地域、经济、政治等外部影响因素。

④鉴于消费者对文创产品的情感认知系统具有复杂和开放的特点，本研究结合先前的扎根理论质性研究与层次分析法的量化分析。在此基础上，将整个情感认知系统划分为“设计认知”“文化认知”“价值认知”“自我认知”四个认知子系统，并对其进行了整理和关联分析，同时根据实际情况和评价权重设定了假设模型的初始值。

4. 系统动力学反馈模型因果回路图及主要反馈

消费者对文创产品的情感认知包含“设计认知”“文化认知”“价值认知”“自我认知”4 个子系统。每个子系统在情感认知的过程中都有其固有的运行规律，同时，各认知系统间也存在复杂的因果关系。单一因素变化会直接或间接地影响其他影响因素以及消费者对文创产品的情感认知。为了确保反馈模型的科学性与合理性，本研究邀请了 20 位相关领域的专家学者参与调查问卷，参与专家包括：5 位从事工业设计研究的专家，5 位专注于文创产品设计与制造的专家，3 位从事社会心理学研究的专家，4 位认知科学领域的杰出学者，3 位从事情感化设计研究的专家。

20 位专家在图表上用笔连接具有因果关系的影响要素，并确保连线箭头具有指向性。例如，将形式表现连线指向消费动机则表明，形式表现为影响要素（因）、消费动机为受影响要素（果），以确认和补充因素之间的关联关系。

当某组因果关系在专家讨论中出现争议时，本研究采用德尔菲法进行修正。例如，在文化传播与群体导向的因果影响关系中，有位专家主张文化传播的流量热度影响着群体导向中的外界评价，文化传播为影响要素（因），群体导向为受影响要素（果）；而另一位专家则认为群体导向中的国家导向影响了文化传播中的题材主体。即群体导向为影响要素（因），文化传播为受影响要素（果）。本研究将两位专家的建议分别发送给对方重新确认，最终选择了文化传播影响群体导向。按照此类方法，本研究确认情感认知要素之间的因果关系共计 23 组（见表 4-6）。

表 4-6 经德尔菲法修正后的情感认知要素因果关系表

序号	影响要素（因）	受影响要素（果）	受访专家的研究领域	序号	影响要素（因）	受影响要素（果）	受访专家的研究领域
1	形式表现	消费动机	工业设计	13	群体导向	个体表现	认知科学
2	功能属性	价值判断	工业设计	14	设计认知	文化认知	工业设计 & 文创产品
3	功能属性	文化内涵	工业设计	15	设计认知	价值认知	工业设计 & 社会心理学
4	文化内涵	文化特色	文创产品	16	设计认知	情感认知	工业设计 & 情感化设计
5	文化内涵	价值判断	文创产品	17	文化认知	价值认知	文创产品 & 社会心理学
6	文化特色	文化传播	文创产品	18	文化认知	情感认知	文创产品 & 情感化设计
7	文化特色	消费动机	文创产品	19	价值认知	自我认知	社会心理学 & 认知科学
8	文化传播	群体导向	文创产品	20	价值认知	情感认知	社会心理学 & 情感化设计
9	价值判断	消费动机	社会心理学	21	自我认知	设计认知	认知科学 & 工业设计
10	价值判断	个体表现	社会心理学	22	自我认知	文化认知	认知科学 & 文创产品
11	消费动机	个体表现	社会心理学	23	自我认知	情感认知	认知科学 & 情感化设计
12	群体导向	价值判断	认知科学				

根据消费者对文创产品的情感认知递阶层次结构（见表 4-7）与经德尔菲法修正后的情感认知要素因果关系表，本研究运用 Vensim PLE 9.3.5 版本软件构建消费者对文创产品的情感认知因果关联图（见图 4-2）。

表 4-7 消费者对文创产品的情感认知递阶层次结构

目标层	准则层	指标层
消费者对文创产品的情感认知	形式表现（A1）	造型外观（A11）
		产品色彩（A12）
		细节纹饰（A13）
		材质用料（A14）
	功能属性（A2）	教育功能（A21）
		实用功能（A22）
		审美功能（A23）
		娱乐功能（A24）
	文化内涵（B1）	文化符号（B11）
		文化特征（B12）
	文化特色（B2）	历史特色（B21）
		传统特色（B22）
		地方特色（B23）
		民族特色（B24）
		街区特色（B25）

（续表）

目标层	准则层	指标层
消费者对文创产品的情感认知	文化传播（B3）	题材主体（B31）
		传播载体（B32）
		情境延伸（B33）
		流量热度（B34）
	价值判断（C1）	创意评价（C11）
		故事评价（C12）
		还原度评价（C13）
		设计评价（C14）
		价格感知（C15）
		版权意识（C16）
	消费动机（C2）	购买环境（C21）
		优惠活动（C22）
		收藏纪念（C23）
		消费心理（C24）
	群体导向（D1）	国家导向（D11）
		文化氛围（D12）
		外界评价（D13）
		社交分享（D14）
		消费诱导（D15）
	个体表现（D2）	个体差异（D21）
		自我塑造（D22）
		个性定制（D23）
		情感表达（D24）

5. 影响权重确认

为了计算因素之间影响程度的大小，因此要评估因素之间的影响权重。本研究在评估影响权重时运用层次分析法进行确认。

层次分析法（Analytic Hierarchy Process，AHP）是一种用于解决决策问题的数学方法，由美国数学家兼运筹学家 Thomas L. Saaty 于 1970 年提出。AHP 广泛应用于管理学、运筹学、工程、经济学、市场营销等领域，用于帮助决策

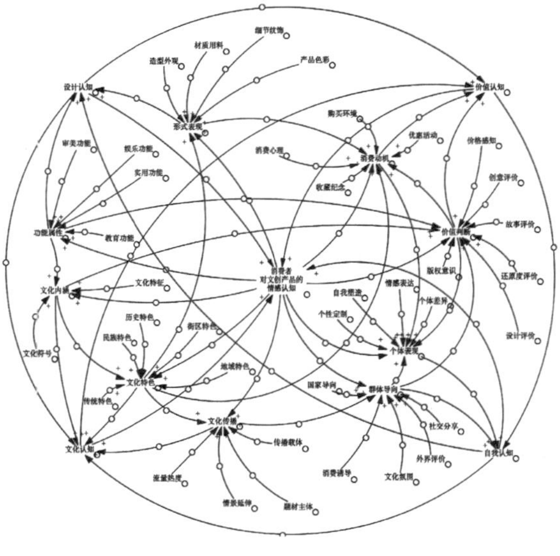

图 4-2　消费者对文创产品的情感认知因果关联图

者作出合理的决策。

层次分析法通过定量化和比较复杂的决策问题，帮助决策者作出更合理、可信的决策，并提供了一种系统化、结构化的决策方法。AHP 的计算过程主要包括：①构建层次结构，将决策问题分解成目标、准则和方案等层次，并构建决策树状结构。②构造判断矩阵，对于准则层，让决策者进行两两比较，填写准则之间的相对重要性。对于方案层，同样进行两两比较，填写方案之间的相对优劣。③计算权重，通过计算判断矩阵的特征向量，得出每个准则和方案的权重，表示它们对于目标的相对重要性。④一致性检验，检查判断矩阵的一致性，确保专家判断或数据的合理性。如果一致性不满足要求，需要对判断矩阵进行调整或重新填写。⑤计算综合得分，将权重与方案评估层的数据相结合，计算每个方案的综合得分，找出最优解。

（1）确定评价指标与构建评价体系

本研究利用扎根理论形成的编码结果，经适当调整，构建了消费者对文创产品的情感认知指标体系。框架分为三个层次，见表 4-7。

（2）构建两要素比较判断矩阵

通过层次分析法，决策者可以将复杂的问题定量化，并比较不同因素的相对重要性，从而作出更为合理、可信的决策，以提供一种系统化、结构化的决策方式。为减少主观要素影响，本研究通过运用 T. L. Saaty 的“1—9 标度法”对准则层和指标层的各项指标的相对重要性进行了判断，进而构造了两两相比的判断矩阵。本研究采用以“-4，-3，-2，-1，0，1，2，3，4”的标尺对应“1/9，1/7，1/5，1/3，1，3，5，7，9”的 20 位专家问卷结果，随后统计每个问项的平均值，进而构建判断矩阵，从而计算准则层以及指标层之间的权重。“1—9 标度法”的具体操作方法见表 4-8。

表 4-8　1—9 标度法

标度	含义
1	两个因素相比，具有同样重要性
3	两个因素相比，一个因素比另一个因素稍微重要
5	两个因素相比，一个因素比另一个因素明显重要
7	两个因素相比，一个因素比另一个因素强烈重要
9	两个因素相比，一个因素比另一个因素极端重要
2，4，6，8	上述两相邻判断的中值

根据先前通过扎根理论构建的青年群体对文创产品情感认知的递阶层次结构，本研究通过比较影响同一准则的各要素之间的重要性，构造两两比较判断矩阵。假设准则层 B_m 与指标层 C_m 的因素相关，那么进行构造的判断矩阵时 C_{ij} 的含义是对于 B_m 来说，C_i 对 C_j 的相对重要性。若因素 C_i 与 C_j 比较判断得到 C_{ij}，则因素 C_j 与 C_i 比较的判断为 $C_{ji}=\frac{1}{C_{ii}}$。

（3）权重计算

本研究对专家填写后的判断矩阵（见表 4-9、4-10），采用算术平均法进行层次排序，确定每一个判断矩阵各因素针对其准则的相对权重。

以准则层 $\boldsymbol{A}$ 为例，在准则层判断矩阵 $\boldsymbol{A}$ 中，$\boldsymbol{A}=(B_{ij})_{m\times n}$，$B_{ij}$（$i$=1，2，…，$n$；$j$=1，2，…，$n$；$n$=9）为要素 i 对比要素 j 的重要性判断。其中矩阵 $\boldsymbol{A}$ 的元素满足① $B_{ij}>0$ ② $B_{ij}=\frac{1}{B_{ii}}$ ③ B_{ii}=1。

表 4-9　准则层判断矩阵

准则层指标	形式表现	功能属性	文化内涵	文化特色	文化传播	价值判断	消费动机	群体导向	个体表现
形式表现	1	1/3	1/5	1/5	1/4	1	1	1	1
功能属性	3	1	1/3	1/4	1/3	1	1	1	1
文化内涵	5	3	1	1/3	1/2	1	2	2	2
文化特色	5	4	3	1	1	1	2	1	1
文化传播	4	3	2	1	1	1	1	1	2
价值判断	1	1	1	1	1	1	1/2	1	1
消费动机	1	1	1/2	1/2	1	2	1	1/2	1
群体导向	1	1	1/2	1	1	1	2	1	2
个体表现	1	1	1/2	1	1/2	1	1	1/2	1

表 4-10　指标层判断矩阵

形式表现指标	造型外观	产品色彩	细节纹饰	材质用料		
造型外观	1	1/3	1/2	1/3		
产品色彩	3	1	1/3	1/2		
细节纹饰	2	3	1	1/2		
材质用料	3	2	2	1		
功能属性指标	教育功能	实用功能	审美功能	娱乐功能		
教育功能	1	1/4	1/5	1/3		
实用功能	1/4	1	1/4	1		

（续表）

审美功能	5	4	1	1		
娱乐功能	3	1	1	1		
文化内涵指标	文化符号	文化特征				
文化符号	1	1/2				
文化特征	2	1				
文化特色指标	历史特色	传统特色	地方特色	民族特色	街区特色	
历史特色	1	1/3	1/4	1/4	1	
传统特色	3	1	1/3	1/3	2	
地方特色	4	3	1	1/3	2	
民族特色	4	3	3	1	2	
街区特色	1	1/2	1/2	1/2	1	
文化传播指标	题材主体	传播载体	情境延伸	流量热度		
题材主体	1	1/2	1/4	1/4		
传播载体	2	1	1/3	1/3		
情境延伸	4	3	1	1/3		
流量热度	4	3	3	1		
价值判断指标	创意评价	故事评价	还原度评价	设计评价	价格感知	版权意识
创意评价	1	1/3	1	1/2	1	1/2
故事评价	3	1	1	1	1	1/2
还原度评价	1	1	1	1/2	1	1/2
设计评价	2	1	2	1	1	1/2
价格感知	1	1	1	1	1	1/2
版权意识	2	2	2	2	2	1
消费动机指标	购买环境	优惠活动	收藏纪念	消费心理		
购买环境	1	1/3	1/4	1/4		
优惠活动	3	1	1/3	1/2		
收藏纪念	4	3	1	1/2		
消费心理	4	2	2	1		
群体导向指标	国家导向	文化氛围	外界评价	社交分享	消费诱导	
国家导向	1	1/3	1/2	1/2	1/2	
文化氛围	3	1	1/2	1/2	1/2	
外界评价	2	2	1	1/3	1/2	
社交分享	2	2	3	1	1/2	
消费诱导	2	2	2	2	1	
个体表现指标	个体差异	自我塑造	个性定制	情感表达		
个体差异	1	1/3	1/4	1/5		
自我塑造	3	1	1/2	1/3		
个性定制	4	2	1	1/4		
情感表达	5	3	4	1		

①对判断矩阵的每一列元素归一化处理，其公式为：$\overline{B}_{ij}=\dfrac{B_{ij}}{\sum\limits_{k=1}^{n}B_{kj}}(i,j=1,2,\cdots,n)$，$j$ 为判断矩阵中的列；

②将归一化的判断矩阵按行相加，其公式为：$\overline{W}_i=\sum\limits_{j=1}^{n}\overline{B}_{ij}(i=1,2,\cdots,n)$；

③对向量 $\overline{W}_i=(\overline{W}_1,\overline{W}_2,\cdots,\overline{W}_n)^{\mathrm{T}}$ 标准化，其公式为：$W_i=\dfrac{\overline{W}_i}{\sum\limits_{j=1}^{n}\overline{W}_j}(i=1,2,\cdots,n)$；

④求权重 $A\overline{W}_i$，其公式为：$A\overline{W}_i=\dfrac{1}{n}\sum\limits_{j=1}^{n}\dfrac{B_{ij}}{\sum\limits_{k=1}^{n}B_{kj}}$（$B_{ij}$ 为矩阵原始值，B_{kj} 为矩阵各列向量的值，n 为指标个数）。

（4）一致性检验

鉴于消费者对文创产品的情感认知涉及多样而复杂的相关因素，且评分专家的认知与评判受其专业背景的影响，构建的判断矩阵可能存在一定的偏差。为了避免这些主观因素对结果产生较大的偏差，层次分析法要求对判断矩阵进行一致性检验。

首先需要计算一致性指标 CI（consistency index），其定义为：$CI=\dfrac{\lambda_{\max}-n}{n-1}$，随机一致性指标 RI（random index），CI 的值越大，　　矩阵的一致性越差。为矩阵最大特征值，本研究通过 python 软件输入各项判断矩阵后计算得出。为确保判断矩阵是否具有令人满意的一致性，需要将 CI 与 RI 进行比较（见表 4-11）。将 CI 与 RI 的比率称为检验系数 CR（consistance rate），其公式为：$CR=\dfrac{CI}{RI}$。当 CR 值小于 0.1 时，则认为该矩阵具有令人满意的一致性。若 CR 值大于 0.1，则需要重新调整该矩阵的各项元素，直至矩阵的检验系数 CR 小于 0.1。对于其他判断矩阵也遵循同样的检验过程，直到满足一致性要求为止，各判断矩阵随机一致性检验结果见表 4-12。

表 4-11　平均随机一致性指标 *RI* 标准值

矩阵阶数	1	2	3	4	5	6	7	8	9	10	11	12	13
RI	0	0	0.58	0.90	1.12	1.24	1.32	1.41	1.46	1.49	1.51	1.54	1.56

表 4-12 各判断矩阵随机一致性检验结果

矩阵名称	矩阵阶数 n	λmax	CI	RI	CR（<0.1）	是否通过
准则层	9	9.9103	0.1138	1.46	0.0780	是
形式表现	4	4.2606	0.0869	0.90	0.0965	是
功能属性	4	4.2331	0.0777	0.90	0.0863	是
文化内涵	2	2.0000	0.0000	0.00	0.0000	是
文化特色	5	5.3487	0.0872	1.12	0.0778	是
文化传播	4	4.1752	0.0584	0.90	0.0649	是
价值判断	6	6.1757	0.0351	1.24	0.0283	是
消费动机	4	4.1596	0.0532	0.90	0.0591	是
群体导向	5	5.3776	0.0944	1.12	0.0843	是
个体表现	4	4.1802	0.0601	0.90	0.0668	是

（5）综合评价

判断矩阵中各项元素的 CR 值均小于 0.1，均已通过一致性检验，说明上述两两比较判断矩阵皆具令人满意的一致性，各项指标权重分配合理。消费者对文创产品的情感认知要素的综合权重计算公式为：综合权重 = 准则层权重 × 指标层权重。对所得综合权重进行排序，从而选出相对重要的因素。消费者对文创产品的情感认知要素的综合权重表见表 4-13。

表 4-13 消费者对文创产品的情感认知要素的综合权重表

目标层	准则层	权重	排序	指标层	权重	排序	组合权重	排序
消费者对文创产品的情感认知	形式表现	0.0601	9	造型外观	0.1093	4	0.0066	36
				产品色彩	0.1981	3	0.0119	31
				细节纹饰	0.2928	2	0.0176	22
				材质用料	0.3999	1	0.0240	15
	功能属性	0.0789	8	教育功能	0.0824	4	0.0065	37
				实用功能	0.1473	3	0.0116	32
				审美功能	0.4722	1	0.0373	9
				娱乐功能	0.2981	2	0.0235	16
	文化内涵	0.1473	3	文化符号	0.3333	2	0.0491	4
				文化特征	0.6667	1	0.0982	1
	文化特色	0.1777	1	历史特色	0.0794	5	0.0141	26
				传统特色	0.1624	3	0.0289	13
				地方特色	0.2551	2	0.0453	5
				民族特色	0.3889	1	0.0691	3
				街区特色	0.1142	4	0.0203	18
	文化传播	0.1527	2	题材主体	0.0856	4	0.0131	29
				传播载体	0.1404	3	0.0215	17
				情境延伸	0.2889	2	0.0441	6
				流量热度	0.4850	1	0.0741	2

（续表）

目标层	准则层	权重	排序	指标层	权重	排序	组合权重	排序
	价值判断	0.0967	5	创意评价	0.1078	6	0.0104	34
				故事评价	0.1725	3	0.0167	24
				还原度评价	0.1253	5	0.0121	30
				设计评价	0.1767	2	0.0171	23
				价格感知	0.1392	4	0.0135	27
				版权意识	0.2784	1	0.0269	14
	消费动机	0.0915	6	购买环境	0.0792	4	0.0072	35
				优惠活动	0.1808	3	0.0165	25
				收藏纪念	0.3271	2	0.0299	11
				消费心理	0.4129	1	0.0378	8
	群体导向	0.1143	4	国家导向	0.0998	5	0.0114	33
				文化氛围	0.1580	4	0.0181	21
				外界评价	0.1718	3	0.0196	19
				社交分享	0.2597	2	0.0297	12
				消费诱导	0.3107	1	0.0355	10
	个体表现	0.0808	7	个体差异	0.0713	4	0.0058	38
				自我塑造	0.1656	3	0.0134	28
				个性定制	0.2344	2	0.0189	20
				情感表达	0.5287	1	0.0427	7

通过计算结果可以看出，上述九类准则层指标中，文化特色、文化传播、文化内涵的影响最大，其次是群体导向、价值判断、消费动机，最后是个体表现、功能属性、形式表现。文化特色中所占比重最大的是民族特色，由此可见具有民族特色的文创产品对消费者更具吸引力，更有效地唤醒人们的家国情怀与情感共鸣，进而引起其对该文创产品的情感认知。流量热度在文化传播所占比重最大，情境延伸次之，可以看出当前文创产品所处信息化时代，精品的出现会使其拥有更多的流量热度，从而在使该文创的影响力持续增加，吸引更多消费者的关注度；而情景延伸则说明一个好的文创产品会唤起消费者们的思绪，使其看到该文创产品联想到自身的经历或其他的情境，代入到该文创产品背后的故事中，从而增加对它的情感认知。在文化内涵中占比最高的是文化特征，文创产品拥有鲜明的文化特征，才会匹配消费者的认知体

系，进而增加其对该产品的情感层面的认知。

各情感认知要素所占权重的大小排序为：文化特征＞流量热度＞民族特色＞文化符号＞地方特色＞情境延伸＞情感表达＞消费心理＞审美功能＞消费诱导＞收藏纪念＞社交分享＞传统特色＞版权意识＞材质用料＞娱乐功能＞传播载体＞街区特色＞外界评价＞个性定制＞文化氛围＞细节纹饰＞设计评价＞故事评价＞优惠活动＞历史特色＞价格感知＞自我塑造＞题材主体＞还原度评价＞产品色彩＞实用功能＞国家导向＞创意评价＞购买环境＞造型外观＞教育功能＞个体差异。

6. 系统动力学反馈模型存流量图

根据指标体系中的目标层、准则层、指标层及各个指标权重数值，设置消费者对文创产品的情感认知系统动力学模型所需的参数变量，变量汇总如表 4-14 所示。其中，状态变量是指系统中随时间增长而累积的变量，对应 5 项认知子系统；速率变量是描述状态变量累积快慢的变量；辅助变量是为了模型合理而人为引入的变量，对应指标体系中的准则层；常量是根据扎根理论开放性编码以及层次分析法中指标层所对应的具体认知内容。本研究基于系统动力学反馈原理及各个参数变量，构建的消费者对文创产品的情感认知系统动力学模型（见图 4-3）。

表 4-14　变量汇总表

变量类别	变量名称
状态变量	设计认知、文化认知、价值认知、自我认知、消费者对文创产品的情感认知
速率变量	设计认知水平、文化认知水平、价值认知水平、自我认知水平、情感认知水平
辅助变量	形式表现、功能属性、文化内涵、文化特色、文化传播、价值判断、消费动机、群体导向、个体表现
常量	造型外观、产品色彩、细节纹饰、材质用料、审美功能、实用功能、教育功能、娱乐功能、文化符号、文化特征、历史特色、传统特色、民族特色、地方特色、街区特色、题材主体、传播载体、情境延伸、流量热度、设计评价、还原度评价、故事评价、创意评价、价格感知、版权意识、购买环境、优惠活动、消费心理、收藏纪念、国家导向、文化氛围、外界评价、社交分享、消费诱导、个体差异、自我塑造、个性定制、情感表达

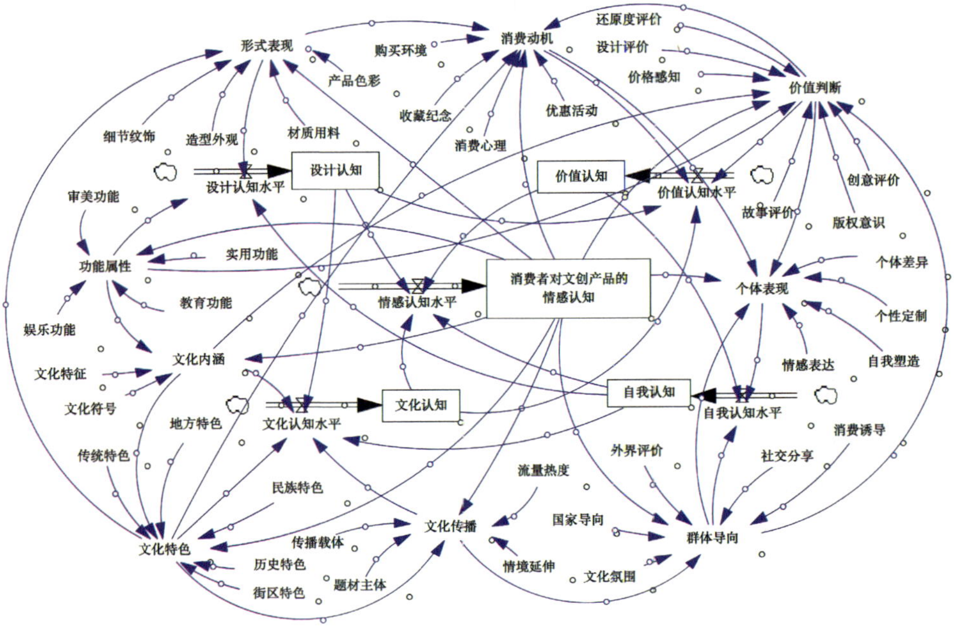

图 4-3　消费者对文创产品的情感认知系统动力学模型

7. 系统动力学模型主要方程

将指标权重作为各变量间的影响系数，构建相关变量间的函数关系。为保证参数的统一化，所有涉及的参数变量均采用无量纲单位。将所有常量的初始值依照消费者对文创产品的情感认知要素的综合权重表赋值，即在初始阶段以层次分析法中统计 20 位相关专家的判断依据为初始干预策略。参数设定完成后，本研究通过 Vensim PLE 9.3.5 版本软件进行仿真模拟，其中软件参数设置为：INITIAL TIME=0；FINAL TIME=36；TIME STEP=1；Units for Time：Month。

根据系统动力学模型中各个变量之间的因果关系作用原理，可构建变量间的计算方程，再将各个指标的权重代入计算方程式，从而得到各个子系统的方程式，主要方程式如下：

方程式 1：形式表现 =0.109259× 造型外观 +0.198118 × 产品色彩 +0.292765 × 细节纹饰 +0.399858 × 材质用料 + 消费者对文创产品的情感认知 ×0.0001652+0.09836 × 文化特色；

方程式 2：功能属性 =0.0824352 × 教育功能 +0.147267 × 实用功能 +0.472176 × 审美功能 +0.298122 × 娱乐功能 + 消费者对文创产品的情感认知 ×0.0016258；

方程式 3：文化内涵 =0.333333 × 文化符号 +0.666667 × 文化特征 + 消费者对文创产品的情感认知 ×0.0021584+ 功能属性 ×0.3264；

方程式 4：文化特色 =0.079421 × 历史特色 +0.162387 × 传统特色 +0.255065 × 地方特色 +0.388926 × 民族特色 +0.114202 × 街区特色 + 消费者对文创产品的情感认知 ×0.01628+ 文化内涵 ×0.28536；

方程式 5：文化传播 =0.085639 × 题材主体 +0.140448 × 传播载体 +0.288933 × 情境延伸 +0.48498 × 流量热度 + 消费者对文创产品的情感认知 ×0.00216654+ 文化特色 ×0.249625；

方程式 6：价值判断 =0.10778 × 创意评价 +0.172546 × 故事评价 +0.125324 × 还原度评价 +0.176713 × 设计评价 +0.139213 × 价格感知 +0.278425 × 版权意识 + 消费者对文创产品的情感认知 ×0.00316254+0.08659 × 群体导向 +0.096853 × 功能属性 +0.07652× 文化内涵；

方程式 7：消费动机 =0.0792109 × 购买环境 +0.180785 × 优惠活动 +0.327077 × 收藏纪念 +0.412927 × 消费心理 + 消费者对文创产品的情感认知 ×0.0021315+0.05625 × 价值判断 +0.065895 × 形式表现 +0.09685 × 文化特色；

方程式 8：群体导向 =0.0997869 × 国家导向 +0.157969 × 文化氛围 +0.171835 × 外界评价 +0.259747 × 社交分享 +0.310663 × 消费诱导 + 消费者对文创产品的情感认知 ×0.002561+0.0462 × 文化传播；

方程式 9：个体表现 =0.0712956 × 个体差异 +0.165634 × 自我塑造 +0.234395 × 个性定制 +0.528675× 情感表达 + 消费者对文创产品的情感认知 ×0.00216325+0.06492 × 价值判断 +0.08432 × 消费动机 +0.089854 × 群体导向；

方程式 10：设计认知水平 =0.06006 × 形式表现 +0.0789226 × 功能属性 + 自我认知 ×0.0852165；

方程式 11：文化认知水平 = 文化内涵 × 0.0795216+ 文化特色 ×0.0856632+ 自我认知 ×0.0854162+ 文化传播 ×0.0886523+0.0967051 × 设计认知；

方程式 12：价值认知水平 = 价值判断 × 0.096258+ 消费动机 × 0.08625+

文化认知 × 0.0898563+0.08843 × 设计认知；

方程式 13：自我认知水平 = 个体表现 × 0.06521+ 群体导向 × 0.051489+ 价值认知 × 0.052698；

方程式 14：情感认知水平 =0.2128 × 设计认知 +0.477749 × 文化认知 +0.188188 × 价值认知 +0.195081 × 自我认知。

8. 模型有效性检验

为检验模型的准确性与适用性，本研究对系统动力学模型进行如下检验：

①结构检验。在构建消费者对文创产品情感认知的系统动力学模型过程中，本研究对整体认知的系统边界和因果关系结构进行了对比分析，并提炼设计认知、文化认知、价值认知以及自我认知四类子系统的关键指标，以构建结构模型，所建模型的系统功能及运行状态符合现实情况。

②运行检验。模型通过了系统运行检测，并且通过模型仿真模拟亦能发现，本研究所构建的因果关联图、系统存流量图均较为合理，模型运行通过。

9. 仿真模拟

（1）初始状态下的模拟结果

通过 Vensim PLE 9.3.5 版本软件对模型进行仿真运行，可清晰观测消费者对文创产品的情感认知水平随时间推进的演化状态，仿真运行 4 个月后，消费者对文创产品的情感认知水平呈指数级增长趋势，初始状态的模拟结果见图 4-4。

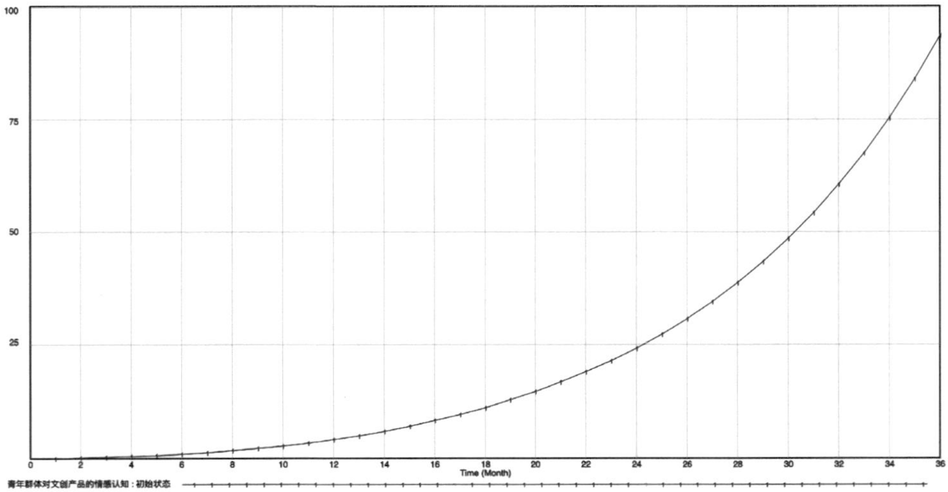

图 4-4　情感认知水平初始演化曲线

（2）干预策略模拟子系统各认知水平评估

本研究基于初始状态的模拟结果，分别对设计认知、文化认知、价值认知以及自我认知四类子系统的计算方程进行相同程度的赋值提升，并依次进行仿真模拟，得到各子系统认知变化曲线见图 4-5。

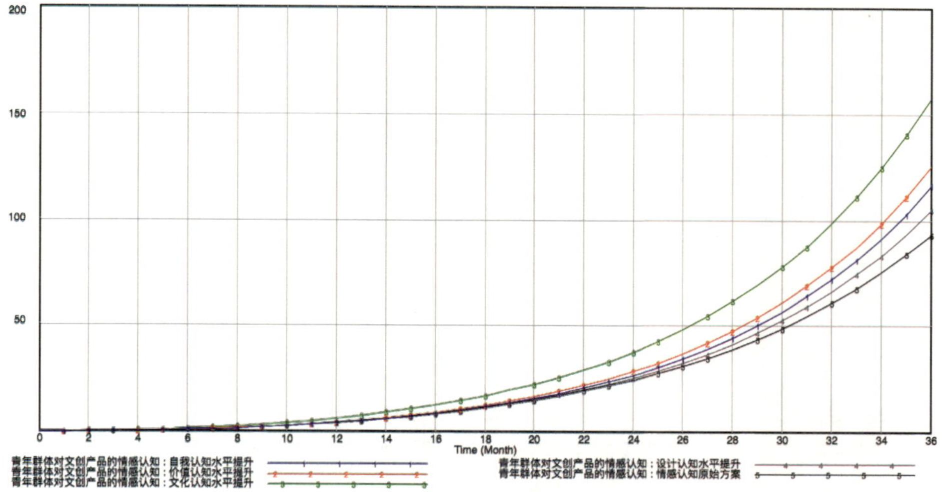

图 4-5 四项子系统提升对情感认知影响的演化曲线

比对各子系统的认知变化曲线后发现，随着时间的推移，文化认知的提升幅度最大，其次是价值认知和自我认知，而设计认知的上升幅度较小。与初始状态的情感认知相比，四类认知的提升，都对情感认知演化曲线产生了积极增益；然而，由于消费者对文创产品的情感认知具有多元、复杂和动态的特点，各子系统的认知干预策略起到了长效作用，深层次影响了消费者对文创产品情感认知的内在因素，因此各项认知提升策略在演化曲线中呈现出相近的效果。从曲线图中可以看出，文化认知提升是提升消费者情感认知的最优干预策略。

通过对情感认知要素的干预策略分析，出现提升设计认知、文化认知、价值认知、自我认知四类子系统的参数均能有效提升消费者对文创产品的情感认知。为进一步探讨哪些具体要素对消费者情感认知影响更为显著，本研究对四类认知子系统下属要素进行逐项分析，得到了干预后的四类认知子系统提升曲线（见图 4-6）。

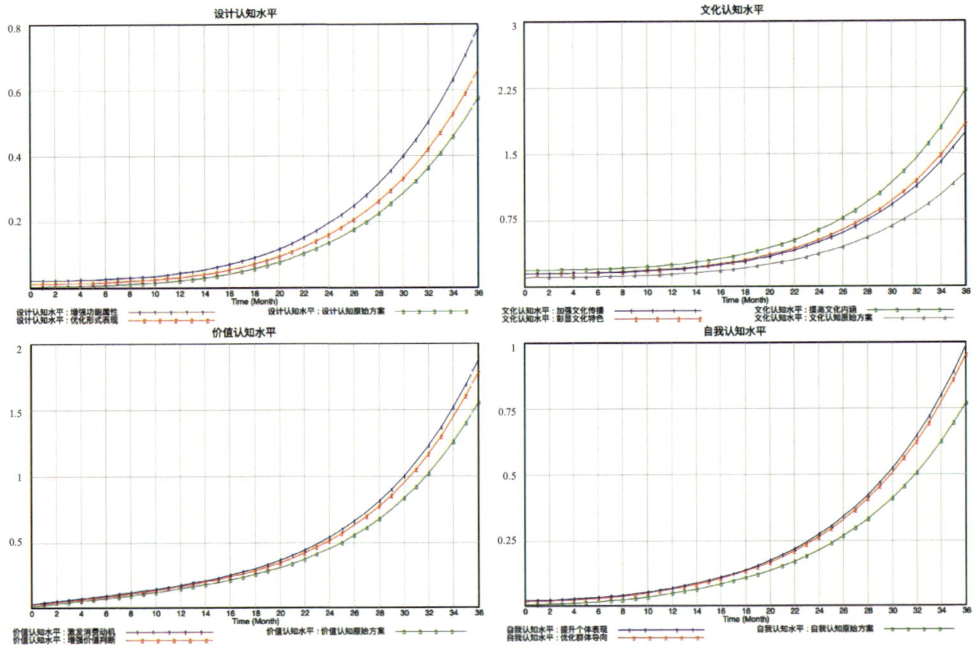

图 4-6　采取干预四类认知子系统的模拟结果图

采取干预设计认知子系统下属要素的模拟结果如图 4-6 左上部分所示，从中可以看出，增强功能属性为提升设计认知的最优干预策略。功能属性是文创产品所具备的实际使用功能和特性，包含审美功能、实用功能、教育功能、娱乐功能，直接关系到用户对产品的实际使用和体验。因此，在设计文创产品的过程中，企业应充分考虑对文创产品功能属性方面的设计。

采取干预文化认知子系统下属要素的模拟结果如图 4-6 右上部分所示，通过观察可以发现，提高文化内涵是提升文化认知的最优干预策略，彰显文化特色、加强文化传播与原始方案相较，提升幅度相近。文化内涵在文创产品、艺术作品或概念设计中蕴含的文化符合与文化特征等元素，可赋予文创产品更深层次的情感体验。因此，企业应充分融合和传达文化内涵，通过文创产品丰富消费者的情感体验，彰显文化特色，传播文创产品的文化底蕴与文化价值。

采取干预价值认知子系统下属要素的模拟结果如图 4-6 左下部分所示，

从图中可以看出，激发消费动机是最优干预策略。消费动机是驱使消费者对文创产品进行购买和消费的内在因素，受购买环境、收藏纪念、消费心理、优惠活动等要素的影响。在消费者对文创产品的情感认知中，消费动机会直接影响消费者对文创产品的价值认知。消费动机可以直接和间接地影响消费者对文创产品的价值认知，进而影响人们对产品的评价、为消费者提供购买的理由，会进一步促进消费者对文创产品的情感认知提升。因此，企业可通过优化文创产品，塑造人们对文创产品价值的感知、影响其购买决策、满足其心理需求。

采取干预自我认知子系统下属要素的模拟结果如图 4-7 右下部分所示，通过观察可以发现，提升个体表现是最优干预策略。个体表现是个人在社会交往和活动中展现出来的行为、态度和个性特征，包含个体差异、个性定制、自我塑造以及情感表达等要素。通过文创产品彰显自身风采，提升个体表现，以获得消费者的青睐，是企业需要在文创产品设计中需要着重关注的设计思路与方向，即通过发挥文创产品的独特性，使产品契合人们对塑造自我的需求，并使人们在文创产品的客观评价与个体的主观反思中获得自我认知水平的提升，有效提升消费者对文创产品的情感认知。

根据图 4-7 的干预策略演化曲线，可观察到各项干预策略实施后，消费者的情感认知水平发生了变化，而这种变化趋势与初始状态的变化趋势基本一致。这表明所构建的模型具有相对稳定的特性。值得注意的是，不同干预策略对文创产品情感认知水平的提升方面都产生了积极的影响。这说明干预策略对情感认知有增益作用，为综合探析消费者对文创产品的情感认知的影响中，各类子系统认知中的下属要素的变动对整体情感认知产生的影响差异，本研究对形式表现、功能属性、文化内涵、文化特色、文化传播、价值判断、消费动机、群体导向以及个体表现九项各认知系统下属指标分别进行同等幅度的数值提升以模拟仿真运行结果（见图 4-7）。对比各项变化曲线可以发现，随着时间的推移，九项各认知系统下属指标的提升均增益于消费者对文创产品的情感认知。其中，提高文化内涵的提升幅度最大，彰显文化特色、增强文化传播次之，其他下属指标的上升幅度相对较小。各类子认知系统相互交织共振，致使四项子认知水平要素的提升远高于初始状态下的消费者对文创产品的情感认知。

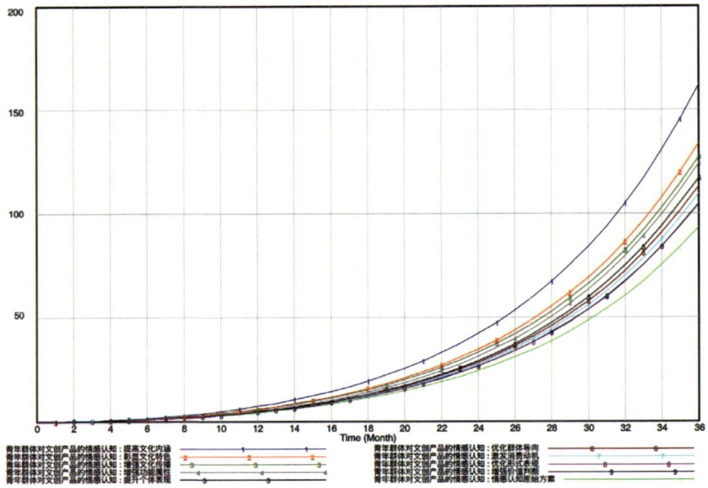

图 4-7　情感认知子系统下属 9 项要素的仿真演化曲线

10. 灵敏度检验

从量化分析的角度来看，灵敏度检验是研究给定范围内参数变化对模型运行结果影响的方法。Vensim 软件的系统动力学模型通常在参数变化情况下，系统数据的趋势走向不会发生显著变化。只要参数和图表函数设计得当，对这些参数和函数的变化不会引起明显的响应。因此，本研究通过灵敏度检验来验证所选取的模型变量是否正确，并能有效反映真实系统的决策过程。若某些参数对结果过于敏感或者不够敏感，则需进一步确定这些因素在情感认知系统的整体变化中是否发挥关键作用。

在保持初始值和其他系统因素不变的前提下，本研究将消费者对文创产品的情感认知中的设计认知、文化认知、价值认知、自我认知这三项认知指标进行了控制性调整，分别使其保持不变、提升 25%、降低 25%。具体调整细节见图 4-7 各表格下方标注。例如，“提升设计认知”是指设计认知水平提升 25% 后的模拟方案。

本研究对各子认知系统下属的要素进行了观察。设计认知涵盖了形式表现和功能属性；文化认知包括文化内涵、文化特色和文化传播；价值认知涉及价值判断和消费动机；自我认知包含群体导向和个体表现。

从图 4-7 中各项指标的变化曲线可以看出：当四项认知水平数值发生改变后，各认知子系统下属要素的曲线走势保持一致，并且这些要素的变化趋势与认知水平变化呈现正相关关系。需要特别关注的是，文化认知系统在所有子系统中数据变化幅度较大。

综上，通过对各认知子系统数值水平的调整，本研究深入分析了各认知子系统的底层要素。图 4-7 中的演化曲线揭示了四项认知水平数值变化后的情况，进一步证实认知水平与底层要素之间的关联。其中文化认知系统的数据变化幅度较大，对情感认知变化产生的影响较为明显。

本章小结

（1）增强功能属性是提升设计认知的最佳策略

在设计认知子系统中，功能清晰的文创产品与消费者的日常生活、工作、娱乐等方面契合度高，能满足实际需求，从而使消费者对文创产品产生积极的设计认知。具备高品质、高实用性的文创产品往往会在用户心目中建立起积极的形象，认知中将与高价值、创新性等特质联系在一起，从而触发对文创产品价值层面的认知。此外，好的文创产品功能设计可提升用户体验，具有便利、效率、创新等特点，将会增强用户的满意度，进而影响用户的情感认知。因此，功能属性影响消费者的设计认知，进而影响他们对文创产品的情感认知。

根据设计认知子系统下属要素的干预模拟结果，本研究得出以下结论：功能属性指的是文创产品所具备的实际使用功能和特性，包括审美、实用、教育、娱乐等方面，这些属性直接关系到用户对产品的实际使用和体验。在文创产品的设计过程中，企业应充分考虑并强化产品的功能属性。这些属性的增强不仅有助于提高用户对产品的设计认知，还能够显著增进用户对产品的实际使用价值的认知。因此，企业应该将功能属性作为设计过程中的重要考虑因素，以满足用户对实际需求的期望，从而促进产品的成功推广。这一研究结论不仅强调了功能属性在设计认知中的关键作用，还为文创产品的设计提供了实际指导，有助于提高产品的市场竞争力，推动文化创意产业的健康发展。

（2）提高文化内涵是提升文化认知水平最为有效的策略

在文化认知子系统中，随着文化多元化的崛起，文化内涵在文创产品设计中的应用可以使产品更具吸引力，消费者更青睐具有独特文化底蕴的文创产品，这些文创产品不仅满足了他们的审美需求，还可以通过文化内涵展现出创意和独特性，从而引发他们的好奇心和购买欲望，影响其对文创产品价值层面的认知。当消费者能够理解并感受到文创产品所蕴含的文化价值，他们会在情感上与产品产生更强烈的共鸣，使他们对文创产品产生更深的情感联系和情感参与，进而激发对文创产品的情感认知。因此，文化内涵影响消费者文化认知，进而影响他们对文创产品的情感认知。

综合文化认知子系统的模拟结果，发现文化内涵包括文创产品、艺术作品或概念设计中蕴含的文化符号、文化特征等元素，它们不仅能为文创产品赋予更深层次的情感体验，还有助于彰显文化特色、传播文创产品的文化底蕴与文化价值。因此，企业在文创产品的设计和推广中，应充分融合和传达文化内涵，以丰富消费者的情感体验、突显文化独特性、传播文创产品的文化底蕴和文化价值。这一研究结论不仅有助于拓展文化认知领域的理论，还为文化创意产业提供了全新的策略方向，将文化元素融入产品设计，推动了文化传播与情感体验的更深层次融合。这不仅对企业具有实际指导意义，还为文化与创意的有机交汇提供了有力支持。

（3）激发消费动机是提升价值认知的最优干预策略

在价值认知子系统中，合理的产品功能与鲜明的文化特色相契合，能够使购买决策与产品的预期价值建立紧密联系，特别是在青年消费者群体中，这种联系使他们更积极地感知产品的价值。这意味着，文创产品不仅需要在功能上合理满足用户需求，还应该突出其独特的文化特色，以增强用户对产品的价值认知。此外，消费动机往往与个体的情感和情感体验有关，当消费者的消费动机与文创产品所传达的情感相呼应时，他们更可能在价值认知中体验到积极的情感，引发自我认知。因此，新颖创意、特征鲜明、底蕴深厚等要素，都是激发消费动机的内在影响原因。

结合模拟结果，在干预价值认知子系统下属要素时，消费动机作为推动消费者购买和消费文创产品的内在因素，受到多方面要素的影响，包括购买环境、收藏纪念、消费心理以及促销活动等。在消费者对文创产品的情感认知中，消费动机不仅直接影响他们对产品的价值认知，还通过影响购买决策、满足心理需求等途径，直接和间接地塑造了他们的情感认知。因此，企业可以通过精心优化文创产品，塑造消费者对产品价值的感知，为其提供有力购买理由，进一步激发消费动机，最终促进消费者对文创产品的情感认知水平提升。这一研究结论不仅有助于企业在市场竞争中寻求创新的价值营销策略，也为文化创意产业的可持续发展提供了深刻的理论指导。

（4）提升个体表现是提升自我认知的最优干预策略

在自我认知子系统中，青年群体是思想最为活跃的消费者群体，同时也是蕴藏巨大潜力的消费群体。青年们通过与文创产品的互动，在选择、购买、使用文创产品的过程中展现出对美、创意、独特性的个体偏好，彰显自己的个性特质和兴趣爱好，从而反映出他们的个性和价值观。这些个体表现有助于他们更清晰地认识自己的兴趣和偏好，进而加深自我认知。此外，青年可能通过在社交媒体上分享自己与文创产品的互动，展示自己对特定文化、艺术或领域的理解和参与。这种社会身份的建构也是对自我认知的一种延伸，有助于他们更好地理解自己在社会中的定位。通过与文创产品的互动，青年群体可能会反思自己的情感、审美和价值观，反思自己对某类文创产品产生兴趣，将这些兴趣与自己的经历和生活关联，通过自省和思考深化他们对自己内在驱动力的认识，引发深层次的情感认知。

基于模拟结果的分析显示，干预个体自我认知要素中，强调提升个体表现乃至个体在社会互动与活动中所展现的多重层面，对于在文创产品设计中取得成功至关重要。尤其是在吸引年轻群体方面，充分利用文创产品呈现个体差异、个性定制、自我塑造及情感表达等特征，不仅满足了他们塑造自我认知的需求，同时也加深了他们对产品的情感认知。因此，企业在文创产品的策划与设计过程中，应当以此为核心思路，通过产品的独特性与个体需求的紧密契合，促使消费者在客观评价与主观反思中实现自我认知水平的提升。这不仅有助于提升产品的市场吸引力，更为企业在竞争激烈的市场环境中赢得持久优势提供了一种创新且深具洞察力的方法。

下篇 物的认知机制

第五章 乡土文创产品的人文情感认同路径解构

乡土文明是人类文明的历史起点，是现代文明的重要组成部分。乡土文创作为乡愁情愫和文创产品结合的典范，承载了乡土美学的塑造和传播的功能，其通过特有的乡土美学脉络展现着乡土文化的历史传承，对于连接城乡、重塑城乡关系有着重要的意义，是文化创意的战略思维与实施路径在乡村振兴的创新适用。

乡土文创的逻辑起点是乡土美学资源。乡土美学作为一种抽象的符号，需要具体的物来承载，乡土文创通过乡土美学价值的评估和文化资本的转化，打造出特色文化产品，进而通过地缘特色文化市场实现乡土价值的最优交换，最终发展成为具有地缘特色的文化产业和文化经济。因此，部分学者强调在产品设计中注入当地文化，使这些文创产品具备文化内涵后，去吸引更多的消费者产生情感认同。但是由于乡土美学一般普及性较低，同时在文化特征转化为商品的过程中，受设计师设计能力的不同，以及用户的性别、文化背景、生活经历和居住环境的影响，消费者对产品的认知都会产生差异。因此，部分学者更进一步地开始关注消费者的情感需求，他们认为只有与消费者产生精神共鸣及价值观互动的产品才能赢得消费者的青睐，但对于更深层次的动因还有待深入研究。

基于此，本章主要通过对情感认同因素和人们的情感认同路径的深度解构，以期进一步加强人们对乡土美学的认同，强化和繁荣根植于此的文化传承，激发更多具有民族地方特色的文创设计。在繁荣文化的同时强盛地方文创经济，进而可以为增强文化自信和民族自信提供助力。

一、乡土文创产品的美学与情感认同研究概述

1. 乡土美学与乡土文创

乡土美学是一种研究特定地区文化标识、地理特征和自然环境如何影响审美体验和文化传承的跨学科概念。它关注地方性、生态美学、文化传承、美学体验以及个体与乡村环境之间的互动，强调了地方文化的独特性和重要性，有助于理解和保护乡村文化和自然遗产。它一般指隶属于一个地区的文化标识的体现，其主要是在一个特定的地区围绕着特定的人群发展起来的，通过体现乡土美学、地缘文化，不自觉地揭示了某一地区居民在习俗、审美、情感和生活方式方面的看法和态度。主要包含有形的和无形的两种形式，有形文化主要是指独特且直观的地缘形象，无形文化的主要涵盖民族心理、历史文脉等。不同地区有不同的历史和不同的文化积淀，同时也产生了乡土美学差异，乡土美学的差异性能够唤起本地居民的本土意识，同时也可以满足外地居民的好奇心。

乡土文创作为乡土美学的重要载体，其通过有形的形态，记录的是一种无形的文化形态，记录着乡村演变的脉络，也承载着记忆与乡愁。因此在实践中，多数设计者倾向于以产品外观来描述其外在特性，在创意设计中运用造型、色彩材质、结构等对乡土美学元素进行符号转译，以增强文化认同，让人们在购买过程中感受到亲和力和替代感，感受不同区域所呈现的独特魅力。但是过于隐晦的设计很难在短时间内引起不同文化群体的共鸣，如何捕捉消费者的心理感受，明确消费者的情感认同机制，形成具有区域特色的产品设计创新，一直是设计师关注的焦点。

近几十年来，许多学者提出了不同的地缘产品意向用语。例如：Khalid 与 Helander 基于消费者需求量表，认为一个产品在市场上的成功可能取决于它的美学吸引力、创造的乐趣和它给用户带来的满足，而消费者对地缘产品的需求被分为三个主要部分，即“整体印象”“功能要求”“造型需求”，其中整体印象与造型要求都与感觉、情感有关；李明松、何明泉提出使用的地缘产品意向用语，即“在地性”“传统性”“创新性”“独特性”“亲切性”五个词语，以解释在地性的评价测试；Jagtap 基于产品造型属性和情绪量表，从产品形态属性和情绪尺度出发对地缘产品设计作出分析，提出“创新”“美观”“和谐”“优

雅”“喜悦”“满足”“兴趣”“惊喜”“活力”“魅力”“平静”“娱乐”“幸福感”“实用”“方便”“高质量”等测量用词，认为产品形式可以决定消费者的反应和产品的成功率，并且它可引发某些特性和情感来帮助设计师设计他们的产品；从文化可持续性的角度出发，Tu 等人基于文化永续视角下的故宫博物院文创产品，提出消费者非常偏好“文化内涵”和“独具创意”这两个因素；Hou 建立以用户体验为中心的文创产品的情感设计标准，提出“美丽性”“文化性”“创意性”等设计要素，以满足消费者的个性化需求并建立品牌情感；马瑞果等人通过对地域文化的理解和挖掘，总结出地域文创产品设计的创新思路要满足“时尚性（审美需求）”“归属性（情感需求）”“整合性（功能需求）”“体验性（认知需求）”，凸显地域特色的同时谋求大众文化认同。

从上述文字可以看出，影响人们对乡土美学特色产品的情感认同除了亲切性、本地性、文化性、独特性、创意性等地域特色与创造力的感性诉求之外，人们通常还受到美学的吸引，以此来丰富内心的愉悦感受，激发对乡土美学特色产品的情感认同。（见表 5-1）

表 5-1　地缘意向测评研究

测试用词	学者	发表时间
整体印象、功能需求、造型需求	Khalid 和 Helander	2004
在地性、传统性、创新性、独特性、亲切性	李明松、何明泉	2005
创新、美观、和谐、优雅、喜悦、满足、兴趣、惊喜、活力、魅力、平静、娱乐、幸福感、实用、方便、高质量	Jagtap	2017
文化内涵、独具创意	Tu 等人	2019
美丽性、文化性、创意性	Hou	2020
时尚性（审美需求）、归属性（情感需求）、整合性（功能需求）、体验性（认知需求）	马瑞果等人	2022

基于此，本章试图通过定量分析和定性分析相结合的方法，探讨文创商品从乡土美学过渡到情感认同的作用机制，以及对具有较高文化识别度的乡土文创产品是否更容易取得人们的情感认同等问题进行了深入研究，以期为设计师在产品设计中更好地运用文化元素提供参考。

2. 文创产品的文化元素提取与情感认同

针对文化和文化元素的研究，一般将文化分为三个层次：物质层次，主要是具体可见的器物形式；价值观层次，主要是判断事物正确与否；精神文化层次，没有精神的艺术设计是一件风俗气的产物。Leong 与 Hazel 进一步认为上述文化可分别对应为形而下、形而中及形而上三种层次。之后 Baudrillard 以文化三层次为架构，将文化融入产品，定义出三种层次的产品特征：形而下的设计，指将文化物件的造型、纹理与图腾转换至产品外观；形而中的设计，属于行为层次的设计思考，考量产品功能、使用与愉悦等特性；形而上的设计转换，为心理内在层次的设计，涉及自我意识、情感与意义。在产品的乡土美学的文化元素提取研究中，通常认为产品的文化元素构成主要有两个方面：一是外界元素，包括产品的造型、色彩、材质、结构等；二是内部元素，包括设计者所具有的文化背景、经验以及文化元素所带来的文化内涵。

现有关于情感认同的研究比较多元，一般将情感认同视作是一个过程，是一个将外在的理念、标准内化于心、外化于行的社会心理过程，并通过这一过程形成区别于他人的机制。在文创产品的设计中，主要指通过了解使用该产品的人群和商品认同与消费者之间的关系，来明确区分产品的属性。在消费者认同和人们与他们所爱的事物之间有一种连结，消费者会因喜欢某些产品而对该商品产生认同。最终消费者要购买的是由愉悦、经验及认同所形成的产品价值，而不只是产品。现有研究普遍认为，消费者对产品的喜好与认知相关，消费者从喜欢到购买产品，是由于产品特性与自身需求相吻合，这种吻合是通过产品信息处理和认知而完成的，凭借的则是产品的设计与样式。

因此，在产品的设计过程中有意识地融入乡土美学，使文创产品形成与其他产品不同的特征，则需要了解为何特定消费人群会喜欢某些特定产品，而通过观察消费者对产品的认知与偏好反应，可以观察出该产品被认同的程度。

3. 文创产品的情感设计与认知层次

近年来经由认知心理学家与神经科学家们的研究显示：情感与情绪对决策具有重要影响力。过往的人因工学较偏重于生理测量的研究，感性工学的设计理念，着重于使用者心理层面的探索，因此透过工学的手法，将使用者的情感或意象转化为具体设计要素，使设计师能设计出符合消费者需求的产品。系统化方法可以观察外部成因，但需进一步解读数据背后的内在情感因素，则有赖于相关心理理论。在马斯洛的需求层次理论中，对于文化产品的需要属于最高层次自我实现的需求。情感的认可是产品特性与消费者需求之间信息处理的过程，适配性越高，消费者则会越喜欢，进而可能选择的概率就会增高。结合 Norman 在情感设计理念中阐述的认知与情感系统和产品设计的三层次学说，指出本能层次与产品外观有关；行为层次与产品使用时的趣味性与效用有关；反思层次与自我形象、个人满足、记忆有关。同时整理设计与情感三层次的对应关系（见图 5-1），本能层次对应着本能知觉即视觉、听觉、嗅觉、味觉、触觉的情感反应；行为层次对应着心理感觉，即正面情感（愉悦、有趣）和负面情绪（痛苦、挫折）；反思层次对应着认知（注释、解释、推理），从中不难发现，人们的情感认同和设计的反思层相关。

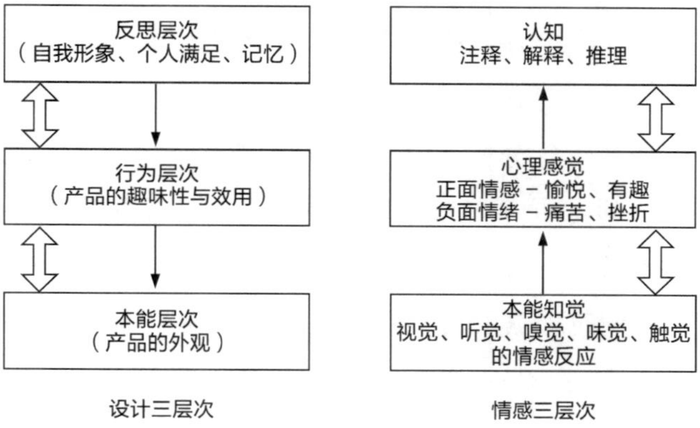

图 5-1　设计层次与情感认知层次比对关系

4. 研究方法与分析

本章基于设计与情感三层次的特征与分类进行研究，共分为三个阶段：第一阶段主要是实地调研，提取河北武强当地特色文化元素；第二阶段对文化元素进行转换和应用，同时制作测试样本；第三阶段运用模糊集定性比较分析（fsQCA）。根据全部调查案例可知，可测要素在不同个案中的差别是连续的，因此，本研究选取适用于当条件变量和结果变量无法同时准确地被划分为 0 或 1 时，仍要考虑 0—1 之间隶属度的模糊集定性比较分析方法，且该方法能够处理多种类型的前因条件，特别是连续变量，更加严格和精确，因此近几年得到越来越多的关注和应用。例如：Chatzipanagiotou 等人通过模糊集定性比较分析（fsQCA），确定了跨文化视角下基于消费者的品牌资产流程，为国际品牌管理提供了有用的诊断工具；Yang 等人采用模糊集定性比较分析（fsQCA）进行数据分析，证明了饮茶器皿的设计可能会对茶的味道和气味的感知产生影响，为茶杯设计的传统理念带来了新的意义；Klijn 等人通过定性比较分析（fsQCA）分析了品牌打造过程中实现输出合法性的条件。本研究将“亲切性”“本地性”“文化性”“独特性”“创意性”“美丽性”“典雅性”7 个条件变量，分别转化为介于 [0，1] 的集合区间，根据样本数据的实际含义采用“完全隶属（0.95）”“中间点（0.50）”“完全不隶属（0.05）”设定 3 个边界性质的锚点，从综合因素、性别因素、文化因素分别对乡土文创产品的情感偏好进行校准。接着，通过一致性和覆盖率两个指标对单个条件变量进行分析（“～”表示否定，无“～”则表示肯定），判断其与结果变量之间是否存在充分或必要关系，随后利用成员身份度模糊集构建真值表，测量条件变量的不同组合对结果的影响。

同时根据 Fiss 的经验，认为复杂解在实际分析中并不常使用，核心条件是在中间解与简单解中同时出现的变量，它对结果变化起关键作用，同时辅助条件与核心条件相对应，影响结果的变化。最后以整体视角和组态思维帮助解释人们的复杂情感认知，用集合关系取代以往研究中的相关关系，以此探讨人们的乡土美学形成与情感认同机制。第一阶段的图案设计转化阶段比较接近形而下、有形的形态象征设计层次。第二阶段将图案设计应用于衣服产品的同时，也涉及该产品功能与使用情境的考量，属于形而中、行为层次设计问题的探讨。第三阶段对文创产品进一步透过认知调查探究该产品的情感认同与偏好，则涉及形而上、内在层次的设计思考。

5. 测试样本的设计与制作

研究以具有浓郁的乡土气息和乡土美学特色的河北地区武强年画为基础，通过和该地区居住 20 年以上的人进行访谈，以及征询当地 50 岁以上居民和当地博物馆人员的意见，结合访谈结果和文献资料，整理出能够反映当地文化特色、涵盖历史典故、具有民间风俗的年画。然后结合当地居民自身认知，对武强年画进行描述。经过分析整理，归纳出武强年画的特点主要包括：用色特点，以单纯的色彩套出丰富的变化，色彩对比强烈；造型特点，表现以中景和近景为主，刻画简单而富有表现力；线条特点，概括力强，阳刻为主

兼施阴刻，版画韵味十足。（见图 5-2）

参考版画	五福临门	富贵花开	六子争头	三阳开泰	天师镇宅
提取乡土美学后设计实物	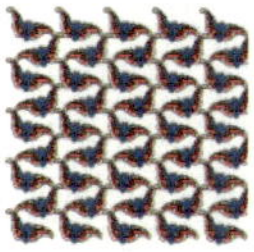	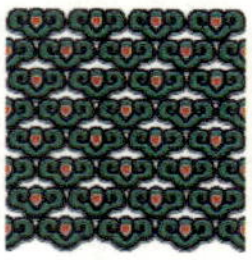	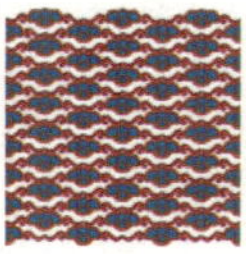		
设计名称	福临门	多福多寿	风调雨顺	春回大地	辟邪飞火

图 5-2　测试样本纹样

在整理出武强年画的特点后，由 10 位设计者开展设计。为了不偏离文化特点，设计者在资料收集，提取武强年画背后的故事与年画中的元素加以改进设计后，再次和当地居民进行讨论，并结合武强印刷流程等情况进行修正。例如，有设计者提取了武强年画中较具代表性的《五福临门》年画元素，通过挖掘了它的原始寓意，在原始“福”和谐音“蝠”的基础上，提取了蝙蝠的概念，结合武强年画中常用色彩和版画手法，对蝙蝠形态进行再设计，形成最终的“福临门”设计纹样。在本阶段共得到 16 张初期图案方案。然后运用焦点团体法，由 9 位设计学专业教师，针对 16 张图案进行筛选，每位成员选出 10 张自己喜欢的图案，并阐述理由，最终得到选票最多的五张图案设计，作为测试纹样，见图 5-2。在进行测试样本选择时，研究选择了在日常生活中具有实用意义且不涉及流行因素的衣服作为测试样本，将设计纹样使用在测试样本上，作为研究人们对乡土美学和情感认同形成机制的测试样本。

6. 问卷设计

问卷使用的产品乡土美学测试用语，主要通过文献查询和前期访谈，重点参考了李明松、何明泉先前研究所使用的地缘产品意向用语，即“在地性”“传统性”“创新性”“独特性”“亲切性”以及 Hou 提出的“美丽性”“文化性”“创意性”等词语，并对 Khalid 和 Helander、Jagtap、Tu、马瑞果等专家学者提出的理论作出要点提炼，同时结合对当地居民的走访调研，通过理论和当地实践结合的形式，形成最终测试用词，见表 5-2。

表 5-2 测试用词及其要点

测试用词	测量题项	评估参考出处
亲切性	F1 设计让人产生一种向往的感觉	李明松、何明泉（2005）
	F2 设计使人感到亲切	李明松、何明泉（2005）
本地性	L1 设计揭示了居民的习俗	马瑞果等人（2022）
	L2 设计反映了居民的审美观念、情感和生活方式	Tu 等人（2019）
文化性	C1 有形文化主要是指独特而直观的地球物理形象	Hou（2020）
	C2 无形文化包括地域民族心理和历史文化	李明松、何明泉（2005）
独特性	U1 设计的独特性唤起当地居民的地方感	李明松、何明泉（2005）
	U2 设计的独特性满足了外地居民的好奇心	马瑞果等人（2022）
创意性	O1 设计通过新的叙述角度讲述一个新的故事，打破人们原有的认知	李明松、何明泉（2005）Jagtap（2017）
	O2 设计创造了一种情感上的愉悦氛围，对记忆、想象力和潜意识具有情感上的吸引力。	Tu 等人（2019） Hou（2020）
美丽性	B1 设计造型包括产品形态、颜色、材料、质地、细节	Jagtap（2017）
	B2 设计美学将造型作为一种传播媒介，以此实现信息的传播，形成对美的认知	Hou（2020） 马瑞果等人（2022）
典雅性	E1 优雅的设计主要指的是设计本身所散发出的光环	Jagtap（2017）
	E2 优雅的设计让消费者感受到、欣赏和提高他们的整体满意度	Jagtap（2017）
情感认知	P1 消费者是否会喜欢此类产品	颜惠芸等人（2014） Yu 等人（2022）
	P2 消费者是否会购买此产品或类似产品	颜惠芸等人（2014） Yu 等人（2022）
	P3 消费者是否会向他人推荐此产品	颜惠芸等人（2014） Yu 等人（2022）

在调研过程中，派出四个考察小组进行走访，历时一星期。为方便沟通交流，每组都由一男一女组成。四个小组分别对所走访的居民随机展示了当地不同的年画，并让他们根据不同样本，选取相应的意向用语，记录口述内容，然后进行初步编码。后期采用 KJ 法进行分类归纳和命名，最终将本次地缘意向产品测试用词扩充为：“亲切性”（Friendliness）F、“本地性”（Localization）L、“文化性”（Culture/Civilization）C、“独特性”（Uniqueness）U、“创意性”（Originality）O、“美丽性”（Beauty）B 以及“典雅性”

（Elegance）E 七个类别与此同时，根据前期文献研究结论，将结果反映为“是否会对该产品产生情感认同”。

同时，颜惠芸等人提出人们的心（喜好）、行动（购买）与口头传播（推荐）三方面能够对情感特性产生决策性的影响力并且其影响效果依序递减。Yu 等人也认为产品情感设计是消费者偏好和购买意图的重点，而购买意图又可以细分为是否会购买此产品或类似产品，以及是否会向他人推荐。可总结得出，产品情感设计可被扩展为喜好度、购买意愿和推荐度。

二、乡土文创产品的美学与情感认同研究流程

考虑到产品最终在市场流通的受众人群大多以青年为主，而大学生的数量越来越多，且融合时代特征，构成了特殊的消费群体，在消费市场中有重要地位。同时，根据 Lindstrom 和 Seybold 的研究发现，无论是在东方还是西方，新生代年轻人对父母的影响都很强，这也引发了文创产品的发展趋势。

此外，河北武强本地人在普遍大学生群体中占比较小，为了避免样本结果的偶然性，研究根据冯石岗和许文婷所提出的冀文化由多个地域文化子系统融合形成的文化体系，其内部存在差异，但总体上呈现出平原文化的一致性的理论将在地性样本范围从中国河北省衡水市武强县扩充到长期在河北省生活多年的人群，并选择在校大学生作为测试人群，最终研究共获得 231 份有效问卷。受访者年龄分布为 20—30 岁。其中，42 人为河北省本地人，占比 18.2%；189 人来自山西、湖南、湖北、山东、河南、安徽等多个省份，占比 81.8%。综上所述，年轻大学生群体是调查对象的典型代表，故测试人群选择为 156 位在校大学生，年龄分布为 20—30 岁，其中 20—25 岁的有 153 人，占总体 98.08%;26—30 岁的有 3 人，占总体 1.92%；男生 50 人，女生 106 人，包括 33 位武强县本地人。

在后续 QCA 分析中，针对研究假设，本研究需要分别对男性女性、本地人与非本地人进行分析，表 5-3 中的数据即为每一组分析的样本量。由于 QCA 的最小样本量取决于模型中包含的因果条件的数量，具有 7 个因果条件的 QCA 要求最小样本量为 30，本研究在选择样本时，每一个部分都保证超过 30 人。

表 5-3 研究对象

性别	人数	身份	人数
男	78	本地人	42
女	153	外地人	189

1. 测试流程

本研究用问卷星线上发放问卷，共收集有效问卷数量 231 份。问卷设计之初就简要介绍了武强年画特点，在每个具体测试样本后对设计手法和原则进行了说明，同时对每一个类别的产品意向采取七级评价指标方式进行评价测试。

2. 研究目的及研究内容

本研究通过结合 Norman 的设计层次理论和马斯洛需求层次理论，主要研究情感在升华成为反思层次的情感认同时，不同因素和产品认同之间的关系，并将性别因素和不同区域人群作为检验的依据，以此重点探讨在最容易受到文化、经验与性别差异性影响的反思层中，不同因素的实际作用关系。继而帮助不同区域文创产品最大限度地满足不同特性消费者的心理需求，最终形成情感上的认同。

根据本章的研究目的，旨在探究乡土美学视域下乡土文创产品的情感认同，通过研究综述可以发现，认同和人们的反思层相关。根据 Norman 的情感设计学说，在反思层面人们对产品的认同主要受到身份、环境与文化等多种因素的影响。其中，性别差异是身份差异最基础的表现，男性和女性在对待同一产品时往往有着不同态度和情感偏好；地域差异是环境和文化差异最客观的表现，不同地域的人在长期生活的过程中必然会形成不同的群体记忆和社会认知，使得对于同一产品所传达出的文化内涵存在理解差异，从而产生不同的情感认知。基于此，本章将样本的性别与是否为本地人分开探讨，以此探究不同要素对人们形成情感认同的影响。

以性别因素和不同地区人群为检验依据，从而关注不同因素在反映层面的实际作用，而反映层面最容易受到文化、经验和性别差异的影响。继而帮助不同地域的文创产品最大程度地满足不同特征的消费者的心理需求，最终形成情感认同。

因此本章研究的内容为：性别因素会如何对乡土文创产品消费者的情感偏

好产生影响；文化因素会如何对乡土文创产品消费者的情感偏好产生影响；综合多重并发因素组合如何对乡土文创产品消费者的情感偏好产生影响。

三、乡土文创产品的美学与情感认同研究分析

1. 信度与效度分析

可靠性主要回答测量结果的一致性、稳定性和可靠性，数值越高可靠性越高。效度主要回答测量结果的有效性和正确性。本研究通过问卷星投放问卷来获取数据，最终获得 231 份有效的问卷数据，并采用 SPSS 对其进行信度的分析检验，Amos 结构方程模型进行效度的分析检验。根据 Lane 等人提出的标准，各因子标准化值均高于 0.7，说明该测量系统符合标准。其次，参考 Fornell 和 Larcker 提出的平均提取方差（AVE）理想上标准值须大于 0.5 ，Hair 提出的综合信度（CR）为 0.7 是可接受的门槛，本研究的所有综合信度（CR）及平均提取方差（AVE）皆满足要求，证明了研究数据具有一致性。（见表 5-4）

表 5-4 信效度分析数据

因子要素	测量变量	因子载荷	AVE	CR
亲切性（F）	F1	0.91	0.8749	0.9332
	F2	0.96		
本地性（L）	L1	0.94	0.8836	0.9382
	L2	0.94		
文化性（C）	C1	0.91	0.8559	0.9223
	C2	0.94		
独特性（U）	U1	0.90	0.8282	0.9060
	U2	0.92		
创意性（O）	O1	0.93	0.8557	0.9222
	O2	0.92		
美丽性（B）	B1	0.94	0.8743	0.9329
	B2	0.93		
典雅性（E）	E1	0.95	0.8837	0.9383
	E2	0.93		
情感认知（P）	喜好度	0.92	0.8470	0.9432
	购买意愿	0.95		
	推荐度	0.89		

另外，本研究中各因子的 AVE 的平方根均大于其与结果变量（即情感认知）之间的路径系数，根据 Hair 及孟猛等人的相关理论，因子载荷值大于其

路径系数值，说明本研究的测试题目具有可靠性，并且因子之间的区分效度是理想的（见表 5-5）。最后，根据 Hair 的定义进行判别，其整体指标基本达到标准（见表 5-6），说明本研究的整体数据具有良好的拟合性。

表 5-5　量表的有效性分析

因子要素	AVE 平方根	与结果变量的路径系数	F	L	C	U	O	B	E
亲切性（F）	0.9354	0.38		0.83	0.77	0.82	0.76	0.76	0.80
本地性（L）	0.9400	−0.52	0.83		0.89	0.89	0.83	0.85	0.82
文化性（C）	0.9251	−0.15	0.77	0.89		0.88	0.81	0.85	0.82
独特性（U）	0.9101	0.09	0.82	0.89	0.88		0.89	0.88	0.85
创意性（O）	0.9250	0.26	0.76	0.83	0.81	0.89		0.86	0.84
美丽性（B）	0.9400	−0.17	0.76	0.85	0.85	0.88	0.86		0.91
典雅性（E）	0.9203	0.73	0.80	0.829	0.82	0.85	0.84	0.91	

表 5-6　数据拟合度

指标点	CMIN/DF	RMR	RMSEA	NFI	RFI	IFI	TLI	CFI	PNFI	PCFI
数值	4.091	0.064	0.052	0.985	0.977	0.988	0.983	0.988	0.659	0.661

2. 消费者对乡土文创产品的情感偏好比较

（1）单变量的必要性分析

在整体消费者对当地文创产品的情感认同比较研究（见表 5-7）。其中，“～”表示否定，没有“～”表示肯定。由于范围限制为小数点后两位，要求小数点后第三位的精度，因此本章节在后续研究中保留了小数点后三位。

表 5-7　综合性单一前因条件的必要性分析

因子要素	结果条件：产生情感认同		结果条件：拒绝情感认同	
	一致性	覆盖率	一致性	覆盖率
亲切性（F）	0.831	0.826	0.541	0.519
本地性（L）	0.811	0.816	0.581	0.565
文化性（C）	0.825	0.809	0.600	0.569
独特性（U）	0.838	0.839	0.580	0.560
创意性（O）	0.828	0.857	0.558	0.557
美丽性（B）	0.827	0.844	0.556	0.547
典雅性（E）	0.843	0.857	0.536	0.526
~亲切性~（F）	0.515	0.538	0.819	0.824
~本地性~（L）	0.568	0.384	0.810	0.805
~文化性~（C）	0.559	0.591	0.798	0.815
~独特性~（U）	0.560	0.580	0.833	0.833
~创意性~（O）	0.572	0.573	0.857	0.828

（续表）

因子要素	结果条件：产生情感认同		结果条件：拒绝情感认同	
	一致性	覆盖率	一致性	覆盖率
~美丽性~（B）	0.556	0.564	0.842	0.825
~典雅性~（E）	0.534	0.544	0.853	0.840
男性	0.333	0.501	0.342	0.499
女性	0.203	0.567	0.160	0.433

进行分析前，本章对七级量表和二分量表进行校准。李克特量表选择三锚点校准，校准百分位为 0.05、0.5、0.95。二分量表为 1、0，分别代表完全包含和完全不包含。同时本章对数据的一致性阈值、PRI 阈值和频率阈值的选择为：删除行宽 1，将结果设置为一宽一致性 0.8。PRI 一致性阈值被设置为 0.7。在产生情感认同时，从一致性来看，7 个变量的得分都大于 0.8。虽然这些分数不低，但只能说明对结果的发生具有一定的解释力。同时根据覆盖率数值发现，所有因素的覆盖率达到 0.8，已接近必要性条件的要求。当情感认同被拒绝时，根据表格数据，没有任何因素可以构成拒绝的充分或必要条件。

它表明，拒绝情感认同的结果是多种因素的共同作用。通过上述分析可知，这 7 个变量均不能作为结果发生的充分或必要条件，鉴于对乡土文创产品产生情感认同这一行为是“多重复杂并发因果”，因此还需进一步分析条件变量组合，来研究情感因素如何影响人们的认同，更好地预测消费者该区域文创产品的情感认同趋向，见表 5-8（1）、表 5-8（2）。

表 5-8（1） 综合购买意向前的条件性组合的充分性分析

结果被接受时的路径	原始覆盖率	唯一覆盖率	一致性
F*L*C*U*O*B*E	0.747	0.747	0.943
总体覆盖率：0.747 总体一致性：0.943			

表 5-8（2） 综合购买意向前的条件性组合的充分性分析

结果被拒绝时的路径	结果被拒绝时的路径	结果被拒绝时的路径	结果被拒绝时的路径
~F*~C*~U*~B*~E	0.688	0.005	0.851
~F*~L*~C*~B*~E	0.687	0.005	0.844
~F*L*~O*~B*~E	0.401	0.004	0.973
~F*~C*U*~O*~E	0.392	0.001	0.958
F*~L*~U*~O*~B*~E	0.395	0.004	0.963
~F*~L*C*~U*O*~B	0.366	0.002	0.973
~F*~L*C*~U*~O*B	0.364	0.002	0.974
L*C*U*~O*~B*~E	0.407	0.005	0.975

（续表）

结果被拒绝时的路径	结果被拒绝时的路径	结果被拒绝时的路径	结果被拒绝时的路径
L*~C*U*~O*B*~E	0.384	0.005	0.976
F*~L*~C*~U*~O*B*E	0.362	0.005	0.978
~F*L*~C*~U*~O*B*E	0.335	0.0003	0.980
F*L*C*~U*~O*B*~E	0.377	0.003	0.978
~F*L*C*U*O*B*~E	0.360	0.009	0.975
总体覆盖率：0.804 总体一致性：0.859			

3. 性别因素对乡土文创产品的情感偏好比较

（1）单变量的必要性分析

①男生单项因素的充分性与必要性。在男生单项因素的必要性检验（见表 5-9）中，影响人们对乡土文创产品产生认同的 7 个情感因素变量一致性得分均在 0.80 以上，虽然有高有低，但也能对其结果提供一些解释力度。而这七个因子的覆盖率数值均超过了 0.8，靠近必要性条件的要求。因此，对于男生对乡土文创产品能否产生情感认同，这 7 个变量均未构成充分或必要条件。当情感认同被拒绝时，根据表格数据，没有任何因素可以构成男孩拒绝的充分或必要条件。它表明，男孩拒绝情感认同的结果是多种因素的共同作用。

表 5-9　对男生的单一先决条件的必要性分析

因子要素	结果条件：产生情感认同		结果条件：拒绝情感认同	
	一致性	覆盖率	一致性	覆盖率
亲切性（F）	0.848	0.826	0.515	0.526
本地性（L）	0.810	0.816	0.557	0.582
文化性（C）	0.817	0.809	0.568	0.591
独特性（U）	0.851	0.839	0.553	0.560
创意性（O）	0.852	0.857	0.539	0.569
美丽性（B）	0.859	0.844	0.513	0.533
典雅性（E）	0.856	0.857	0.490	0.531
~亲切性~（F）	0.487	0.538	0.789	0.852
~本地性~（L）	0.558	0.384	0.777	0.819
~文化性~（C）	0.566	0.591	0.779	0.824
~独特性~（U）	0.521	0.580	0.783	0.828
~创意性~（O）	0.532	0.573	0.808	0.825
~美丽性~（B）	0.503	0.564	0.815	0.865
~典雅性~（E）	0.522	0.544	0.852	0.867

②女生单项因素的充分性与必要性。女生单项因素必要性检验（见表5-10）中，7 个变量一致性得分均大于 0.8，得分虽不低，但也只能说明对结果有一些解释力度。这 7 个因子的覆盖率数值均已超过 0.8，也靠近必要性条件的要求。因此，对于女生对乡土文创产品能否产生情感认同，这 7 个变量均未构成充分或必要条件。根据表格数据，当情感认同被拒绝时，没有任何因素可以构成女孩拒绝的充分或必要条件。它表明，女孩拒绝情感认同的结果是多种因素的共同作用。

表 5-10　对女生的单一先决条件的必要性分析

因子要素	结果条件：产生情感认同		结果条件：拒绝情感认同	
	一致性	覆盖率	一致性	覆盖率
亲切性（F）	0.822	0.835	0.541	0.508
本地性（L）	0.809	0.830	0.584	0.554
文化性（C）	0.835	0.813	0.505	0.551
独特性（U）	0.832	0.853	0.582	0.552
创意性（O）	0.835	0.840	0.580	0.541
美丽性（B）	0.812	0.858	0.560	0.548
典雅性（E）	0.840	0.851	0.551	0.517
~亲切性~（F）	0.516	0.548	0.825	0.812
~本地性~（L）	0.565	0.595	0.820	0.799
~文化性~（C）	0.544	0.598	0.797	0.808
~独特性~（U）	0.563	0.593	0.845	0.823
~创意性~（O）	0.544	0.584	0.829	0.823
~美丽性~（B）	0.573	0.585	0.854	0.808
~典雅性~（E）	0.523	0.557	0.841	0.830

（2）条件组合分析

①男生对乡土文创产品产生情感认同的路径分析。当结果被接受时，只有一条路径能够解释结果，并实现了 0.76 的覆盖率和 0.92 的一致性。当结果被否定时，预测男生对乡土文创产品的情感认同则有 11 条路径，它们的组合可以解释大约 79.6% 的男生对乡土文创产品有情感认同的案例。所示结果可以表示，见表 5-11（1）、表 5-11（2）。

表 5-11（1）　男生前因条件组合的充分性分析

结果被接受时的路径	原始覆盖率	唯一覆盖率	一致性
F*L*C*U*O*B*E	0.755	0.755	0.916
总体覆盖率：0.755 总体一致性：0.916			

表 5-11（2） 男生前因条件组合的充分性分析

结果被拒绝时的路径	原始覆盖率	唯一覆盖率	一致性
~F*~C*~O*~B*~E	0.652	0.004	0.891
~F*~L*~C*~B*~E	0.648	0.010	0.889
~F*L*~U*~O*~B*~E	0.378	0.006	0.969
~F*L*~C*~U*~O*~E	0.368	0.001	0.968
~F*~L*~U*O*~B*~E	0.373	0.000	0.965
F*~L*C*~U*~O*~B*~E	0.363	0.001	0.960
~F*~L*C*~U*~O*B*~E	0.326	0.001	0.966
F*~L*~C*~U*~O*~B*E	0.345	0.004	0.961
F*L*C*U*~O*~B*~E	0.377	0.012	0966
~F*~L*C*U*O*B*E	0.330	0.013	0.948
F*L*C*U*O*B*~E	0.387	0.031	0.945
总体覆盖率：0.796 总体一致性：0.890			

分析可以发现：首先，没有任何一条路径是影响男生对产品产生情感认同的充分条件或必要条件，男生情感意向的影响因素是多重并发的。其次，分析核心条件后可以看出，当产品具有亲切性、文化性、典雅性时，会引发男生购买。最后，当产品没有亲切性和典雅性，或者同时缺少创意性和美丽性，并且是核心时，男生就不会购买该产品。相比之下，男生在购买文化产品时，更注重产品在视觉层面传达的良好外在形象，以及新奇程度和产品本身是否具有人文文化底蕴。

②女生对乡土文创产品产生情感认同的路径分析。当结果被接受时，只有一条路径能够预测女生对当地文化产品的情感认同，其数量能够覆盖结果的 75.0%，具有 0.945 的高一致性。当结果被拒绝时，预测女生对当地文创产品的情感认同有 10 条路径，这些路径的组合可以解释约 78.3%。女生对当地文创产品的情感认同案例，结果见表 5-12（1）、表 5-12（2）。

表 5-12（1） 女生前因条件组合的充分性分析

结果被接受时的路径	原始覆盖率	唯一覆盖率	一致性
F*L*C*U*O*B*E	0.750	0.750	0.945
总体覆盖率：0.750 总体一致性：0.945			

表 5-12（2） 女生前因条件组合的充分性分析

结果被拒绝时的路径	原始覆盖率	唯一覆盖率	一致性
~F*~C*~U*~O*~B*~E	0.682	0.286	0.832
~F*~L*~C*U*~O*~E	0.382	0.004	0.954

（续表）

结果被拒绝时的路径	原始覆盖率	唯一覆盖率	一致性
~F*C*~U*O*~B*~E	0.376	0.003	0.977
~F*L*C*O*~B*~E	0.368	0.001	0.977
~F*~L*C*~U*O*E	0.357	0.005	0.978
~F*L*C*U*B*~E	0.371	0.007	0.983
~F*~C*U*O*B*E	0.346	0.003	0.978
F*L*C*~U*~O*B*~E	0.368	0.009	0.981
F*L*~C*U*~O*B*~E	0.362	0.008	00978
~F*L*~C*~U*~B*~E	0.374	0.002	0.973
总体覆盖率：0.783 总体一致性：0.847			

当结果被接受时，分析表明：首先，在女生的情感意图中，亲切性、本地化、独特性、创意性和美丽性是主要影响因素，足以看出女生对乡土文创产品的高需求。其次，对于女生对当地文化产品的情感认同，当缺少亲切性时，会很大程度上影响女生对文创产品的情感认同。再次，从核心条件来看，当结果被拒绝时，如产品同时缺乏亲切性、创意性和典雅性，会导致女生无法在情感上认同文创产品。同时，当产品美感缺失时，本地性的存在可能会放大美感缺失的负面影响，导致对女生难以对产品产生情感认同。最后，本章能看出女生在产生文化认同时有着更加复杂的情感因素。相比之下，女生在购买地域性文化产品时对产品的情感认同，一则是感受到情感上的亲密感，体验到自己独特的乡土美学和人文特色，二则是在设计传播层面看到独特的创新，让自己耳目一新。

③男女生对乡土文创产品产生情感认同对比。在路径特征的整体对比上，男生和女生对当地文创产品的情感认同路径不同。这意味着性别不同，产生对当地文创产品认同的情感因素不同，因此对当地文创产品的情感偏好也不同。由于性别特质，男生更注重文创产品的创意性与美感，而女生对美学与文创产品的文化属性等都很注重，导致会因为文创产品的风格不同产生具有差异的评价方式。

4. 文化因素对乡土文创产品的情感偏好比较

（1）单项因素的充分性与必要性

①本地人单项因素的充分性与必要性。本地人单项因素的必要性分析如表

5-13 所示。在本地人单项因素中，影响人们对乡土文创产品产生认同的 7 个情感因素变量一致性得分高于 0.8，而亲切性和文化性高于 0.9，表明这些变量对结果具有一定的解释力。同时，除本地性外，所有因子的覆盖率均在 0.9 以上，表明这些因素很可能构成结果发生的充分条件，因此仍需进一步分析条件变量组合来预测本地消费者对该具有乡土美学特色的文创产品的情感意向。当情感认同被拒绝时，根据表数据，亲切性和典雅性的一致性高于 0.9 可能构成充分的必要条件，但其他任何内容都不能构成充分条件。当地人拒绝情感认同的结果是多种因素的共同作用。

表 5-13　对本地人的单一先决条件的必要性分析

因子要素	结果条件：产生情感认同		结果条件：拒绝情感认同	
	一致性	覆盖率	一致性	覆盖率
亲切性（F）	0.912	0.944	0.416	0.369
本地性（L）	0.852	0.878	0.448	0.396
文化性（C）	0.931	0.913	0.481	0.404
独特性（U）	0.897	0.911	0.448	0.390
创意性（O）	0.893	0.900	0.489	0.422
美丽性（B）	0.872	0.913	0.435	0.391
典雅性（E）	0.882	0.920	0.442	0.395
~亲切性~（F）	0.391	0.439	0.937	0.900
~本地性~（L）	0.413	0.467	0.862	0.833
~文化性~（C）	0.392	0.469	0.896	0.918
~独特性~（U）	0.400	0.458	0.898	0.881
~创意性~（O）	0.426	0.494	0.884	0.877
~美丽性~（B）	0.418	0.464	0.903	0.858
~典雅性~（E）	0.420	0.468	0.911	0.868

②外地人单项因素的充分性与必要性。外地人单项因素必要性分析见表 5-14。在外地人单项因素中，7 个变量一致性得分都在 0.75 以上，也表明这些变量对结果发生具有一定的解释力。同时覆盖率数值中，亲切性、本地性、独特性、美丽性和典雅性达到 0.8，接近必要性条件的要求。但这 7 个变量也均不能作为结果发生的充分或必要条件，也需仍进一步分析条件变量组合。情感认同被拒绝时，根据表数据，不存在能够构成当地人拒绝的充分或必要条件的因素。它表明，当地人拒绝情感认同的结果是多种因素的共同作用。

表 5-14 对外地人的单一先决条件的必要性分析

因子要素	结果条件：产生情感认同		结果条件：拒绝情感认同	
	一致性	覆盖率	一致性	覆盖率
亲切性（F）	0.806	0.783	0.566	0.543
本地性（L）	0.786	0.793	0.602	0.600
文化性（C）	0.795	0.777	0.617	0.595
独特性（U）	0.807	0.828	0.584	0.592
创意性（O）	0.811	0.817	0.578	0.576
美丽性（B）	0.791	0.839	0.555	0.581
典雅性（E）	0.813	0.830	0.543	0.547
~亲切性~（F）	0.529	0.553	0.773	0.798
~本地性~（L）	0.604	0.606	0.793	0.786
~文化性~（C）	0.586	0.608	0.768	0.787
~独特性~（U）	0.603	0.595	0.830	0.809
~创意性~（O）	0.579	0.581	0.816	0.810
~美丽性~（B）	0.605	0.579	0.846	0.800
~典雅性~（E）	0.555	0.551	0.831	0.815

5. 条件组合分析

（1）本地人对乡土文创产品产生情感认同的路径分析

获得真值表后，PRI 一致性选择为 0.7。这里仅有 3 条路径能够预测本地消费者对乡土文创产品产生情感认同的意向，且整体一致性达 97.9%，有较高解释力度。每条路径的一致性得分均大于 0.97，结果表达见表 5-15（1）、5-15（2）。

表 5-15（1） 本地人前因条件组合的充分性分析

结果被接受时的路径	原始覆盖率	唯一覆盖率	一致性
F*~L*~U*~O*~B	0.321	0.056	0.971
F*L*C*U*O*B	0.784	0.014	0.984
F*L*C*U*B*E	0.779	0.009	0.992
总体覆盖率：0.849 总体一致性：0.978			

表 5-15（2） 本地人前因条件组合的充分性分析

结果被拒绝时的路径	原始覆盖率	唯一覆盖率	一致性
~F*~L*~C*~U*~O*~B*~E	0.784	0.784	0.960
总体覆盖率：0.784 总体一致性：0.960			

分析发现：首先，在原始覆盖率高于0.7的两条路径中，亲切性和美丽性对当地人的情感意向起着核心条件的作用。在另一条覆盖率为0.32的路径中，亲切性是核心条件，而独特性作为核心条件则缺失。其次，创意性和典雅性可以相互替代，即当本地文创产品不典雅，但具有创意性等特征时，可以引发本地人的情感认同；当本地消费者对产品的创意性没有感觉，具有典雅性等特征也可以引发其情感认同。最后，当产品所拥有的亲切性需要成为核心时，会刺激当地人的购买欲望。当产品具有亲切性时，即使独特性的核心元素不存在，也会引起当地消费者的购买。

当结果被拒绝时，只有一条路径，在这条路径中所有条件均缺失，亲切性、文化性和美丽性是核心条件缺失。与被接受的结果复合分析，可以看出亲切性、美丽性这两个因素对于本地人会产生很大的影响。

（2）外地人对乡土文创产品产生情感认同的路径分析

当结果被接受时，只有一条路径导致对外地人的情感认同。当结果被拒绝时，有12条路径使外地人难以认同。七条路径的总体覆盖率为0.799，总体一致性为0.840，表明所有条件的组合可以解释约79.9%的案例，具有较高的解释力，具有必要性。每条路径的一致性得分都大于0.86，说明七条组合路径都有很强的解释力，结果见表5-16（1）、5-16（2）。

表5-16（1） 外地人前因条件组合的充分性分析

结果被接受时的路径	原始覆盖率	唯一覆盖率	一致性
F*L*C*U*O*B*E	0.716	0.716	0.927
总体覆盖率：0.716 总体一致性：0.927			

表5-16（2） 外地人前因条件组合的充分性分析

结果被拒绝时的路径	原始覆盖率	唯一覆盖率	一致性
~F*~C*~O*~B*~E	0.656	0.005	0.824
~F*~C*~U*~B*~E	0.655	0.09	0.823
~L*~C*~U*~O*~B*~E	0.675	0.007	0.829
~F*~L*~C*U*~O*~E	0.354	0.001	0.952
~F*~L*C*~U*O*~E	0.347	0.003	0.968
F*L*C*~U*~O*~E	0.378	0.002	0.871
F*L*~C*U*~O*~E	0.361	0.004	0.968
~F*L*C*~U*O*~B	0.349	0.001	0.967
F*L*C*U*~B*~E	0.383	0.04	0.974
~F*L*C*U*B*~E	0.349	0.001	0.976

（续表）

结果被拒绝时的路径	原始覆盖率	唯一覆盖率	一致性
F*L*C*U*O*~E	0.383	0.005	0.968
~F*L*C*U*O*B	0.363	0.014	0.965
总体覆盖率：0.799 总体一致性：0.840			

当结果被拒绝时，进一步分析发现：首先，比较路径 1 和 2，独特性和创意性可以相互替代，也就是说，当其他情感因素相同时，要么消费者感知到产品的创意性，要么产品的独特性缺失会导致没有情感认同。其次，在很多情况下，当典雅性缺失时，本地性的存在会阻止外地人产生情感认同，这可能是因为一些外地人认为本土文化符号缺乏美感。再次，7 个变量中每个变量的存在和不存在，表明 7 个变量之间存在交叉效应。最后，经过对核心条件的分析，可以看出，当结果被接受时，亲切性、文化性、独特性、创意性和典雅性是核心条件。当结果被拒绝时，文化产品的亲切性和美感作为核心条件共同缺失，此时，独特性和创意性作为核心条件的缺失是可以互换的。这表明，当独特性或创意性缺失时，可能导致外地人无法形成情感认同。

与本地人相比，外地人对审美型条件的缺失更为敏感，如果审美型条件不足，很可能无法深入了解当地文化。同时，外地人也注重产品设计的独特性。所以在面向外地人时，更要注重产品本身是否足够独特与美观，是否能够有足够的吸引力。

（3）本地人与外地人对乡土文创产品产生情感认同对比

从路径特征的整体比较来看，本地人和外地人对本地文创产品的情感认同路径是不同的，即根据地理位置的不同，对本地文创产品的情感认同因素也不同。本地人主要考虑产品的亲切性、文化性和典雅性，而外地人则考虑产品的独特性和创意性。如果当地的文创产品与其他地缘产品趋于同质化，不产生差异，就很难引起外地消费者的情感认同。

从路径数量的比较来看，当结果产生时，本地人和外地人的认同路径都比较少。当结果被拒绝时，外地人产生的路径更多，这说明拒绝外地人认可本地文创产品的情感因素组合更加多样和复杂。因此，为了更好地弘扬本土文化，让更多的人接受地域文创产品，应该更加关注影响外地人情感意向的因素。展示当地独特的文化特色，形成区域文创产品的鲜明风格，可以大大降低产品的可替代性，提高产品在众多乡土美学产品中的竞争力，满足消费者渴望了解当地文化特色的需求，将文化价值转化为经济价值。

6. 引入虚拟变量后的路径比较分析

（1）单变量必要性分析

添加假变量后，在整体消费者与当地文创产品的情感认同对比研究中，当产生情感认同时，前因条件与假变量的一致性未达到 0.9。根据本章的数据，没有任何因素可以构成一代人的充分或必要条件。当情感认同被拒绝时，先验条件和虚拟变量的一致性未达到 0.9。根据本章的数据，没有任何因素可以构成拒绝的充分或必要条件。它表明，拒绝情感认同的结果是多种因素的共同作用。

通过以上分析可以看出，这 7 个变量不能作为结果发生的充分或必要条件。由于情感认同与本土文创产品的行为是“多重复杂并发因果关系”，因此有必要进一步分析条件变量的组合，研究情感因素如何影响人们的认同，从而更好地预测该区域消费者对文创产品的情感认同趋势。

（2）条件组合分析

引入虚拟变量后，本章进行了条件路径分析，结果如下。

①男生和女生对乡土文创产品的情感认同路径分析。本章在研究过程中引入了性别作为虚拟变量，并比较了“女生”和“男生”的路径。在讨论结果被接受的情景时，可以看出，当问题中所有提取的条件都不存在时，无论性别如何，都不会产生消费的欲望。

在讨论结果被接受的情景时，可以看出，女生难以产生情感认同的条件更加复杂多样，而且与产品的美学和文化有关。当男生不产生情感认同时，亲切性、独特性、创意性和典雅性往往是不存在的，这与文中前述结论中的推论是一致的［见表 5-17（1）、表 5-17（2）］。

表 5-17（1） 对男生和女生的条件组合的充分性分析

结果被接受时的路径	原始覆盖率	唯一覆盖率	一致性
F*L*C*U*O*B*E	0.747	0.747	0.943
总体覆盖率：0.747 总体一致性：0.943			

表 5-17（2） 对男生和女生的条件组合的充分性分析

结果被拒绝时的路径	原始覆盖率	唯一覆盖率	一致性
~F*~L*~C*~O*~B*~E	0.680	0.184	0.849
~F*L*~U*~O*~B*~E	0.393	0.002	0.973
~F*~C*~O*~B*~E*boys	0.228	0.001	0.885
~F*~L*~C*~B*~E*boys	0.227	0.004	0.883
F*~L*~U*~O*~B*~E*~boys	0.260	0.004	0.962
~F*L*~C*~U*~B*~E*~boys	0.250	0.000	0.973
~F*~L*~C*U*~O*~E*~boys	0.257	0.000	0.950
~F*~L*~C*~U*~O*~B*boys	0.224	0.003	0.880
~F*L*C*~O*~B*~E*~boys	0.255	0.001	0.976
L*~C*U*~O*B*~E*~boys	0.262	0.006	0.977
F*L*C*~U*B*~E*~boys	0.254	0.003	0.980
~F*~C*U*O*B*E*~boys	0.231	0.002	0.976
~F*~L*C*~U*O*~B*~E*~boys	0.240	0.001	0.975
~F*~L*C*~U*~O*B*E*~boys	0.231	0.002	0.982
~F*~L*C*~U*~O*B*~E*boys	0.116	0.002	0.973
~F*L*C*U*O*B*~E*~boys	0.242	0.004	0.981
F*L*C*U*~O*~B*~E*boys	0.132	0.016	0.973
总体覆盖率：0.785 总体一致性：0.862			

②本地人与外地人对乡土文创产品的情感认同路径分析。本章把是不是本地人作为一个虚拟变量引入研究过程，并比较了“本地人”和“外地人”的路径。本章发现，所有路径的一致性都大于 0.85，总体一致性大于 0.9。该结论具有解释力。当结果被接受时，与地理环境无关，所有条件的存在都会导致本地人和外地人之间产生情感认同［见表 5-18（1）、表 5-18（2）］。

表 5-18（1） 对本地人和外地人的条件组合的充分性分析

结果被接受时的路径	原始覆盖率	唯一覆盖率	一致性
F*L*C*U*O*B*E	0.747	0.747	0.943
总体覆盖率：0.747 总体一致性：0.943			

表 5-18（2） 对本地人和外地人的条件组合的充分性分析

结果被拒绝时的路径	原始覆盖率	唯一覆盖率	一致性
~F*~C*U*~O*~E*~local	0.329	0.009	0.953
~F*~C*~U*O*~B*~E	0.375	0.001	0.956
F*~L*~U*~O*~B*~E*~local	0.392	0.001	0.962

（续表）

结果被拒绝时的路径	原始覆盖率	唯一覆盖率	一致性
~F*~L*~C*~U*~O*~B*local	0.101	0.034	0.992
~F*L*C*~U*~O*~B*~E	0.379	0.002	0.977
~F*~L*C*~U*O*~B*~local	0.307	0.002	0.971
~F*~L*C*~U*~O*B*~local	0.308	0.003	0.972
L*C*U*~O*~B*~E*~local	0.343	0.005	0.976
L*~C*U*~O*B*~E*~local	0.323	0.005	0.977
F*~L*~C*~U*~O*B*E*~local	0.301	0.004	0.978
~F*L*~C*~U*~O*B*E*~local	0.277	0.000	00978
F*L*C*~U*~O*B*~E*~local	0.316	0.003	0.979
~F*L*C*U*O*B*~E*~local	0.303	0.008	0.973
F*~L*~C*~U*~O*~B*~E	0.385	0.005	0.964
~F*L*~C*~U*~B*~E*~local	0.313	0.003	0.971
~F*~L*~C*O*~B*~E*~local	0.314	0.001	0.956

当结果被否定时，从结果中可以看出，外地人产生情感和认知偏好的路径比较复杂和多样化，而本地人产生情感和认知偏好的路径相对单一。在核心条件方面，本地人在谈到文创产品缺乏情感认同时，主要考虑文化缺失的问题。这说明本地人对本地产品有一定的包容性，同时对文化缺失比较敏感。

当外地人作为核心条件时，会与亲切性、创意性和典雅性相结合，这与前面的结果一致。

③结论。添加虚拟变量后，性别和地域的条件路径分析结论比不添加时更清晰，这解释了一些新的问题。同时，两种分析方法的结论在一定程度上是一致的，证明了文章的结论是鲁棒的：首先，性别因素分析结果相对稳定。其次，关于本地人与外地人的分析，获得了更有独特性的结果。最后，虽然添加虚拟变量后生成的路径很多，但在数据处理阶段可以排除与性别或地区无关的路径，这样结果就可以更突出地说明问题。

本章小结

根据过往文献的梳理，地缘性意向的产生是个人情感反射的结果。Norman 在设计的认知与情感运作理论中指出，情感是多面性与复杂的，主要分为三种层次的情感，最终层次的反思层是对事物的理解与意义诠释，这一层次最容易受到文化、习惯与性别差异性的影响。基于此，本章以河北武强地区的传统年画为基础，提取具有文化特性的图案运用到衣服上，探讨具有乡土美学特色的产品哪些情感因素会影响人们的认同。通过研究可以发现：

（1）乡土文创产品的情感认同具有定向性

通过对文化和习惯因素的分析可以发现，本、外地人对乡土美学的了解程度，对乡土文创产品的影响路径并不相同。本地人对当地文化环境的了解使其认可路径倾向于从文化到典雅，认同更加注重文化内涵和产品本身的独特性；对于外地人而言，人们的认可路径倾向于从典雅到文化，产品的亲和力与优质的外观则更能吸引其想要继续了解该区域的文化，从而产生情感认同。所以针对乡土文创产品的设计，需关注不同消费族群与文化背景人群。

通过对性别因素的分析可以发现，性别因素将直接影响乡土文创产品的认同与偏好。产品本身的创意性和独特性是吸引男生对乡土文创产品产生情感认同的主要因素；而产品的优质外观和文化内涵是能够激发女生情感认同的关键，体现了大多数女生与生俱来的“审美”特质。所以针对有性别需求的乡土文创产品设计时，应注重性别情感特性的呈现。产品可以有针对性地分别对男、女生偏好产生设计行为，融入不同的性别特征因素，满足不同性别对乡土文创产品本身及外观的追求，进而降低消费者的预期偏差。

综上，人们对乡土文创产品的认同有很强的定向性，乡土文创产品的设计不仅仅是简单的“产品＋文化”，乡土美学对人们的认同作用，受很多因素的影响，认同的核心更多的是符合消费者的情感特性，突出心理需求。因此乡土文创产品设计的核心应以文化元素为创意来源，满足使用者的精神层面需求。设计时除文化元素，更多地需考虑情感的定向性，将情感需求融入设计之中，以此唤起消费者的情感认同，使产品在保持民族性的同时，让全球不同文化群体对产品产生认同，最终通过消费行为达到文化传播的目的。

（2）乡土文创产品的情感认同具有多重并发特性

过往研究多数认为，乡土文创产品设计要想区别于其他产品，提高识别度，获得消费者情感上的认同，区域识别是基础。但在实际受测者的回馈中，本章发现虽然文化的注入在产品的开发中确实起到了作用，但人们对乡土文创产品的情感认同其实取决于多种因果路径的组合，其中美丽性和典雅性的作用实际上要大于一般认知中体现乡土美学特性的本地性和人文性，同时证明因性别和地域的不同，也会对产品的文化价值产生情感认同差异。虽然不可否认，产品从乡土美学识别到情感认同的过程中，实际受到的影响因素可能更加复杂，包括消费环境、社交网络等其他因素，但本研究依然部分解释了文创产品在设计和应用上的首重关系。同时指出在不同类型乡土文化产品的设计中要更多地考虑产品特性和使用环境，强化不同要素将有助于提高该产品的情感认同。

综上，研究认为乡土文创产品的情感认同，要综合考虑多重并发因素的影响。因为任何单一条件都无法对该问题结果产生决定性作用，且任何单一条件针对人们关于乡土文创产品的情感认同产生的影响力与作用力皆不同，无任何一条原因组合路径是形成乡土文创产品的情感认同的充分或必要性条件。因此对于乡土文创产品设计，一方面，应尽可能多地融入当地特色，避免趋同文化元素的堆砌；另一方面，应努力强化产品的个性，从而夯实产品人们心理上的地缘性认同。同时有重点地体现其艺术价值。在坚持乡土美学内涵的基础上，突破传统文创产品模式的枷锁，对文创产品进行适当的革新。可通过造型、色彩、体量等差异设计，增添乡土文创产品的韵律，促使产品产生无法抗拒的区域文化感染力，触发消费者的视觉感受，实现人们对于乡土文创产品情感认可的目标。

第六章 人工智能生成文创产品中的人文情感认知

随着时代的发展，以大数据、算力和算法为核心的计算机深度学习取得了突破性进展。这一进展催生了以特定算法为核心的人工智能艺术，通过对人类艺术语言符号的转译，实现了类似艺术家般的艺术创造。这种通过人工智能形成的新型艺术创作形式，正在成为人文艺术领域发展的新趋势。虽然其中存在一些争议，但科技对艺术的启发与应用价值更值得深入探讨。

一、人工智能生成文创产品中的人文情感认知概述

1. 人工智能辅助传统美术图案设计研究

传统美术图案是一种根植于传统视觉文化体系中的装饰元素，具有风格鲜明、情感饱满的特征，在其产生土壤中有着极高的认同度与广泛的流传范围，反映着公众的审美旨趣，其所具有的独特魅力在现代社会与日俱增。

近年来，人工智能发展迅速，深度学习技术被应用到传统图案的研究之中。在传统美术图案设计领域，人工智能被应用于解决传统图案符号手工提取效率低以及图案组合创新设计困难的问题。同时，人工智能也被应用于辅助传统美术图案的数字化转型，包括图案的识别与分类、基于传统图案风格的数字化创作等。在现有研究中，使用神经风格迁移模型对普通图片进行传统图案风格化的转译已成为辅助传统图案再创作的重要手段，吸引了研究人员广泛的关注和探讨。

神经风格迁移作为人工智能生成艺术领域的重要技术，较之其他的多种人工智能生成图像技术，其具有对特定风格训练需求较少、精度较高的特点。

该技术能够提取图案的美术风格，并将之迁移到任意的内容图像之中，从而实现将内容图像的风格转化为目标风格的目的。因此，神经风格迁移技术常被应用于制作图像或视频的滤镜。神经风格迁移技术在传统美术图案领域的应用可以使传统美术图案得以延续和发扬，同时也为数字化艺术创作提供新的思路和方法。

在现有研究中，研究人员多借助神经网络设计新的风格迁移模型，或利用既有模型辅助各种传统纹样的设计与应用。在较早的研究中，研究人员尝试对风格独特的艺术家作品进行风格提取和复现：Tao 等人模拟了马列维奇的画作；Michael 通过布局算法在二维网格上生成了蒙德里安式的“红、黄、蓝”系列图像。随着算法的发展，研究人员着眼于传统图案，针对性地在不同风格设计领域融合不同的算法：吴航等人融合语义分割与风格迁移技术提出了一种葫芦烙画的艺术风格迁移与模拟方法；侯宇康等人基于民族图案设计人工智能模型，通过形状文法快速生成图案框架，并通过风格迁移网络抽取原有民族图案风格的主要特征，将其进行对比迁移后生成全新的民族图案。

风格迁移算法的迭代伴随着对迁移结果优劣的评价，然而，在对风格迁移生成传统美术图像的研究中，由于缺少对公众审美评估认知原则的解构，会使得研究者介入生成图像的评量不够科学客观，进而带有较多的主观色彩。同时由于情感、文化、意识等复杂的内容在受众解读艺术的时候占据重要地位，但却很少被模型的制作者考虑，进而导致许多现有生成图像“形似而神不似”的问题出现，因此越来越多的研究者开始关注图像情感迁移的课题，旨在通过对人工智能生成图像的色彩与轮廓等所体现的情感倾向来对图像进行考量，进而重新设计风格迁移模型。但在现实中，由于图案体验所引发的受众的情感体验，并不仅仅与图片的色彩、纹理有关，还与文化背景、图像内容等有关。因此，仅凭借图片的色彩或轮廓等较低层次的物理条件，来判断图片的风格，会对公众的认知产生较大偏差。基于此，有研究在评价模型生成产物的优劣时，开始加入受试者对生成图像的评价。最常见的测量方法是作者的自我评价。也有部分研究为了避免自我评价的主观性，尝试通过问卷调查来评估其结果。例如，Chaehan so 等人使用了 2AFC 法进行调研，有效提高了评价的精准度，但受限于受试者的选择范围较狭窄，致使评价的标准较为单一，进而忽略了受试者情感之间复杂的因果关系，使得评价结果不够科学客观。

由此可知，风格迁移技术的应用在现有人工智能辅助传统图案设计的研究中占据重要地位，然而，对于生成结果的评价往往缺乏对公众审美角度的详细研究，仅有的相关研究维度也相对单一。由于人工智能对于图案的理解与人类存在差异，随着人工智能技术在传统纹样设计中的应用越来越深入，设计实践逐渐远离人类日常生产生活，人工智能生成图案是否能够唤起公众的情感认知、如何唤起公众的情感认知成为亟待研究的问题。

2. 公众情感认知研究

认知是人们日常经验和知识的后天积累，与情感共同影响了鉴赏判断。因此，美术作品的情感认知是在认知论基础上的一种有偏向的折中，并将情感视为一种客观存在于美术作品中的表现属性。而传统美术图案作为被公众所普遍接受，并融入到生活中的艺术作品，对其的情感认知解构研究能够广泛促进传统艺术的传播，也将使传统美术图案应用领域的研究更加完整。

在公众情感认知的研究中，由于情感认知可以从某人的情感表达中推断出其情感状态，同时随着公众在互联网中所积累的用户内容信息的不断增加，形成了以大数据分析为主的情感分析研究方法。其研究多数集中在对公众评论内容所体现的购买意愿、体验因素等方面，并利用线性回归、结构方程模型等，对公众情感认知进行传统线性关系的分析。在美术图案的研究领域，现有对传统美术图案的情感认知研究大多从专业的设计者与艺术家的角度出发，解读传统图案的文化意涵和审美思想，并在设计中对其进行解构和重组。较具代表性的如郑畑子等人通过在线评论，将印花衬衫的感性意象进行了分类。然而人们对于美术图案的情感认知，会因多重认知性因素被唤起。因此艺术活动中的公众参与，背后具有复合的要素影响，这些要素之间相互依赖，存在着多元并发组合的原因变量，再通过传统的数据分析和线性因果关系方法，很难提供公众对于美术图案情感认知分析的有效结论。

综上所述，从现有研究来看，少有针对经由人工智能转译后传统美术图案的公众情感认知进行的研究。而对人工智能生成艺术品与传统图案的公众情感认知差异的研究，不仅能够解构公众的在欣赏艺术品时复杂的情感体验，也能够在一定程度上反映出人工智能生成艺术与传统美术图案艺术之间的差异。基于此，本研究旨在探究以下两个问题：一是借助公众评论，探究公众对于通过神经风格迁移模型转译后的传统美术图案的情感认知因素；二是从组态思维与整体视角出发，探究情感认知因素如何影响公众对于画作契合度的评价。

二、人工智能生成文创产品中的人文情感认知研究流程

1. 总流程

研究通过对公众评论的获取与分析，构建了公众对传统图案的情感认知模型，并借助问卷调研，使用 fsQCA 方法对复杂的公众情感认知因素进行分析。研究过程分为四个阶段。第一阶段，选择一种有代表性的传统美术图案作为研究对象，提取以该图案为关键词的社交媒体评论，并获取评论中的高频词与词汇权重，以确认公众对传统美术图案潜在的认知因素。第二阶段，借助德尔菲法对公众评论所体现的情感认知因素进行筛选与归类，并提出文章的研究假设。第三阶段，基于前两阶段的分析结果与研究假设，设计问卷量表，确定合适的风格迁移目标图像与内容图像，选择合适的受试者发放问卷并回收。第四阶段，验证问卷调查结果，并使用 fsQCA 方法进行数据分析，依据分析结果提出结论和建议（见图 6-1 所示）。

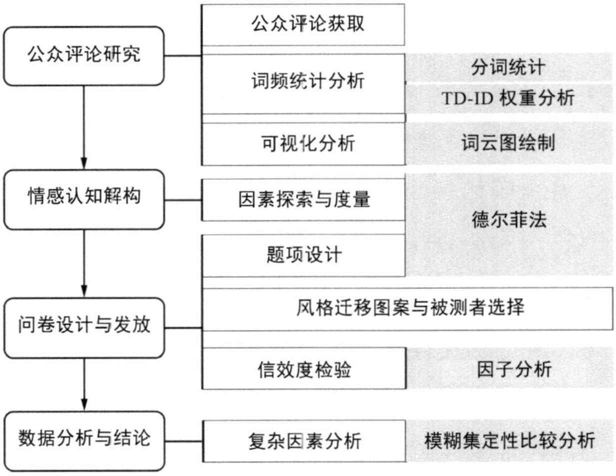

图 6-1　研究流程图

2. 公众情感认知因素构建研究

在研究对象的选择上，本研究选取了在河北地区能体现典型区域特征的国家级非物质文化遗产蔚县剪纸。蔚县剪纸作为传统美术图案的优秀载体，体现着独特的地方美术风格，同时由于传统美术图案在线评论直观体现了公

众欣赏中国传统美术图案的不同角度，而评价词的重要性一般与其在文本中出现的次数成正比。基于此，为了研究公众对传统图案的情感认知因素，本章对相关公众评论进行了获取、分析与整理。

3. 数据获取与初步清洗

研究选取京东购物平台截至 2023 年 1 月 18 日以“蔚县剪纸”作为关键词的商品中所有商品的评价文本，去除同 ID 的重复评论和总字数不大于 2 的评论，共获得 2523 条有效评论语句。分词后使用中文停用词表进行词汇清洗后，绘制总体词云图 6-2（a）与形容词词频云图 6-2（b），部分形容词词频见表 6-1。

为了直观展示公众的感性评价，对清洗后数据进行 TD-IDF 词频逆文本频率指数分析，提取评论中的感性评价描述在所有评价中的权重（见表 6-2），并绘制形容词权重云图 6-2（c）。

（a） （b） （c）

图 6-2 总体词云图（a）、形容词词频云图（b）、形容词权重词云图（c）

表 6-1 部分形容词词频

形容词	频数
精致	195
漂亮	181
精美	95
精细	58
合适	45
很大	38
……	……
熟练	1
单薄	1

表 6-2　部分形容词及其权重

形容词	权重（保留三位小数）
精致	0.861
漂亮	0.714
精美	0.423
精细	0.257
很棒	0.187
合适	0.171
……	……
成功	0.003
最高	0.003

4. 词汇含义分类

由于词频分析中获得的形容词较多，许多词汇具有双关的特性，故采用德尔菲法，通过专家研究，对蔚县剪纸的描述进行筛选与分类。研究邀请 7 位具有设计艺术学专业背景的专家，根据公众情感词汇定义评量准则构建二级评量量表，并在问卷设计时选定作品样本，专家情况见表 6-3。

在专家样本的挑选标准部分，本研究认为传统美术图案领域多元复杂，故纳入多元专家的意见，将专家分为：技术型政策专家，分析技术较高，本研究以相关学术领域研究者及实践者为主；官员型政策专家，政治技术较高，本研究以政府执行政策及产业园区运营的官员为主；企业型政策专家，分析与政治技术两者皆高。本研究以实际操作传统美术图案设计生产的企业型专家为主。最终参与本研究的德尔菲法专家小组中，技术型政策专家 2 位，官员型政策专家 2 位、企业型政策专家 3 位。

表 6-3　专家基本情况

领域	受访人	专业背景	
企业型	李先生	传统美术图案产品设计从业者	（设计总监）
	唐先生	文化产业园经营者	（产业运营经理）
	王女士	文化创意产业实际经营者	（公司经理兼设计师）
官员型	杨女士	文化管理、行政业务	（市级政府文化产业中心主任）
	陈先生	文创产业园管理、行政业务	（区级文化创意产业园中心主任）
技术型	余老师	视觉传达	（教授）
	李老师	艺术设计史研究	（副教授）

第一轮专家意见整理中，专家们从词频数不低于 5 的 170 个形容词中选

择保留与传统美术图案情感认知相关度较高的词汇，并将其分为不同的类别。根据专家意见，保留了29个有效词汇。专家对词汇的分类方式不尽相同，其中5位专家均提出审美特色、文化体验与整体感受三个类别，同时，部分专家还提出了技艺特征、色彩感受、动态感受、图像质量、构图平衡、创意特色等类别。

第二轮意见整理时，将第一轮的词汇分类情况进行整理，并发放给各专家，就词汇分类问题询问其意见。此轮过后，专家们对词汇的大体分类趋于一致。专家将动态感受、构图平衡、整体感受并归于构图特色；创意特色类别中的词汇被拆散，分别纳入文化意趣与愉悦特性中；审美体验、色彩感受、工艺印象三个分类被完整保留。此时共有构图特色、文化意趣、愉悦特性、审美体验、色彩感受、工艺印象六个大分类。其中，部分词汇的归类存在分歧。四人认为艳丽可用于度量图案色彩的鲜艳程度，将艳丽归于色彩类；三人认为在辞海中艳丽包含鲜明与美丽的双重含义，被用来形容多种意象，更偏向于表达一种鲜活的情绪冲击，将艳丽归于愉悦特性类。三人认为惊艳属于一种审美体验；二人认为惊艳属于带给受众的愉悦感受；二人认为惊艳属于一种独特的文化意趣。在对精美和精致两个词汇的分类过程中，三人认为精美与精致都是对美感的表述，即精美与丑陋互为反义，精致包含精细、美好两层含义，由此将两个词汇归类于审美体验；一人认为精美与精致均侧重于对工艺精巧程度的表述，与粗糙互为反义，将其归类为工艺印象；二人认为精美为审美体验，精致为工艺印象。

第三轮时每一位专家获取其他专家的书面意见并对各个词汇的分类进行再整理，三轮意见整理后专家意见趋于一致，分类见表6-4。

表6-4　衡量指标

审美体验	色彩感受	工艺印象	愉悦特性	文化意趣	构图特色
美观 精美 唯美 优美 美好 精致	鲜艳 亮丽 绚丽	精细 细致 精巧 细腻	惊艳 艳丽 强烈 愉悦	典雅 得体 大气 奢华 经典 独特	灵动 和谐 平衡 清晰 巧妙

5. 构建研究假设

根据德尔菲法的结果，本章认为这六类条件均描述了图片某一维度的风格特征，并据此提出如下研究假设：公众对于图片风格契合的感知是多重并发复杂因果，契合感知的产生是多向度因素的共同作用。

6. 人工智能转译传统美术图案的公众情感认知解构研究

（1）问卷图案与模型选择

人工智能艺术风格迁移需要通过实验进行情感认知评量分析，以探究观众在传统图案和在艺术风格迁移后的主要关注因素。研究选择了一个内容图案与六个风格图案，并借助同一种风格迁移开源模型对六组样本分别进行风格迁移处理，见图 6-3。

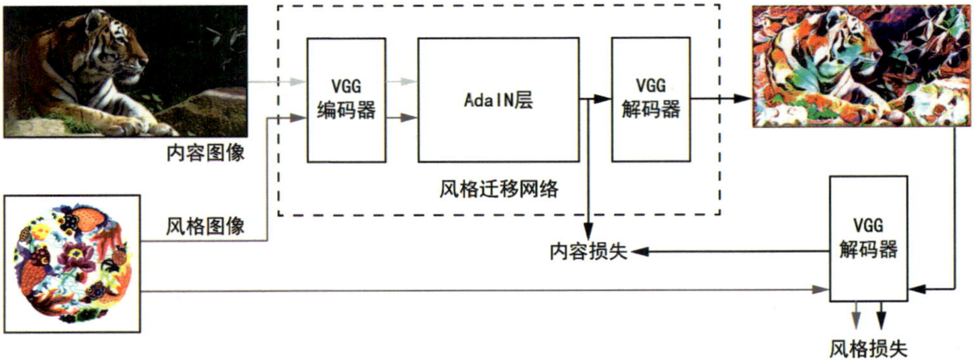

图 6-3 研究基于 AdaIN 的风格迁移网络示意图

在风格迁移模型的选择时，研究运用焦点团体法，由九位设计学专业教师对比现有的 AdaIN、WCT、MAST、SANet 等算法。实验中，九位教师针对四组对应的生成作品进行筛选，每位成员选出四组自己喜欢的作品，并阐述理由。相关教师普遍认为，AdaIN 算法模型生成图像质量较高，匹配特征稳定，同时其难以控制局部风格的弊端较之其他模型中产生扭曲与伪影的弊端来讲对本研究影响最小，最终研究选择得到选票最多的 AdaIN 算法作为测试评价模型，并使用 AdaIN 算法的开源工具 Arbitrary Style Transfer 进行风格迁移，文中使用其风格迁移模型示意如表 6-5 所示。

研究选择了六张具有代表性的蔚县剪纸作为风格图像。同时，为了强化受测对象的文化认知，对象选择时选择了契合研究年份（中国虎年）的重要的文化符号老虎（东北虎照片）作为内容图像，进行风格迁移，并限定生成图像的风格与内容共同损失率最低。内容图像、风格图像、转译后画作见表 6-5。

表 6-5 风格图片与迁移结果

	第一组	第二组	第三组	第四组	第五组	第六组
风格图像						
生成图像						

（2）问卷题项设计

本研究使用德尔菲法归纳出的六个主要因素作为潜变量，以契合度作为果变量，每个主要因素中的词汇作为观测变量进行问卷设计。在进行验证性因子分析后，删除部分不合理的测量题项，最终保留用于数据分析的题项见表 6-6。

表 6-6 问卷设计

向度内容	题项
美感	您认为转译前后的图案美观程度是否契合？
	您认为转译前后的图案精美程度是否契合？
	您认为转译前后图案的精致程度是否契合？
色彩	您认为转译前后图案的鲜艳程度是否契合？
	您认为转译前后图案的亮丽程度是否契合？
	您认为转译前后图案的绚丽程度是否契合？
愉悦	您认为转译前后图案的强烈程度是否契合？
	您认为转译前后图案的艳丽程度是否契合？
	您认为转译前后图案的愉悦程度是否契合？
文化	您认为转译前后图案的典雅程度是否契合？
	您认为转译前后图案的得体程度是否契合？
	您认为转译前后图案的大气程度是否契合？
工艺	您认为转译前后图案的细致程度是否契合？
	您认为转译前后图案的精巧程度是否契合？
	您认为转译前后图案的细腻程度是否契合？

（续表）

向度内容	题项
构图	您认为转译前后图案的灵动程度是否契合？
	您认为转译前后图案的和谐程度是否契合？
	您认为转译前后图案的平衡程度是否契合？
契合度	您认为转译前后图案的风格相似度如何？
	您认为转译后的图案是否保留了原本的风格？

（3）样本选择

由于风格认知是专业性较强的研究内容，为避免普通消费者对于风格理解的不确定或差异过大问题，本次实验调研对象的选择需要被测者对蔚县剪纸有着预先认知，同时对于风格的理解有着较强的专业性。由于艺术类专业学生是艺术与技术融合的驱动人群，对年轻大学生的研究对于理解公众对传统美术图案和人工智能艺术风格迁移的情感认知具有典型的代表性意义，最终研究拟定的测试人群是选修过剪纸艺术课程，并对蔚县剪纸有着基础认知的艺术类在校大学生。本次数据收集中获得问卷 355 份，其中，去除选择所有题目选择选项类别不超过 2 个、作答时长不足 100 秒的问卷后，共获得有效问卷共 190 份。

三、人工智能生成文创产品中的人文情感认知分析

1. 问卷信效度分析

对 190 份有效问卷进行统计检验，并借助 SPSS Amos 工具进行信效度分析（见表 6-7）。可以明显看出，整体量表的 α 系数为 0.971。其中，美感向度 α 系数为 0.861；色彩向度 α 系数为 0.874；愉悦向度 α 系数为 0.899；文化向度 α 系数为 0.909；工艺向度 α 系数为 0.940；构图向度 α 系数为 0.888；契合度向度 α 系数为 0.826。总体而言，各分析向度量表的总 α 系数均高于 0.8，这些 α 系数表明了问卷的信度极佳，数据的真实性和可靠性得到了有效验证。问卷题项 KMO 值为 0.953，p 值小于 0.005，各个题项关联度较好，适合做因子分析，结果如表 6-7 所示。各因子载荷系数均高于 0.8，AVE 值不低于 0.65，CR 值不低于 0.7，这进一步证明了构建的量表具有出色的聚合效度。根据本研究假设与 QCA 方法的特性，承认变量间的相关性，研究所构建的结构模型有效。

表 6-7 量表信效度分析

向度内容		因子核载系数	AVE	CR	各向度 α 系数
美感	美观	0.808	0.6771	0.8628	0.861
	精美	0.813			
	精致	0.847			
色彩	鲜艳	0.890	0.6923	0.8707	0.874
	亮丽	0.795			
	绚丽	0.808			
愉悦	强烈	0.904	0.7496	0.8997	0.899
	艳丽	0.842			
	愉悦	0.850			
文化	典雅	0.896	0.7704	0.9096	0.909
	得体	0.839			
	大气	0.897			
工艺	细致	0.897	0.8405	0.9405	0.940
	精巧	0.931			
	细腻	0.922			
构图	灵动	0.862	0.7227	0.8866	0.888
	和谐	0.833			
	平衡	0.855			
契合度	风格相似度	0.815	0.7054	0.8271	0.826
	风格保留度	0.864			

综上所述，上述研究题项设置满足效度要求，通过在题项的选择和设计过程中充分考虑研究的目标和内容，确保了研究工具所衡量的概念和变量与实际问题域之间的内在关联性。这种内在关联性的确立使得研究工具能够准确地捕捉到所研究现象的本质，从而增强了研究工具的内容效度。

2. 模糊集定性比较分析

由于 fsQCA 能够从整体和系统的角度考察导致结果产生的条件组态，着重识别和测量前因条件所构成的组态路径，可以有效解决传统定量研究中的共线性问题。因此根据研究假设，研究采用 fsQCA 方法对人工智能转译传统美术图案的公众情感认知进行解构分析。

本研究的问卷采用的是七级李克特量表，本章选取选项中的最大值 7、中间值 4、最小值 1 分别为完全隶属点、交叉点以及非完全隶属点的校准值。

PRI 一致性是 fsQCA 中重要的指标，当原始一致性与 PRI 一致性相近的时候能够认为解是有效的。实验过程中需要筛选出原始一致性高的解，并人工设定 PRI 一致性阈值。本章将一致性阈值设置为 0.8，频数阈值设定为 1，将 PRI 一致性阈值设置为 0.8。

3. 必要性分析

研究对六种因素如何导致契合度的认知进行了必要性分析（见表 6-8），当契合认知产生时，六个变量的一致性与覆盖度均高于 0.8，除愉悦变量外，其余变量的一致性均低于 0.9，无法构成产生契合度认知的充分必要条件。当契合认知不产生时，各个条件的一致性均低于 0.9，没有变量构成不产生契合认知的充分必要条件。

由此可以看出，多因素导致契合认知是多重并发复杂因果，研究假设成立，需要对该复杂因果进行进一步的条件组态分析。

表 6-8　受试者产生契合度认知的必要性分析

产生契合认知			不产生契合认知		
变量	一致性	覆盖度	变量	一致性	覆盖度
美感	0.827	0.901	美感	0.663	0.447
色彩	0.899	0.859	色彩	0.743	0.439
工艺	0.870	0.894	工艺	0.669	0.425
愉悦	0.915	0.889	愉悦	0.713	0.429
文化	0.872	0.898	文化	0.686	0.437
构图	0.858	0.910	构图	0.656	0.430
～美感	0.492	0.703	～美感	0.853	0.754
～色彩	0.412	0.722	～色彩	0.761	0.823
～工艺	0.440	0.682	～工艺	0.833	0.799
～愉悦	0.411	0.699	～愉悦	0.816	0.856
～文化	0.452	0.699	～文化	0.839	0.803
～构图	0.463	0.685	～构图	0.863	0.790

4. 条件组态分析

通过 fsQCA 对观众对人工智能艺术的关注因素数据进行分析，六个条件变量较好地完成了组态构型。当结果被接受时，共产生九条组态路径，总体一致性达到 0.916，能够覆盖 77.1% 的结果（见表 6-9）。当结果被拒绝时，有且仅有一条所有的条件均缺失的组态路径，覆盖度为 64.5%，一致性达到 0.948，美感、色彩、愉悦、文化均不契合构成这条组态的核心条件。

针对结果被接受时的条件组态分布进行分析，结合简单解与中间解的对比结果，可以发现，在受试者认为契合的在九种组态构型中，所有组态的一致性均高于 0.9，且均具备一定的独立覆盖度。

（1）多种条件契合型

组态 2、3、4、5、6 的原始覆盖度达到 0.7 以上，且这五条组态不存在核心或边缘条件缺失，均为两个核心条件与两个边缘条件契合所构成的整体风格契合。在这五条组态中，愉悦契合的条件出现在其中四条组态中，并全部构成核心条件；构图契合出现在其中三条组态中且均构成核心条件；色彩契合的因素在五条组态路径中均有体现，但全部为边缘条件；在这五条组态中，核心条件为工艺契合，且构图契合的组态有着最高的独立覆盖度。

表 6-9　契合认知产生时受试者的认知路径分析

组态分析	组态 1	组态 2	组态 3	组态 4	组态 5	组态 6	组态 7	组态 8	组态 9
美感	×	●	○	●			×	●	●
色彩		●	●	●	●	●	×	×	
工艺	○	○			○		○	○	×
愉悦	●	○	○	○		○	○		○
文化			●		●	●	×	×	●
构图	○			○	○	○		○	○
原始覆盖度	0.041	0.740	0.750	0.742	0.759	0.767	0.307	0.302	0.350
独立覆盖度	0.011	0.004	0.006	0.007	0.011	0.001	0.003	0.002	0.002
一致性	0.964	0.960	0.962	0.961	0.945	0.952	0.985	0.987	0.987
总体覆盖度	0.771								
总体一致性	0.916								

注：○表示核心条件，●表示边缘条件，× 表示条件不出现，空白表示条件既可以出现，也可以不出现。

由此可以发现，在多条件契合的类型中，愉悦、构图的契合往往决定着受众认知中风格的契合。色彩的契合虽然处于边缘地位，但却是每种构型中不可缺失的部分。这证明公众在认为人工智能生成图像与原风格图像色彩相似的基础上，更加关注愉悦、整体构图这类能够体现图案设计感的部分。同时，工艺契合且构图契合作为核心条件的组态代表了部分公众对风格的感知偏向于对图案纹理的感知。

（2）部分条件缺失型

组态 7、8 中，色彩契合构成边缘条件缺失，两条组态的原始覆盖度均达到 0.3；组态 1、7 中，美感契合构成边缘条件缺失，组态 1 的原始覆盖度仅有 0.041，但独立覆盖度最高，为 0.011；组态 9 中，工艺契合构成边缘条件缺失；组态 7 中文化契合构成核心条件缺失、组态 8 中文化契合构成边缘条件缺失。

过往风格迁移研究对色彩的探讨常处于首要地位。但从所有组态中，色彩的契合度均不构成核心条件，且色彩的契合度作为边缘条件缺失出现在组态 7 与组态 8 中。在色彩缺失或不重要的组态中，工艺与构图均契合、工艺与愉悦均契合以及愉悦与构图均契合构成核心条件。能够看出，传统美术图案的工艺特色对公众辨认其风格有着重要影响，蔚县剪纸上的图案体现了蔚县剪纸的工艺特色，在色彩不契合的情况下，工艺以及与图案设计感相关的因素其重要性逐渐凸显出来。

在色彩缺失的组态 7 和组态 8 中，文化契合均为条件缺失，同时，在组态 7 中文化为核心条件缺失。由于文化契合与色彩契合对风格契合的结果一般产生正向影响，由此可见，在部分样本中文化契合的缺失与色彩契合缺失为风格契合结果带来的负面影响或能相互抵消，并凸显出工艺与构图等因素的重要性。同时，这两条组态也证明了风格能够被迁移至与该风格文化背景不同的内容图片中并被公众所认知。

组态 1、9 中美感契合与工艺契合分别构成条件缺失，此时愉悦契合、构图契合因素均存在。愉悦因素契合与构图因素契合在超过 6 组组态中构成核心条件，且不存在条件缺失，证明这两种因素能够在美感不契合或工艺不契合的情况下发挥重要作用，对公众契合度认知产生决定性的影响。

5. 稳健性检验

对于研究结果的稳健性检验，通过将一致性阈值设定水平由 0.8 提升至 0.9。研究发现，一致性阈值的改变，并未导致中间解和简单解的结果出现明显变化，而解的一致性和覆盖率也无明显变动，证明研究结果具有稳健性。

本章小结

随着科技的快速进步，特别是人工智能（AI）技术的发展，艺术领域正经历着前所未有的变革。人工智能不再仅仅是技术革新的象征，它正在逐步成为艺术创作的重要工具和媒介。通过大数据、算力和先进的算法，AI 能够模仿艺术家的创造力，生成包括绘画、音乐、文学等多种形式的艺术作品。这些作品不仅在技术上令人惊叹，有时甚至难以与传统艺术作品区分开来，引发了对人工智能与艺术关系的深入探讨。

在人工智能与艺术的交汇处，研究者们对如何评估和理解 AI 生成艺术作品的美学价值展开了广泛而深入的研究。以蔚县剪纸为案例样本，研究者们运用模糊集定性比较分析（fsQCA）方法，探讨了观众对人工智能艺术的关注因素。在这一研究中，发现了几个关键点，这些点不仅揭示了公众对 AI 艺术作品的认知方式，也深化了对人工智能在艺术领域应用的理解。

（1）图案的整体氛围成为公众关注的焦点

人工智能生成的艺术作品的整体氛围成了公众关注的焦点。公众通常会在作品的整体氛围中寻找吸引他们的元素，包括主题、情感以及作品所传达的信息。这表明，在评价 AI 生成的艺术作品时，公众会首先关注作品所传达的整体感觉。特别是，在涉及风格迁移画作是否保持原风格时，公众的情感认知过程尤为显著。当 AI 生成的作品与传统艺术风格存在显著差异时，公众会产生强烈的情感认知反应，这种反应可能包括对作品的喜欢或不喜欢，甚至引发更深层次的审美思考。

（2）公众对整体风格契合度的评价中，愉悦和构图两个因素在多个组态中发挥核心作用

公众对于整体风格契合度的评价中，愉悦和构图成了两个核心因素。愉悦是公众对作品产生的深层次情感反应，其生成和表达受到认知因素的影响，能够有效地反映作品所包含的情感及其对观众的吸引力。具有愉悦感的艺术作品能够有效吸引公众，为其带来愉悦的体验，并唤起他们的个人生活记忆。同时，构图因素则涉及艺术作品整体设计的各个方面，包括元素的排列、结构和视觉效果等，这些因素直接影响公众对作品整体风格的评价和情感反应。因此，人工智能生成的艺术作品能否有效地体现与公众认知相契合的愉悦感，对公众对图像整体风格契合度的认知具有重要的影响。

（3）色彩契合度的缺失会凸显工艺和其他纹理属性在公众风格契合认知中的地位

研究还发现了色彩契合度在公众风格契合认知中的特殊地位。相比于传统的基于色彩的认知方式，色彩契合度的缺失更加突显了工艺和其他纹理属性在公众风格契合认知中的重要性。当多个因素同时得到满足时，色彩契合度可以被视为每个组态中的边缘条件，构成了艺术作品风格契合的基本需求。然而，当色彩契合度无法得到有效满足时，工艺和构图因素的契合度则成了核心条件，占据了大众风格情感认知中的主要地位。这一发现不仅证明了传统美术图案的工艺特性对其风格认知的深刻影响，同时也揭示了观众在评价AI生成艺术作品时所采取的复杂认知模式。

综上所述，公众对人工智能生成的艺术作品的关注因素具有多样性和复杂性，涵盖了整体氛围、风格迁移画作是否保持原风格、愉悦感、构图和色彩契合度等多个方面。这些因素相互交织，共同影响着公众对艺术作品的认知、评价和情感反应。通过对这些因素的深入研究，不仅有助于更全面地理解人工智能在艺术领域的应用和影响，还为未来的研究和实践提供了有益的理论和实践见解。这一研究不仅推动了人工智能与艺术的跨学科融合，也为艺术创新和技术进步提供了新的思路和方向。

第七章 文创产品的工艺创新与人文传承

作为文化遗产传承和创新的重要形式，文创产品以产品为载体，将文化进行创新转化，进而丰富消费者的精神需求。工艺是承载文创产品“用”和“美”的基础，是文创产品最主要的文化本体，同时兼顾和满足了消费者对于日常生活实用和艺术文化审美的双重需求。与此同时，作为现代生产条件和观念意识所释放的产物，文创产品的工艺既是现代人对产品文化需求的重要组成部分，也是当代社会思想情感和人们自身信仰需求的反映，呈现了当代人造物和审美的趋势。因此，当文创产品工艺的实践过程被用于研究时，它们可以提供一种重要的方式来挖掘隐藏的故事，发掘工艺创新传承的内在关联及其表征的文化含义。

科技进步推动了文化遗产的创新与传承，其中一个重要方面就是新工艺多元耦合创新所带来的变化。与传统工艺品的单一材料不同，现代多种材料运用可以使产品呈现轻量化和高性能的特点，加之多种技艺引入设计创新，可以为创客提供更多的选择性和可能性，找到更多的解决方案。当代创客在设计创新时，已经开始越来越多地运用现代化技术，通过应用多样化的工艺来呈现文创产品多元化的崭新形式，可以说新的工艺策略选择正成为文创产品一种重要的创新方法。

近年来学界对文创产品工艺的表征研究是有待加强的，对文创产品的研究视角，多偏向于装饰纹样、外观形态、文化符号或文化元素等，这些显性的文化特征无疑具有最直观惊艳的视觉呈现效果和最突出的表象辨识度，因而也最易于被人们所捕捉和运用。但此类型的文创产品设计开发的创新性会受到局限，也易于流于表面形式。基于此，本研究以故宫文创产品工艺为研究对象，借由质性观点的内容分析法、质量混合的复杂网络分析等方法，量化分析工艺元素的内在关联和网络结构，进而解析工艺表征网络所内蕴的文化传承与创新，从创作媒介和技法赓续的视角来深刻理解文化遗产的传承、创新和重构，这对学界和相关创客而言也极具理论参考和实践应用的价值。此外，在学术理论研究方面，通过质性研究和量化研究混合的复杂网络理论及方法，以多维视角对文创产品工艺表征网络进行分析，丰富了相关设计理论；在实践应用方面，本章提出了一种新的文创产品工艺创新设计的指导策略和一条新的审视当代中国社会化媒体时代下文化潮流的实践途径。

一、文创产品的工艺创新与人文传承研究综述

1. 文创产品的工艺表征研究

理论研究层面，国内外对文创产品及其工艺的认识不断明晰和深入，总体上以功能、材料和技艺为核心扩展。在国内，文创产品长期在旅游纪念品和工艺美术等行业的夹缝中生存，并没有被单独认知，因而以往对文创产品工艺的研究主要偏向于传统工艺美术产品的研究。华觉明将传统手工艺美术产品的工艺元素分为创意设计、制作、功能和材料四个维度。在国外，Larry Shiner在谈论艺术和产品工艺的“模糊界限”问题时，从手、材料、技艺和功能四个维度来重新思考工艺美术产品的工艺概念；Yuko Kikuchi认为文创类产品的工艺，其基本问题涉及材料、功能、技艺、触觉、性别、阶级和种族等多方面；Xiaofang Zhan和Stuart Walker以实践为中心，将当代文创类产品的工艺元素大致可以分为工匠、材料、知识、文化、社区和环境。可见当代国内外学者对文创产品工艺表征相关理论界定的论述范围在不断扩展，虽然各自理论的出发点不同，但大多都在原有界定的材料和技艺维度的基础上，开始扩展探讨产品工艺的功能特性（见表7-1）。因此说当代文创产品工艺表征的概念的核心应包含功能、材料和技艺三个维度。

表7-1 当代文创产品工艺元素的界定研究

学者	工艺元素界定
华觉明（2021）	创意设计、制作、功能、材料
Larry Shiner（2012）	手、材料、技艺、功能
Yuko Kikuchi（2015）	材料、功能、技艺、触觉、性别、阶级和种族等
Xiaofang Zhan和Stuart Walker（2019）	工匠、材料、知识、文化、社区和环境

文化表征层面，当代文化潮流日趋多样，传统文化得到重视。社会化媒体时代的当下，文化一方面赋予了设计本身隐喻性与象征意涵，它潜移默化地渗入人们的日常生活中，因而文创产品设计以现代日常用具为媒介，不仅激活了产品的文化价值与实用价值，而且达到外观层次、使用层次与文化层次的统一；另一方面也展现出明显的多元化和潮流化，对工艺表征和创新传承提出了更多、更高的要求，而简单的一种或几种材料和技艺显然无法实现如此丰富的文化信息表征，因此创客更倾向于在一款文创产品中创新整合与运用更多的新材料和新技艺等工艺元素来满足当代多元化的文化表征需求。当代创客与传统手艺人的合作研发，设计出满足现代人生活需求又具有传统工艺色彩的产品，也是一种迂回保护非遗文化的策略。以材料与技艺表征当代文化的同时又体现出当地文化特色，使得创新与传承得到兼顾。

设计制造层面，功能、材料和技艺相互关联、约束和平衡，共同实现设计落地。为了满足产品的功能要求，选择与多材料多技艺的合作可能是一种可行的设计选择。在产品设计中应用多种材料和技艺能够提高整体产品材料功能兼容性，同时是一种在技术上具有挑战性但又具有成本效益的制造方法，可以提供额外的功能和含义。不同的材料有着不同的物理性能，其属性决定了产品的品质与性能。创客需了解产品的功能需求，在设计上需要确认材料的特性能否满足功能的需求，而不同的技艺又会让创客改变思考和推论的方式。因此平衡工艺元素间的关系，被定位为文创产品设计的重要阶段，越来越多的创客也主张在设计阶段，功能、材料和技艺的选择应同时进行。

综上，当代学者对文创产品的工艺元素作出了更多新的界定，更多的创客倾向以全新思维，运用现代化技术，通过多样化的工艺来呈现产品多元、崭新的样貌与形式，进而表征社会化媒体时代下的文化潮流，使得传统文化焕发出更多新体裁，展现艺术性的创新设计巧思。但时至今日，学界和业界对于文创产品工艺表征和内在含义的研究多由材料、技艺、美感甚至历史等单一维度进行论述，较难概观工艺元素间的关联性，缺乏系统性的立体视角来构建当代文创产品工艺表征的创新策略。

2. 复杂网络在设计领域的应用

复杂网络以图论为基础，节点表征系统中存在的个体，连边在表征个体间的关系，进而将各式各样的复杂系统描述成点边相连的网络结构，通过对其拓扑学结构和传播动力学的研究来梳理各组成要素间的关系，进而深入了解复杂系统的性质和功能。作为一种系统化的思维方式和研究工具，复杂网络具有很多与规则网络和随机网络不同的统计特征，概念层次更加丰富灵活，自带天然的跨学科/非学科的属性而被广泛应用于众多学科领域，逐步发展成为学术研究的前沿热点。

现如今，科学技术进步带来了知识信息的爆炸式增长、大数据采集能力和计算机算力的提升，许多曾经并不被认为具备网络性质的研究领域和对象也都随之慢慢开始显现出复杂系统的相关特点，研究视角也相应地开拓和提升到了复杂网络领域。

设计作为一门艺术与科学技术相结合的交叉学科，广泛无边界的多学科融合特点使得其在整体学科性质上表现出明显的模糊性和复杂性，因而相关的学习创作往往被认为是感性超验的设计顿悟或灵感迸发。实际上，大部分设计顿悟都来自长期的设计积累。产品本身的塑造来自对色彩、线条、功能、材料、技艺等设计知识的敏锐洞察和熟能生巧；产品设计观念的表达则来自整个社会文化生活潜移默化的影响，具体受到特定时代和地域环境、思想情感、审美旨趣、价值观念等的约束。无数知识和智慧的交织、碰撞和约束，共同创造出了设计这个复杂的系统。而对于系统基本结构单元性质和规律的了解，并不能让人们全面地理解系统的行为。目前，人们已经开始尝试借助复杂网络相关理论和方法来分析和研究设计行为。杨琨等根据设计知识在创新求解过程中的应用特点以及功能、行为、结构三层知识的多对多映射关系，建立了设计知识复杂网络模型；胡卫军等运用复杂网络分析方法对设计领域知识合作网络的结构演化特征与网络成员演化特征进行深度剖析；梁若愚等基于复杂网络分析与内容分析方法对不同类型用户在设计活动中所发挥的角色作用进行解析；白睿昇对产品形态要素进行分解，结合复杂网络理论建立设计约束网络模型，最终通过 BP 神经网络结合遗传算法实现形态智能化设计模式；刘华等基于复杂网络分析理论构建了一种新的产品基因调控网络设计知识析出模式。相关研究都致力于能够帮助创客从海量的设计知识中挖掘和梳理出设计创新的生成机制，并对其进行有效的保存、管理、析出与传播，真正实现设计行为清晰、可靠、有迹可循，同时能激发设计创造力和更多元的表现形式的潜力，提升设计创新的效率。虽然当前基于复杂网络的相关设计知识管理和析出研究正日趋丰富，但对文创产品工艺表征网络的研究却始终较少。

综上所述，过往对于文创产品工艺表征的研究或由材料、技法、美感甚至历史等单一维度进行论述，虽然这些维度都对工艺表征至关重要，但它们之间的相互影响和协同作用却经常被忽略。因此，本研究尝试从复杂网络的理论视角，对工艺进行元素解构，通过复杂网络相关测量指标的研究分析来更加深刻地理解和发掘文创产品工艺表征网络及其内在关联，从而更好地理解工艺的本质，完善文创产品工艺的创新和传承体系。

3. 研究视角

复杂网络分析根据交互关系区分事物的位置和角色，注重事物间的交互关系以及在关系网络中的地位，用于区分事物类型的指标包括关系数量、参与交互程度等。样本间的关系能充分透过复杂网络分析加以描述，以此来呈现样本在特定网络领域内的贡献和地位。因此，本研究尝试以复杂网络这个有别以往的视角来环视文创产品工艺的多个元素维度，对文创产品工艺进行内容分析，形成各元素维度分析单元的编码点，视为同一个复杂网络中的行动者节点，即参与交互关系的用户。具体研究以“网络—节点”的复杂网络体系概念为整体基础，主要针对故宫文创产品工艺表征网络进行研究，通过对产品的解析、编码、归纳得到功能、材料和技艺三类工艺元素为分析单元，进而探讨整体网络结构特性、不同元素维度节点间的连接关系及其表征的文化含义。

4. 流程架构

本研究分为四个阶段（见图 7-1）：第一阶段为文献探讨，确定研究的工艺元素维度并发现现有研究存在的问题，以此提出有针对性的创新解决方法；第二阶段为数据处理，确定样本数据源，对故宫文创产品工艺元素信息进行编码，经信度检验后构建关系矩阵；第三阶段为实证分析，对网络密度、网络结构特征和网络中心性三类测量指标进行分析；第四阶段为结果讨论，总结网络关系表征及其内在含义，提出未来故宫文创产品工艺创新与传承的策略和建议。

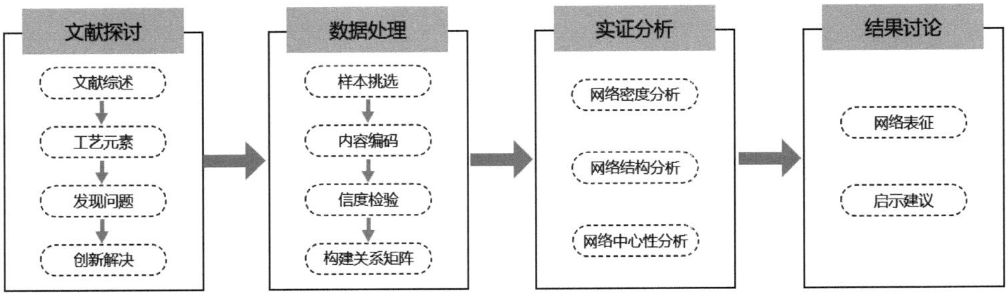

图 7-1　研究流程架构

5. 研究范围与取样

近十多年来，随着故宫文创的爆红，越来越多的学者开始研究其爆红背后的原因以及相关模式推广到其他文创产品的路径。截至 2023 年 1 月，在中国知网 CNKI 学术期刊数据库中，文创产品相关主题的文献共计 5689 篇，其中与故宫文创相关的文献便占总数的 10.46%。故宫文创借由故宫博物院得天独厚的优秀文化资源条件进行设计开发，将古代传统皇家特色的宫廷文化与当代流行时尚的网络青年亚文化进行大胆融合和创新探索，根据不同年龄阶段、消费水平和需求层次的消费群体，打造出多种形式兼具趣味性、收藏性和实用性的文化创意产品，并通过微博、微信和淘宝等社交媒体网络以大众喜闻乐见的风格形象，对产品及其背后的文化进行充分宣传。无疑，当前作为“网红”的故宫文创，就是一种传统文化在日常生活中传承发展的先锋试验和当代典范。因此，本章选择故宫文创作为研究对象，具体选择天猫故宫博物院文创旗舰店的文创产品信息。依据帕累托法则，事物的主要结果只取决于一小部分因素。换句话说，工艺表征网络的内在关联及文化含义能够在顶端 20% 的样本中得到很好的体现（见表 7-2）。因此为进一步确保原始数据样本的代表性，本章筛选门店总销量前 20% 的产品，最后采集得到 70 款产品（这 70 款产品的销量都超过了 1 万件）。因此研究以这 70 款产品作为案例研究的原始样本数据源，借此窥探故宫文创产品工艺元素之间的相关整体特征。数据网址为 https://palacemuseum.tmall.com，检索时间为 2022 年 2 月 16 日。

表 7-2 天猫故宫博物院文创旗舰店总销量前 20% 的产品基本信息（部分）

序号	图片	产品名称	序号	图片	产品名称
1		故宫·小确幸 ——画笔下的宫城角落	61		有凤来仪·杯垫套装
2		瑞启红福系列手绳	62		故宫事事如意纳福猫·摆件
3		故宫珍藏·艺想丹青书签	63		春华撷芳·陶瓷杯垫套装
4		故宫文化手提袋	64		故宫流沙杯垫系列
5		锦福绵长系列手绳	65		故宫紫禁龙凤祥瑞手提袋
6		故宫·清明上河图书签套装	66		云磴期仙·帆布包
7		宫廷御扇	67		金瓯永固·书签
8		祥瑞主题帆布包	68		蝶报富贵·文件夹
9		紫禁·太平有象书签	69		蝶报富贵·挂饰
……	……	……	70		故宫宫猫纳福·文件夹

6. 研究方法

研究首先通过文献综述法确定研究的工艺元素维度，其次通过内容分析法对样本相关工艺元素数据进行解析、编码、梳理和信度检验，再次基于研究目的，采用复杂网络分析方法，构建起故宫文创产品功能、材料和技艺三类工艺元素两两之间共计三个无权二分工艺表征网络；最后进行复杂网络分析并讨论其所蕴含的文化遗产传承和创新过程的技法赓续特点。在复杂的网络分析和讨论中主要涉及以下测量指标。

（1）网络密度

网络密度是度量整体网络中节点用户之间的互动程度和紧密程度的重要测量指标，具体通过计算网络中实际存在的边数与理论上可容纳的边数上限的比值来表示。整体网络密度越大说明网络节点之间的关系越紧密，连接程度越高，越容易发生信息传播。

（2）网络结构特征

针对故宫文创产品工艺表征网络结构，本章将具体从小世界特性、无标度特性和社团结构特性三个维度分析工艺元素形成连接网络的结构特征和规律：①小世界特性（small world），1998 年 Watts 和 Strogatz 提出一种与 NW 规则网络和 ER 随机网络不同的 WS 小世界网络模型，这类网络平均路径长度较小且聚类系数很大。②无标度特性（scale-free），1999 年 Barabasi 和 Albert 在对互联网的研究中发现了 BA 无标度网络，这类网络具有严重的异质性，各节点之间的连接状况（度数）的分布呈现严重的不均匀性，少数节点拥有极其多的连接，而大多数节点只有很少量的连接。在无标度网络中，节点度值近似符合幂律分布，其中是度值为 k 的概率，τ 是度指数。③社团结构特性（community structure），2002 年 Girvan 和 Newman 首次提出社团的概念，网络中具有相似属性的节点普遍存在集聚效应，从而构成一个个社团，社团内部节点联系紧密而社团间节点联系松散。

（3）网络中心性

网络中心性是度量整体网络中心化程度的重要测量指标，具体度量方法有中心度和中心势两种。其中，中心度描述一个节点在网络中处于核心地位的程度，具体又可细分为绝对中心度和相对中心度；中心势描述整个图的整体整合度或者一致性，也就是一个图的中心度。探究节点与网络关联的不同属性，能以不同的中心性计算方法来测量，基于研究目的，本章将从点度中心性（degree centrality，DC）、中介中心性（betweenness centrality，BC）和接近中心性（closeness centrality，CC）三个中心性测量指标对节点进行实证分析，具体采用绝对中心度的统计数值。①点度中心性，表征特定节点直接与其他节点有连接关系的节点数量，是刻画节点中心性最直接的度量指标，直观反映节点自身连接能力的强弱。某一节点的点度中心性越高，表明与其直接连接的节点越多，在整体网络中的重要性越高，地位越靠近核心。由于本章仅研究文创产品工艺元素之间的连接关系，不存在指向关系区分，因此构建出的关系网络均为无向网络，而在无向网络中，节点的出度与入度相等。②中介中心性，表征网络中经过某节点测地线（最短路径）的数目，即某节点在多大程度上位于图中其他“节点对”的“中间”，反映其对整体网络传播的控制能力强弱，强调其在其他节点之间的中介调节效应。根据节点所属最短路径的个数对节点进行排序，节点的中介中心性越大，表明其处在越多的节点对之间的测地线上，其他节点之间的连接也就越依赖它来实现。③接近中心性，表征与其他节点测地线距离之和的倒数，反映某节点在整体网络传播中不受其他节点控制的能力强弱，强调其在整个网络中的传播价值。节点的接近中心性越大，表明其到其他节点的距离越短，越能不需要依赖其他节点快速地传播信息，在整体网络中拥有越佳的信息传播视野，越位于核心位置。

二、文创产品的工艺创新与人文传承研究流程

1. 数据收集与内容编码

在天猫故宫博物院文创旗舰店收集和整理所有产品中总计销量前 20% 的故宫文创产品信息（包括图片、产品名称、功能、材料和技艺），按销量降序排列，部分产品信息见表 7-2。对原始数据样本的功能、材料和技艺三类工艺元素进行解析，依据以下基本编码原则进行编码：

①功能：从用途角度分，分为实用功能和审美功能两大类。针对具体产品的适用对象和环境进行细分，同时考虑到一款产品往往不止包含一种用途，而是兼具实用功能和审美功能。此时则针对具体产品的实际情况来把握其设计初衷，从而判断其更倾向于实用性还是审美性。例如，产品 35 和产品 59 虽均为贴纸类产品，但前者在具体设计效果上明确其作为书写记录的功能用途，后者则用于婚礼习俗装饰当中。

②材料：从发展角度分，分为传统材料和现代材料。尽量按照生活常用名称进行细分编码，则传统材料可细分为金属、玻璃、陶瓷、木、纸、石等，

现代材料可细分为塑料、合成纤维、海绵、硅胶等。

③技艺：从发展角度分，分为手工技艺和机器技艺。按过程原理和结果进行细分，编码尽量选用生活常用名称。对于一些工序复杂的技艺，则进行单独编码，如无纺布技艺。由于手工技艺和机器技艺存在过程原理和结果的部分同一，因此将手工技艺作为单独既定编码，不再细分。最终得到原始数据样本的三类工艺元素编码，部分表征编码见表 7-3，部分具体编码类目解释见表 7-4。

表 7-3　天猫故宫博物院文创旗舰店总销量前 20% 的产品工艺元素编码（部分）

序号	功能	材料	技艺
1	书写记录	纸	裁切、印刷、装订
2	彩妆饰品	合成纤维、金属	纺织、手工技艺、机械加工
3	定位标记	金属	蚀刻、机械加工、烘烤
……	……	……	……
68	物件收纳	塑料	裁切、印刷、焊接
69	物件装饰	金属	模具成型、机械加工、烘烤、电解沉积
70	物件收纳	塑料	裁切、印刷、焊接

表 7-4　天猫故宫博物院文创旗舰店总销量前 20% 的产品工艺元素编码类目解释（部分）

编码类目		类目解释
功能	家庭装饰	用于家庭居室内装饰
	物件装饰	用于日用物件装饰
	彩妆饰品	包括化妆品和佩戴饰品等，用于个人装扮
	……	……
	盛装饮品	用于冲泡或盛装茶水、奶、咖啡等饮品
	桌面保护	用于放置杯子，保护桌面
	颈椎保健	用于颈椎疾病防治
材料	纸	由含植物纤维的原材料制成，可用于写画、印刷书报、包装等
	塑料	由合成树脂及填料、增塑剂、稳定剂、润滑剂、色料等添加剂组成
	合成纤维	由合成的高分子化合物制成的，常用有涤纶、锦纶、腈纶、氯纶、维纶、氨纶等
	……	……
	酯类	主要为动植物油脂和蜡，均为酸和醇酯化反应生成的有机物（非烃类）
	矿石	从矿山中开采的含有某种有价值的矿物质的石块
	硅胶	硅酸凝胶
技艺	手工技艺	主要依赖手工，在传统工具的配合下完成
	立体打印	通过不断堆积耗材完成立体成型效果
	装订	把零散书页或纸张加工成本子
	……	……
	烘烤	将物品置于火炉或烤箱之中高温加热
	激光雕刻	加工材料在激光照射下瞬间地熔化和气化
	机械加工	通过机械设备对工件的外形尺寸或性能进行改变

2. 信度检验

5 位编码人员对编码作同意度检验。由于原始数据样本量不大，分别要求5 位编码人员对所有编码结果进行确认并统计。利用霍斯提（Holsti）公式求得平均同意度为 0.85（表示平均相互同意度，M 表示两个编码人员之间一致同意的编码数，N1、N2、N3、N4、N5 分别表示 5 位编码人员各自的编码总数），代入信度公式求得量表信度为 0.97（C 表示信度，n 表示编码人员总数，表示平均相互同意度），表明编码人员对编码类目划分的科学性具有一致认可度，编码人员之间具有较高的同意度。因此，本研究对天猫故宫博物院文创旗舰店总销量前 20% 的产品功能、材料、技艺三类工艺元素编码具有较高的信度。

3. 构建二分关系矩阵

若只考虑两个数据集之间的关系时，则二分网络为关系网络，即无权网络，连边关系值取 0 或 1。依据表 7–4 构建功能—材料、功能—技艺、材料—技艺三个二分关系矩阵。以功能—材料二分关系矩阵为例，对其进行二值化处理，将某种功能和某种材料在同一款产品中同时被应用的连接关系记为 1，反之不在任一产品中同时被应用的连接关系记为 0。由此，本章将故宫文创产品的功能、材料和技艺这三类工艺元素之间的连接关系抽象描述为三个可以利用复杂网络分析工具进行处理的无权二分关系矩阵，部分矩阵数据见表 7–5。

表 7–4 故宫文创产品工艺元素无权二分关系矩阵（部分）

网络类型	矩阵数据					
功能—材料		合成纤维	塑料	天然纤维	木	……
	书写记录	0	0	0	0	……
	定位标记	0	0	0	0	……
	家庭装饰	1	1	0	1	……
	彩妆饰品	1	1	1	0	……
	……	……	……	……	……	……
功能—技艺		化纤纺丝	印刷	印染	喷漆	……
	书写记录	0	1	0	1	……
	定位标记	0	0	0	0	……
	家庭装饰	0	1	0	1	……
	彩妆饰品	1	1	1	0	……
	……	……	……	……	……	……

（续表）

网络类型	矩阵数据					
材料—技艺		化纤纺丝	印刷	印染	喷漆	……
	合成纤维	1	1	1	0	……
	塑料	0	1	0	1	……
	天然纤维	0	1	0	0	……
	木	0	0	0	0	……
	……	……	……	……	……	……

三、文创产品的工艺创新与人文传承研究分析

将功能—材料、功能—技艺和材料—技艺三个无权二分关系矩阵数据分别导入 Gephi 软件，在“统计”工具栏中分别对相关的测量指标进行计算，整理和生成相应的图表，部分数据结果保留三位小数。由于材料—技艺网络中存在孤立节点对“矿石—镶嵌”，不与整体网络发生关系，予以剔除。

1. 网络密度分析

在“上下文”工具栏中得到节点数和边数，在“统计”工具栏计算“平均度”“网络直径”和“图密度”，最终整合得到网络密度分析结果见表 7-5。以功能—材料网络为例，整体网络共有节点 25 个，其中功能节点 11 个，材料节点 14 个；边 39 条，说明功能节点和材料节点之间发生连接的总次数为 39 次；平均度为 3.120，说明功能节点和材料节点之间平均相互发生连接的节点数量有 3.120 个；网络直径为 5，说明网络整体规模较小；网络密度值为 0.130，说明连接网络中平均每个节点发生 0.130 次连接关系，节点之间连接不够紧密，互动性差，整体网络为稀疏性网络。同理，本章发现这三个故宫文创产品工艺表征网络均为小型网络，整体上均表现出明显的稀疏性，节点之间发生连接的饱和度较低。

表 7-5　故宫文创产品工艺表征网络密度分析结果

测量指标	网络类型		
	功能—材料	功能—技艺	材料—技艺
节点数	25	32	32
边数	39	76	48
平均度	3.120	4.750	3.000
网络直径	5	4	5
网络密度	0.130	0.153	0.097

2. 网络结构特征分析

（1）小世界特性分析

根据小世界特性的分析参数，在“统计”工具栏中计算“平均聚类系数”和“平均路径长度”，网络类型选择无向网络，得到工艺表征网络小世界特性分析结果见表7-6。以功能—材料网络为例，平均聚类系数为0.000，说明该工艺表征网络两个节点之间可能发生连接的概率为0，节点之间缺乏凝聚力；平均路径长度为2.633，小于6，说明该工艺表征网络节点平均通过2.633个节点就能与其他节点发生连接，网络传播速度较快，传播效率较高。整体来看，该工艺表征网络没有聚类特性但具有较小的平均路径长度，不符合复杂网络理论中的小世界网络结构特性，而是符合复杂网络理论中的随机网络结构特征。同理，本章发现这三个故宫文创产品工艺表征网络均不具有小世界现象，是典型的随机网络，节点之间缺乏凝聚力，网络结构表现出明显的稀疏性和随机性，但网络传播速度较快，传播效率较高。

表7-6 故宫文创产品工艺表征网络小世界特性分析结果

测量指标	网络类型		
	功能—材料	功能—技艺	材料—技艺
平均聚类系数	0.000	0.000	0.000
平均路径长度	2.633	2.413	2.802

（2）无标度特性分析

在“统计”工具栏中进行计算“平均度”，得到工艺表征网络节点度值分布情况，如图7-2所示。以功能—材料网络为例，该工艺表征网络为无标度网络，节点之间发生连接关系存在严重的不均匀性，少数核心节点参与度很高，在连接关系传播过程中起着重要的主导作用，能够不受约束地参与到连接关系传播过程中；大多数节点参与度较低，为边缘末梢节点，连接关系传播到它们结束。同理，本章发现这三个故宫文创产品工艺表征网络基本上均存在无标度特性，虽然功能—技艺网络幂律分布拟合度较差，但是整体上也大致满足无标度网络的特点。

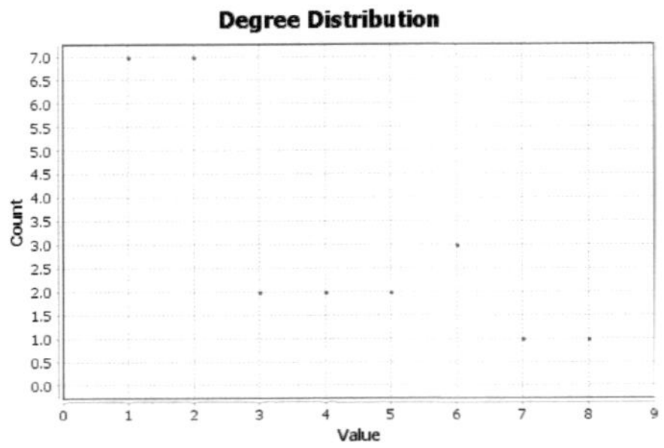

（a）功能—材料

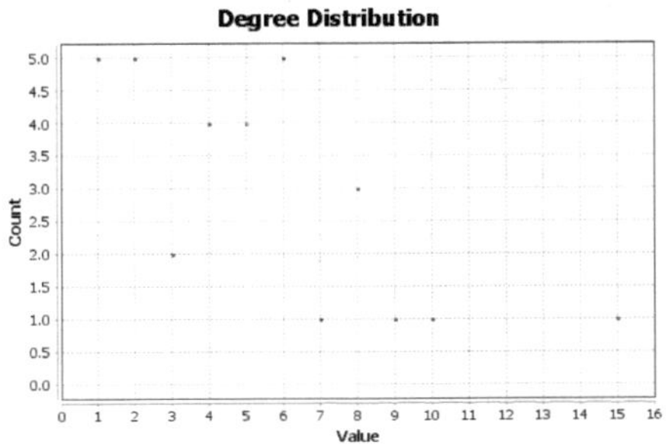

（b）功能—技艺

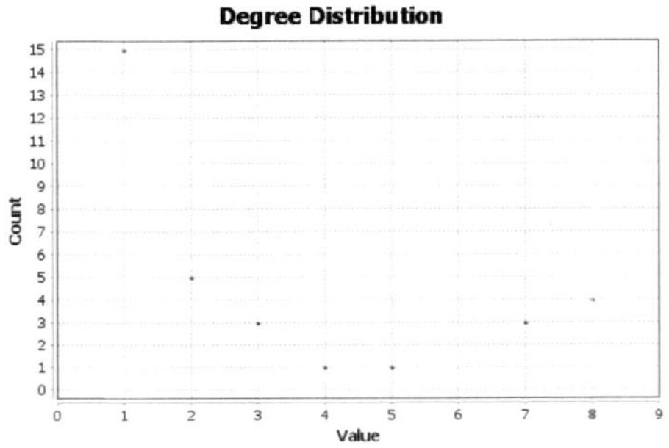

（c）材料—技艺

图 7-2 故宫文创产品工艺表征网络节点度值分布情况

（3）社团结构分析

如图 7-3 所示，在“统计”工具栏中进行计算“模块化”，运行“随机算法”以可以产生更好的社团分解结果，取消勾选“使用权重”，解析度保持默认标准解析度 1.0，得到工艺表征网络模块化社团探测结果；在此基础上按照点度中心性和模块化等级（modularity class）分别对节点按大小进行排序和颜色划分，使用“Yifan Hu”算法调整节点布局，最终得到工艺表征网络模块化社团聚类结果。其中，功能—材料网络共有 25 个节点，当模块化值为 0.371 时，一共形成了 4 个社团，分别包含 7、3、8、7 个节点；功能—技艺网络共有 32 个节点，当模块化值为 0.262 时，一共形成了 4 个社团，分别包含 7、6、11、8 个节点；材料—技艺网络共有 32 个节点，当模块化值为 0.428 时，一共形成了 6 个社团，分别包含 4、3、8、4、8、5 个节点。由此可见，这三个故宫文创产品工艺表征网络形成的社团之间大小差别并不大，没有呈现出明显的集群现象。每个社团内部都存在着点度中心性高的核心节点，这些核心节点在小范围的社团内部起着重要的领导作用，点度中心性低的边缘节点往往都紧紧聚集在某些核心节点周围。

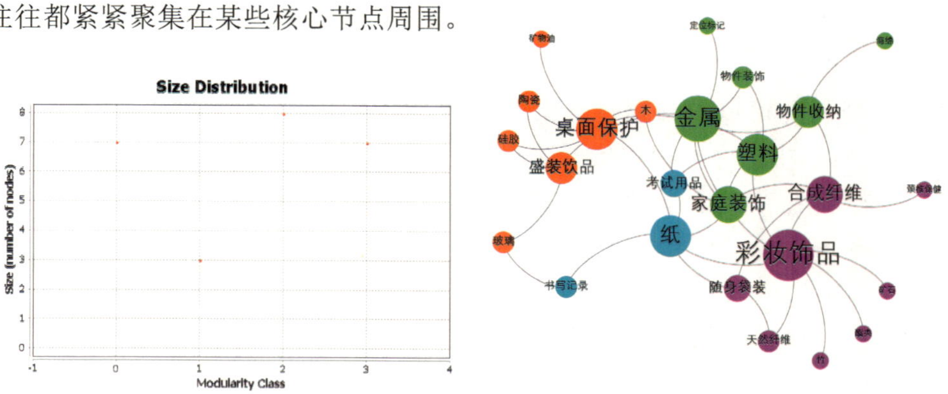

（a）功能—材料

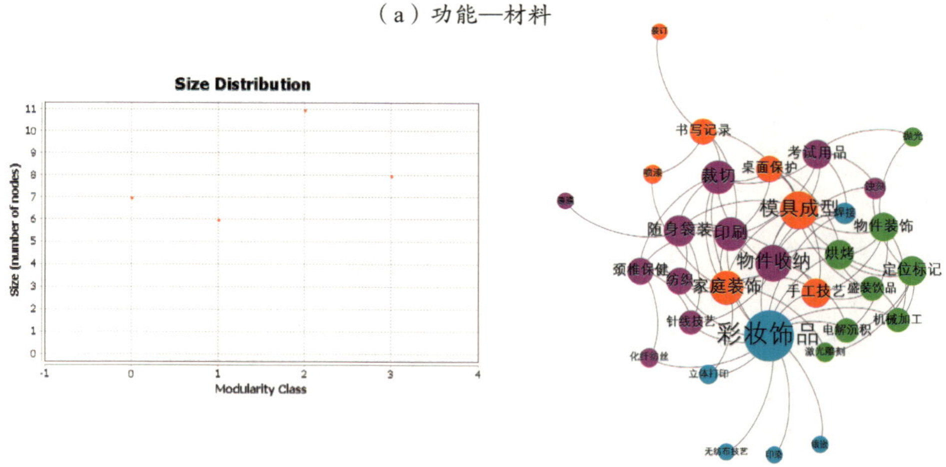

（b）功能—技艺

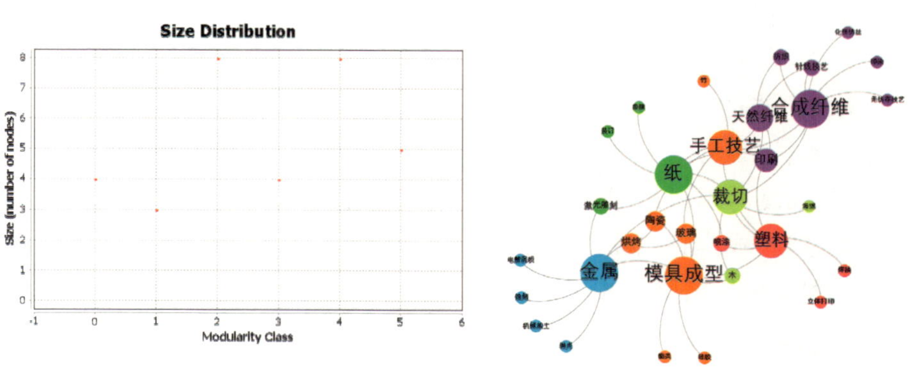

（c）材料—技艺

图 7-3　故宫文创产品工艺表征网络模块化社团探测结果

（4）网络中心性分析

在“统计”工具栏中进行计算“平均度”和“网络直径”，从“数据资料”窗口中分别整理出点度中心性、中介中心性和接近中心性分析结果，部分数据降序排列见表 7-7、7-8、7-9 所示。分别按照点度中心性、中介中心性和接近中心性对节点进行颜色分类和大小排序，其中功能为橙色节点，材料为绿色节点，技艺为蓝色节点，节点网络中心性越大，圆圈越大。使用“Yifan Hu”算法调整节点布局，最后可绘制得到工艺表征网络的点度中心性、中介中心性、接近中心性关系图，见图 7-4、图 7-5、图 7-6。

（5）点度中心性

在功能—材料网络中，5 个功能节点（彩妆饰品、桌面保护、家庭装饰、盛装饮品、物件收纳）和 4 个材料节点（金属、塑料、纸、合成纤维的）圆圈大小明显大于其他同维度节点，表明其点度中心性高，处于整体网络的核心位置，自身连接能力突出。其中，最大的功能节点彩妆饰品度为 8，最大的材料节点金属度为 7，成为该网络的核心节点。在功能—技艺网络中，4 个功能节点（彩妆饰品、物件收纳、家庭装饰、随身袋装）和 5 个技艺节点（模具成型、印刷、裁切、手工技艺、烘烤）的圆圈大小明显大于

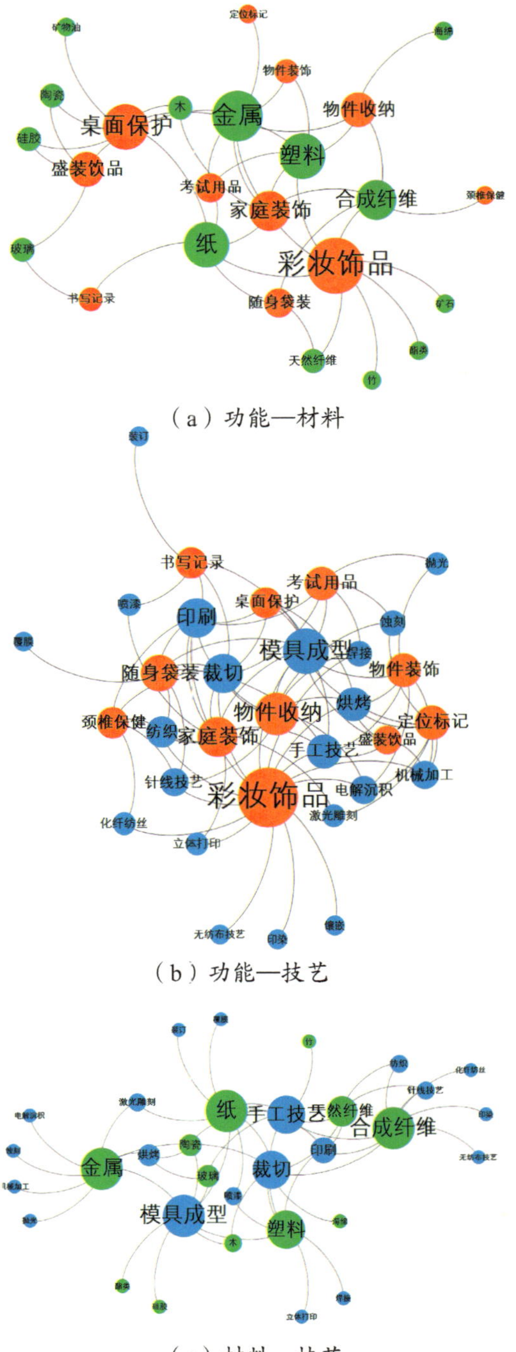

（a）功能—材料

（b）功能—技艺

（c）材料—技艺

图 7-4　故宫文创产品工艺表征网络点度中心性关系图

其他同维度节点，表明其点度中心性高，处于整体网络的核心位置，自身连接能力突出。其中，最大的功能节点彩妆饰品度为15，最大的技艺节点模具成型度为10，成为该网络的核心节点。在材料—技艺网络中，5个材料节点（金属、合成纤维、纸、塑料、天然纤维）和3个技艺节点（模具成型、裁切、手工技艺）的圆圈大小明显大于其他同维度节点，表明其点度中心性高，处于整体网络的核心位置，自身连接能力突出。其中，最大的材料节点金属、合成纤维和纸度为8，最大的技艺节点度模具成型为8，成为该网络的核心节点。

表7-7　故宫文创产品工艺表征网络点度中心性分析结果

维度	节点	数值	维度	节点	数值	维度	节点	数值
功能	彩妆饰品	8	功能	彩妆饰品	15	材料	金属	8
	桌面保护	6		物件收纳	9		合成纤维	8
	家庭装饰	5		家庭装饰	8		纸	8
	物件收纳	4		随身袋装	7		塑料	7
	盛装饮品	4		考试用品	6		天然纤维	5
	……	……		……	……		……	……
材料	金属	7	技艺	模具成型	10	技艺	模具成型	8
	纸	6		印刷	8		裁切	7
	塑料	6		裁切	8		手工技艺	7
	合成纤维	5		手工技艺	6		印刷	4
	天然纤维	2		烘烤	6		烘烤	3
	……	……		……	……		……	……

由此可见，在故宫文创产品设计过程，彩妆饰品功能在材料搭配和技艺应用问题上拥有最大的权力，能够利用最多样的材料和技艺，以期呈现出装饰所需要的多种视觉效果；金属、合成纤维和纸材料在技艺应用问题上拥有最大的权力，由于材料本身极强的可加工性，可以利用最多样的技艺塑造出最多的可能性。另外，金属材料还在功能实现问题上拥有最大的权力，可以满足最多样的功能需求；模具成型技艺在功能实现和材料搭配问题上拥有最大的权力，能够满足最多样的功能实现需求，对最多样的材料进行塑造。

（6）中介中心性

在功能—材料网络中，5个功能节点（彩妆饰品、桌面保护、物件收纳、盛装饮品、家庭装饰）和4个材料节点（金属、塑料、纸、合成纤维）的圆圈大小明显大于其他同维度节点，表明其中介中心性高，处于相对关键性的中间位置，对整体网络的传播具有较强的控制能力。其中，最大的功能节点彩妆饰品中介中心性为95.325，最大的材料节点金属中介中心性为72.386，成为该网络的关键节点。在功能—技艺网络中，5个功能节点（彩妆饰品、家庭装饰、书写记录、随身袋装、物件收纳）和3个技艺节点（模具成型、裁切、印刷）的圆圈大小明显大于其他同维度节点，表明其中介中心性高，处于相对关键性的中间位置，对整体网络的传播具有较强的控制能力。其中，最大的功能节点彩妆饰品中介中心性为169.252，最大的技艺节点模具成型中介中心性为80.635，成为该网络的关键节点。在材料—技艺网络中，4个材料节点（金属、合成纤维、纸、塑料）和3个技艺节点（裁切、模具成型、手工技艺）的圆圈大小明显大于其他同维度节点，表明其中介中心性高，处于相对关键性的中间位置，对整体网络的传播具有较强的控制能力。其中，最大的材料节点金属中介中心性为134.968，最大的技艺节点裁切中介中心性为136.727，成为该网络的关键节点。

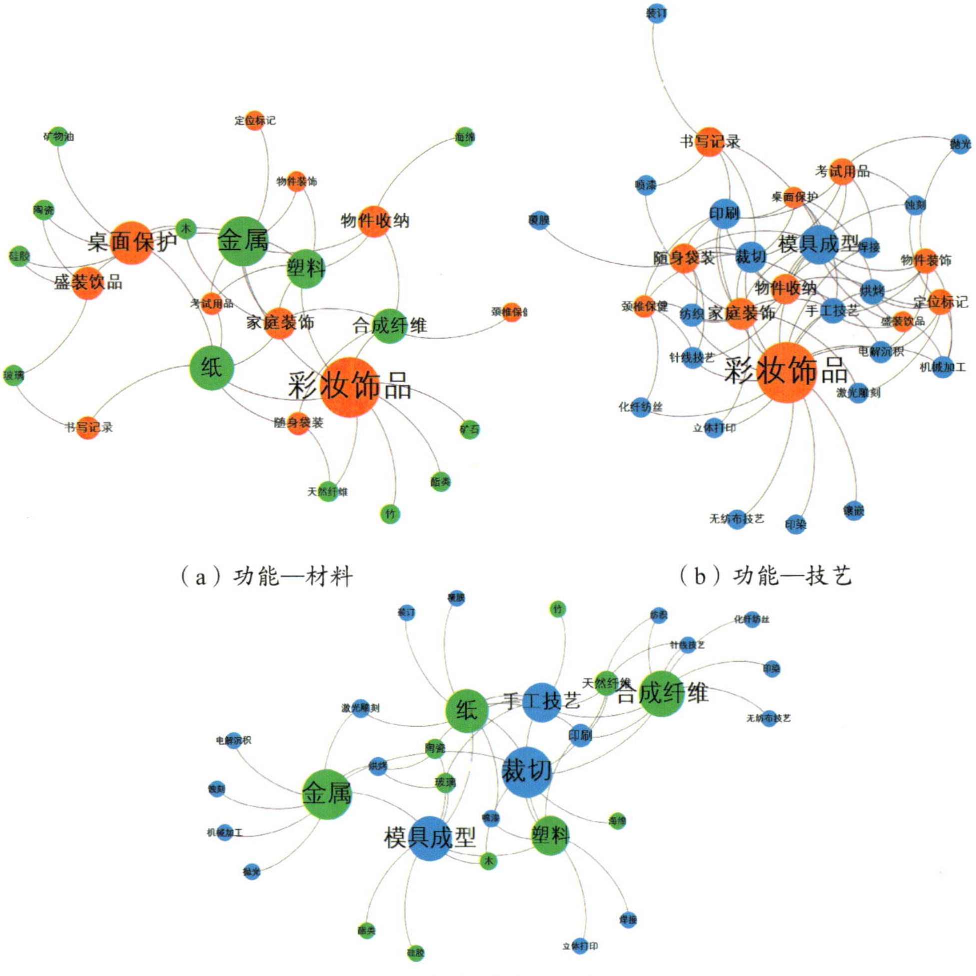

（a）功能—材料

（b）功能—技艺

（c）材料—技艺

图 7-5　故宫文创产品工艺表征网络中介中心性关系图

表 7-8 故宫文创产品工艺表征网络中介中心性分析结果

维度	节点	数值	维度	节点	数值	维度	节点	数值
功能	彩妆饰品	95.325	功能	彩妆饰品	169.252	材料	金属	134.968
	桌面保护	56.400		家庭装饰	49.672		合成纤维	117.476
	物件收纳	30.124		书写记录	40.417		纸	107.359
	盛装饮品	29.470		随身袋装	40.064		塑料	89.213
	家庭装饰	28.932		物件收纳	39.026		天然纤维	30.476
	……	……		……	……		……	……
材料	金属	72.386	技艺	模具成型	80.635	技艺	裁切	136.727
	纸	58.397		印刷	45.937		模具成型	111.146
	塑料	45.237		裁切	45.937		手工技艺	91.709
	合成纤维	37.300		手工技艺	23.112		印刷	25.312
	天然纤维	3.073		烘烤	18.964		激光雕刻	8.182
	……	……		……	……		……	……

由此可见，在故宫文创产品设计过程，彩妆饰品功能在材料搭配和技艺应用问题上拥有最强的中介桥梁作用和控制话语权，材料与技艺相互之间搭配应用最依赖彩妆饰品功能来实现，也就是说，彩妆饰品促进了整体网络的连接关系发生的传播和流动，较大程度上影响着设计实践中材料与技艺搭配应用的思路和方向；金属材料在功能实现和技艺应用问题上拥有最强的中介桥梁作用和控制话语权，掌握着众多技艺资源和功能实现的能力；模具成型和裁切技艺分别在功能实现和材料搭配问题上拥有最强的中介桥梁作用和控制话语权，功能更多的是通过模具成型塑造结构形态来实现，材料更多的是考虑通过简单高效的裁切技艺来快速加工。

（7）接近中心性

在功能—材料网络中，6 个功能节点（彩妆饰品、家庭装饰、桌面保护、物件收纳、盛装饮品、考试用品）和 4 个材料节点（金属、纸、塑料、合成纤维）的圆圈大小明显大于其他同维度节点，表明其接近中心性高，处于整体网络的核心位置。其中，最大的功能节点彩妆饰品接近中心性为 0.522，最大的材料节点金属接近中心性为 0.511，成为该网络的核心节点。在功能—技艺网络中，1 个功能节点（彩妆饰品）和 3 个技艺节点（模具成型、印刷和裁切）的圆圈大小明显大于其他同维度节点，表明其接近中心性高，处于整体网络的核心位置。其中，功能节点彩妆饰品接近中心性为 0.585，最大的技艺节点模具成型接近中心性为 0.585，成为该网络的核心节点。在材料—技艺网络中，4 个材料节点（金属、纸、塑料、合成纤维）和4个技艺节点（裁切、模具成型、手工技艺、印刷）的圆圈大小明显大于其他同维度节点，表明其接近中心性高，处于整体网络的核心位置。其中，最大的材料节点纸接近中心性为0.467，最大的技艺节点裁切接近中心性为0.517，成为该网络的核心节点。

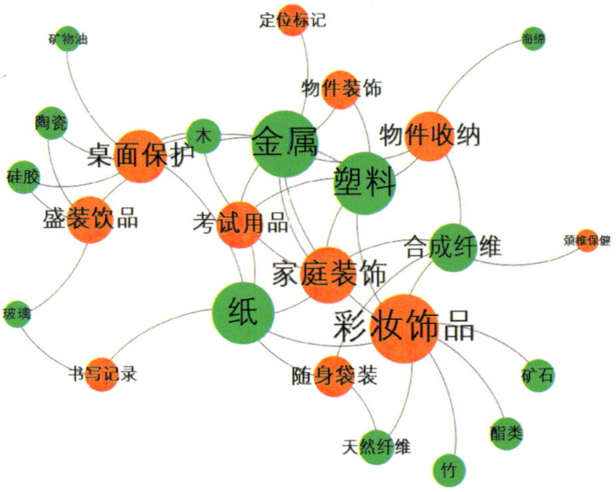

（a）功能—材料

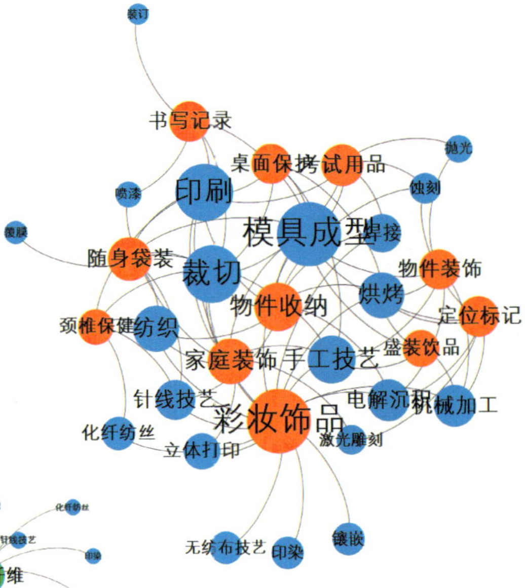

（b）功能—技艺

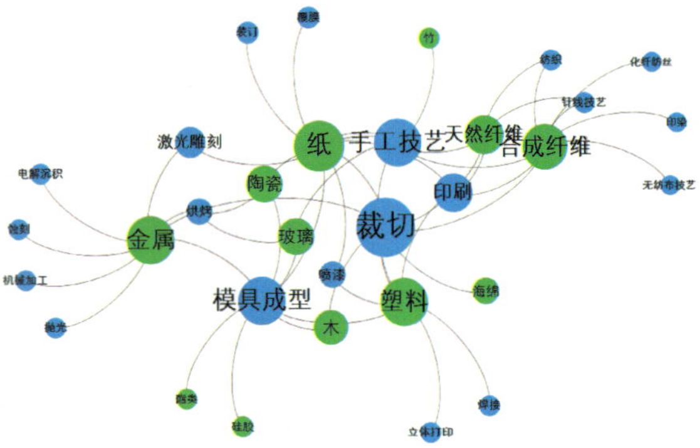

（c）材料—技艺

图7-6　故宫文创产品工艺表征网络中介中心性关系图

表 7-9 故宫文创产品工艺表征网络接近中心性分析结果

维度	节点	数值	维度	节点	数值	维度	节点	数值
功能	彩妆饰品	0.522	功能	彩妆饰品	0.585	材料	金属	0.467
	桌面保护	0.462		家庭装饰	0.477		合成纤维	0.456
	物件收纳	0.444		书写记录	0.463		纸	0.456
	盛装饮品	0.429		随身袋装	0.449		塑料	0.443
	家庭装饰	0.414		物件收纳	0.437		天然纤维	0.408
	……	……		……	……		……	……
材料	金属	0.521	技艺	模具成型	0.585	技艺	裁切	0.517
	纸	0.490		印刷	0.544		模具成型	0.456
	塑料	0.490		裁切	0.544		手工技艺	0.456
	合成纤维	0.421		手工技艺	0.477		印刷	0.408
	天然纤维	0.358		烘烤	0.463		激光雕刻	0.369
	……	……		……	……		……	……

由此可见，在故宫文创产品设计过程中，彩妆饰品功能在材料搭配和技艺应用问题上拥有最佳的信息传播视野和最强的独立性，与材料和技艺节点之间的距离最近，在连接的时候受其他节点的影响最弱，自身便是最容易获取或参与连接关系的节点；纸在技艺应用问题上拥有最佳的信息传播视野和最强的独立性，说明纸与技艺之间的关系很密切，拥有优秀的加工表现力而备受青睐。另外，金属材料还在功能实现问题上拥有最佳的信息传播视野和最强的独立性，能够快速地满足较为广泛的功能需求；模具成型技艺在功能实现问题上拥有最佳的信息传播视野和最强的独立性，同样也是能够快速地满足较为广泛的功能需求，裁切技艺在材料选择问题上拥有最佳的信息传播视野和最强的独立性，能够快速地满足较为广泛的材料选择和加工处理需要。

本章小结

在故宫文创产品工艺表征网络中，功能节点中彩妆饰品功能网络中心性最高，表明故宫文创产品设计对材料和技艺的装饰性有明显的要求倾向；材料节点中金属材料网络中心性最高，表明金属材料作为当代技艺的重要加工对象，能够充分组织调动众多技艺，对故宫文创产品众多功能的实现有着重要作用。此外，合成纤维和纸材料在材料—技艺网络中点度中心性最高，纸在材料—技艺网络中接近中心度最高，表明在故宫文创产品中合成纤维和纸同样能满足众多当代技艺的加工要求，纸具有较高的加工表现力；技艺节点中，模具成型技艺点度中心性最高，表明模具成型能够满足故宫文创产品多样化的功能实现和材料加工需求。模具成型技艺在功能—技艺网络中中介中心性和接近中心性最高，裁切技艺在材料—技艺网络中中介中心性和接近中心性最高，表明在故宫文创产品中模具成型和裁切分别是功能和技艺选择的桥梁和最近选择。

（1）故宫文创产品整体工艺表征网络与创新传承

研究根据功能—材料、功能—技艺和材料—技艺三个无权二分网络完成了故宫文创产品的工艺表征网络分析，尽管本研究采用的样本不能完全勾勒出故宫文创产品的工艺表征网络全貌，但是作为其中最具代表性的热销产品，仍能呈现出故宫文创产品工艺的创新意义。研究通过复杂网络的分析，逆向拆解功能、材料和技艺彼此间的对应关系，给当代创客提供了一个全新的视角来挖掘文创产品的设计创新策略，最终研究、总结、整理出故宫文创产品工艺创新的种种特征，作为现阶段文创产品创新发展的表征与意义。

（2）故宫文创产品工艺表征网络特征分析

①工艺元素创新传承不断探索发展，多元耦合创新仍显不足。通过网络密度分析和小世界特性分析可以发现，故宫文创产品工艺表征网络表现出明显的随机性，整体上传播速度较快，传播效率较高，说明随着功能、材料和技艺需求的变化，故宫文创产品已经开始不断对工艺元素创新传承进行了头脑风暴式的探索和尝试，越来越多的功能被开发，越来越多的材料和技艺被加以运用组合，同时这些新兴的功能需求、先进的材料和技艺又反过来激发了当代创客的思考和想象，并最终在短期内取得了不错的创新反馈。例如：故宫口红选择具有新兴专利科技的玻尿酸作为口红膏体的主要成分，赋予底妆以保湿和护肤的功效，同时还创新性地采用 3D 打印技术为口红外壳制作出精妙绝伦的织物刺绣肌理，使其拥有了精致的视觉美感和独特的把玩手感；金属书签采用蚀刻或电铸技艺，以此塑造出模具成型技艺无法实现的精细镂空结构和复杂纹理效果，同时还大大节约了制作耗材，减轻了产品重量，让用户在使用时获得了更轻便的体验。但与此同时，整体网络也表现出更为明显的稀疏性，节点之间的连接并不紧密，凝聚性和互动性差，说明工艺元素

创新与传承不断多元化的同时，忽视了对这些工艺元素应用进行更为深入的挖掘，更多的往往只是浅尝辄止，导致现有工艺元素之间的多元耦合创新存在明显的不足。

②工艺元素耦合创新严重不均匀，存在一些特定的“文法式组合”，网络结构上呈现出一定程度的孤岛效应。通过无标度特性分析和社团结构分析可以发现，故宫文创产品工艺元素中，少数节点参与耦合创新的程度很高，在整个工艺创新传承中起着重要的主导控制作用，而有相当程度一部分节点度值很低，甚至为1，被动地参与到耦合创新当中，创新活动最终在这些边缘节点上停止。而在这种严重不均匀的工艺元素耦合创新中，存在一些特定的“文法式组合”的侧重现象，某些工艺元素之间表现出特异性的强关联。例如：在研究样本中，定位标记功能的书签产品共有八款产品，占样本总数的11.43%，而这些书签全都只是采用黄铜这一种金属材料，其原因和目的在于模仿黄金的光泽，用于塑造皇家文化中的富贵感和神圣感；竹材只通过手工技艺来加工处理，表现故宫文创产品对精致匠心和文化底蕴的追求。归根结底来说，这些特定的“文法式组合”的存在，除去工艺元素自身属性的客观局限性原因，如镶嵌和矿石、装订和纸等之间的强关联，更多的可能是出于故宫文创产品独特的文化背景约束、精准的产品设计定位或差异化的品牌IP塑造等原因。在特定的“文法式组合”之外，所有的节点连接还在一定程度上形成了内部集群，这些集群的社团内部都存在着一种稳定的网络结构，即点度中心性低的边缘节点往往都紧紧聚集在某些点度中心性高的核心节点周围，反映在整体网络结构层面便是呈现出一定程度的孤岛效应。由于多元耦合创新不足，许多工艺元素都被困在社团孤岛上，无法与其他工艺元素进行有效的信息交流。

③工艺元素创新传承强调装饰文化性和设计大众化以及追求生产效率和经济效益等特点，表征了当代中国社会的审美旨趣和人民生产生活的理念思潮。通过网络中心性分析可以发现，功能、材料和技艺三类工艺元素中均存在网络中心性普遍较高的重要节点。功能维度中，以彩妆饰品为代表的装饰类功能网络中心性更高，表明故宫文创产品对于装饰类功能的侧重，而实用

类的日常功能同样也表现出明显的装饰性倾向，通过装饰来传达其文化属性。材料维度中，以金属、合成纤维、纸和塑料为代表的现代材料网络中心性最高，这些材料拥有较高的通用加工性能，一方面工业化的大批量生产导致成本十分低廉，确保了最终产品价格在大众消费能力范围内，以满足最广泛的大众文化消费需求；另一方面优秀的加工兼容性和效果表现力，使得其在耦合创新信息传播和实际生产过程中表现出效率优势。技艺维度中，以模具成型、裁切、印刷为代表的机器技艺和手工技艺网络中心性最高，这些现代机器技艺能够简单且高效地实现绝大部分的效果表现。手工技艺最具文化特质，被充分考虑应用于文创产品当中，而由于生产效率和经济效益相对较低，虽然往往只作为制造工序中的一小环，但是起着至关重要的文化点睛作用。

（3）故宫文创产品工艺创新传承启示建议

①不断深入发展和丰富工艺元素的多元耦合创新。当代创客进行故宫文创产品工艺创新传承时，在广度上可以继续进行头脑风暴式的探索，进一步扩大整体网络的规模，发掘新的工艺并将其纳入现有工艺表征网络中来，丰富工艺元素的多元化；在深度上可以针对目前整体网络稀疏性的问题，同时利用整体网络信息传播迅速高效的优势，提升节点连接关系的复杂度和饱和度，将网络中未发生关联的节点进行连接，从中寻求工艺元素新的搭配可行性方案，弥补现有工艺元素多元耦合创新的不足。

②明确和延续自身品牌独特的工艺基因。当代创客在不断探索和丰富故宫文创产品工艺元素多元耦合创新的同时还需要注意品牌差异化价值的体现。现有的工艺元素创新传承在有意无意中已经出现了多元耦合创新侧重的萌芽，形成了一些特定的“文法式组合”。明确现有“文法式组合”作为品牌产品工艺基因，挖掘符合品牌形象的未来新的工艺基因，打造并延续自身独特的品牌形象，坚守差异化的品牌价值，是未来故宫文创产品设计开发可持续发展的有效创新策略。

③充分利用网络重要节点作用。当代创客在进行具体的工艺耦合创新设计时，应将这些重要节点作为首选关注对象，它们拥有强大的自身连接能力，对整体网络的信息传播拥有较高的控制主导能力和绞佳的传播视野，同时也

最大程度迎合了当代社会审美旨趣和生产生活的理念思潮。充分利用好这些优势，能够提升文创产品工艺创新传承的设计效率，降低盲目创新带来的文创产品设计开发和投资风险，最终顺利地落地生产并走向市场，被大众广泛接受和消费。

余　论

在本书中，我们通过聚焦中国的文创产品，从人的认知和物的认知两个角度展开研究，深入探讨了文创产品的人文情感关键要素和影响因素、消费者情感认知与产品设计之间的密切联系，以此全面了解中国文创产品设计中的人文情感作用机制。通过对多个方面的综合分析，得出了一系列有价值的结论。

一、中国综合实力的崛起为文创产品发展带来了新机遇和新挑战

通过对本书第一章文创产品在中国综合实力提升下的发展趋势进行分析，可以发现随着中国综合实力的不断提升，文化创意产业在近年来蓬勃发展，成为国家经济发展和文化软实力提升的重要支撑。在这一浪潮中，文创产品作为文化传播和推广的关键手段，受到了越来越多的关注和重视。因此，在对应章节，重点关注了情感认知在文创产品设计中的重要性，并深入探讨了情感设计的多维性，包括功能属性、虚构价值、情景价值和定向属性等层次。功能属性是指产品所具有的实际功能和服务，虚构价值则是指产品所传递的想象力和审美价值，情景价值关注的是产品在特定场景下所引发的情感体验，定向属性则是指产品在满足特定消费者需求时所产生的情感效果。将这些不同层次的情感设计融入文创产品中，能够使产品更具感染力和亲和力，更好地与消费者产生共鸣。

情感认知是消费者对产品的情感体验和评价过程，而情感设计是文创产品成功的关键。在中国综合实力提升的大背景下，文化自信和文化战略备受关注，文创产品作为文化传播的重要媒介，具有独特的价值和影响力。它不

仅可以传承和弘扬传统文化，还能创造新的文化符号和时尚潮流，吸引更多人关注中国文化。然而，文创产业也面临着许多挑战。

在产业方面，市场竞争的日益强烈意味着文创产业需要找到长久的盈利模式，不断创新，以面对更加复杂的市场环境。同时，由于创意人才的水平参差不齐，设计评价的标准需要进行规范，以确保创意质量的稳定。随着科技的发展，文创产品的构成形式与承载媒介都有了新的创新要素。在新的时代，如何保持文创产品设计理论的先进性，成了学术界重要的课题，也是无数设计人新的挑战。为了应对这些挑战，我们需要深入了解消费者需求和情感认知。消费者的情感体验和认知对于产品的市场反应至关重要，只有真正了解他们的需求，才能打造受欢迎的文创产品。因此，加强对消费者需求和情感认知的研究，成为文化创意产业发展的重要课题。在当今竞争激烈的市场中，吸引消费者对产品产生情感共鸣是文创产业成功的关键。消费者不再仅仅满足于产品本身的功能，而是更加关注产品背后所传递的情感价值和文化内涵。

在文创产品的设计中，选择正确的创新方法和理论也至关重要。传统的设计方法已经无法满足多元化和丰富化的消费需求，因此需要交叉融合的设计理论研究。在创新方法和理论选择方面，文化创意产业可以从跨学科的角度出发，汲取不同学科的设计思维和方法，将其融合运用于产品的开发和设计过程中。跨学科的设计方法可以打破传统的界限，将不同领域的智慧相互融合，从而创造出更具创新性和独特性的文创产品。本书着重强调了将心理学的认知原理与艺术创作相结合以设计出更加符合消费者认知特点的产品。面对科技的飞速发展，将传统手工艺与数字技术相融合，可以创造出现代感与传统文化意涵兼具的产品。可以肯定，情感与产品产业的融合也成为文创产业发展的重要方向，情感因素的融入能够增强产品的吸引力和认同度。随着人们对情感体验的需求不断提升，产品的情感化设计能够在激烈的市场竞争中脱颖而出。在情感化设计中，产品的外在形态和内在内涵都需要与消费者的情感共鸣相契合。通过对色彩、形状、材质等元素的精心搭配，使产品表达出特定的情感，如温馨、激动、怀旧等，从而引发消费者的情感共鸣，增强产品的吸引力和认同度。情感化设计也可以通过故事性的呈现方式来打动消费者，让他们在购买产品的同时，获得一种愉悦的情感体验。

国际市场竞争也是文化创意产业面临的挑战之一。随着中国文化综合实力的提升，文创产品也在国际舞台上崭露头角。然而，国际市场竞争激烈，如何在全球市场中脱颖而出，成为中国文创产品面临的重要挑战。加强国际传播和文化交流，提高产品的国际化水平，成为推动文创产品走向世界的必然选择。文创产品远销海外既是我国文化建设的结果，又是促进文化交流的手段，通过现有研究可以发现，跨文化的消费者认知存在着差异与趋同性，但是情感化的设计可以很好地链接文化，使消费者能接受来自不同文化背景的文创产品并产生喜好。作为文化海外传播的重要一环，文创产业应当加强国际传播，通过有效的品牌营销和文化推广，让更多的国际消费者了解和认可中国文创产品，进而增加海外市场的需求。为了促进国际文化交流，提高中国文化在国际中的影响力，文创产品可以通过参与国际文化活动、文化展览和文化节庆等形式，面向不同文化背景的消费者，与其他国家的文化产业展开对话与合作。本书通过研究消费者对不同文化背景下文创产品的情感认知因素，为设计提供了新的范式，以便创造出更具全球视野和国际影响力的文创产品。

综上，情感认知在文创产品设计中的重要性不可忽视，因为它是文创产业成功与否的关键因素。只有深入了解消费者需求和情感认知，选择正确的创新设计方法，才能推动情感与产品产业的融合。只有更深入地剖析消费者的情感认知，才能满足中国消费者日益增长的精神文明需求。同时，加强国际传播和竞争力的提升也至关重要，这将有助于中国文化创意产业迎来新的发展机遇，通过不断的传承和创新，中国文化创意产业将为中国文化的繁荣发展贡献更多的力量。

二、情感认知引领文创产品设计的创新之路

情感认知在文创产品设计中正成为创新设计的重要推动力。当前文创产品消费不再仅仅满足实用功能，而更注重消费者对品位、风格和生活态度的

追求。因此，消费者对文创产品所具有的人文情感认知结果，正成为决定产品成功与否的重要因素，它涵盖了消费者在使用产品过程中所产生的各种情绪和心理体验，这种情绪与心理体验是消费者行为的基础，影响着消费者的产品使用逻辑，购买与推荐意愿等。文创产品的设计应该遵循以人为本的原则，为消费者带来更优质的情感与使用体验，因此，情感认知所引领的文创产品设计具有广阔的前景与应用价值，正成为创新设计的关键。通过本书第二章、第三章及第四章人的认知机制研究可以发现：

首先，情感认知为文创产品设计提供了新的思路和方法。了解消费者的情感需求，挖掘潜在的情感诉求，是文创产品设计的关键。情感设计具有多维性，包括功能属性、虚构价值、情景价值和定向属性等层次。功能属性强调产品的实用价值和使用效率，虚构价值超越功能的范畴，通过创意和形象塑造产生有趣的印象，满足消费者的品位和批判力。情景价值则注重产品营造情境和延伸能力，创造与消费者想象和期待相符的体验。定向属性侧重产品与消费者文化背景的契合程度和对传统文化的高度还原，满足消费者不同文化背景的需求。

其次，情感认知的深入应用为文创产品创新带来了重要机遇。通过抓住消费者的情感需求，产品设计可以更贴合用户心理，增加产品的吸引力和认同度。在竞争激烈的市场中，情感认知的研究成为企业获取竞争优势的关键。通过情感设计，文创产品不仅仅局限于功能，更成为消费者情感表达的载体，被赋予更多的情感内涵和情感共鸣。

此外，情感认知在文创产品的市场推广方面也扮演着重要角色。了解消费者的情感认知，可以为文创产品的市场定位和推广策略提供有针对性的指导。通过情感设计，产品可以打造独特的品牌形象，吸引更多目标消费群体的关注和认同。同时，消费者对产品的情感认知也在很大程度上影响着产品口碑和品牌忠诚度。积极的情感认知体验会让消费者形成良好的情感记忆，从而增强对品牌的忠诚度和购买意愿。

综上所述，情感认知在文创产品设计中具有引领创新的关键作用。通过深入了解消费者需求和情感认知，抓住情感设计的多维性，文创产品可以更好地满足消费者的情感需求，提高市场竞争力。情感认知的重要性不仅体现在产品设计阶段，更涉及产品的市场推广和品牌建设。在文化创意产业发展的新时代，注重情感认知，将为文创产品设计带来全新的发展机遇。在产品中注入更多文化自信与创新力量，使文创产业在全球文化交流中发挥更加重要的角色，这将进一步推动中国综合实力的提升。

三、地域特色与个性在文创产业发展中有着关键作用

地域特色与个性在文创产业发展中扮演着关键作用，为文化传承和创新提供了重要支持，同时为文创产品赋予独特魅力。在当前消费者对文创产品越来越注重品位、风格和生活方式的时代，地域特色和个性成了吸引消费者的重要因素。通过本书第五章及第六章物的认知机制研究可以发现：

首先，文创产品的工艺创新传承是文创产业发展的重要方向。传统文化的工艺技艺往往蕴含着独特的手工艺美和文化精髓。通过创新工艺的运用，可以赋予传统文化更多的现代元素，使文创产品更具时尚感和现代感，吸引更多年轻消费者的关注。同时，工艺创新也有助于将传统文化与现代生活相融合，为文创产业发展带来更广阔的空间。

其次，乡土文创产品的地域特色和个性也是文创产业发展中不可忽视的方向。乡土文创产品以地方文化为背景，通过表达特定地域的历史、风俗和风景等元素，赋予产品强烈的地域特色。这些特色不仅吸引着当地居民的情感认同，还吸引着游客和消费者的好奇心和探索欲。在乡土文创产品的设计中，强调地域特色和个性能够打造独一无二的产品，形成鲜明的品牌形象，带动地方文化的传承和创新。

加强创新设计和提高情感认同是实现地域特色和个性的关键。创新设计是文创产业保持产品竞争力的基石。通过与优秀设计师的合作，文创产品可以更好地融合传统文化元素与现代审美趋势，以全新的形式呈现给消费者。同时，情感认同是推动文创产品市场成功的重要因素。只有让消费者产生情感共鸣，愿意与产品产生情感连接，才能增加产品的忠诚度和口碑，推动产品的长期发展。

在市场竞争日益激烈的时代背景下，文创产业需要不断加强创新和注重个性化的发展路径。地域特色和个性作为文创产品的核心价值，将为企业赢得市场份额和消费者的认可。同时，地域特色和个性的追求也是传承和创新文化的重要途径，有助于推动中国传统文化的发扬光大和传承。

综上所述，地域特色与个性在文创产业发展中具有重要作用。通过加强工艺创新传承和注重地域特色与个性的融合，文创产业可以更好地满足消费者需求，取得更大的市场成功，并在传承和创新中国传统文化的过程中发挥积极作用。这将为中国综合实力的提升注入更多文化自信与创新力量，使文创产业在全球文化交流中发挥更加重要的角色。

四、新兴技术为文创产品发展带来了新的机遇与挑战

新兴技术为文创产品发展带来了新的机遇与挑战，其中人工智能在文创产业中的影响日益凸显。通过对第五章蔚县剪纸案例的深入分析，可以发现情感认知在公众对人工智能艺术的关注中扮演着关键角色。具体而言，图案的整体氛围、愉悦感、构图以及色彩契合度和工艺契合度等因素对消费者对人工智能艺术的认知具有重要地位。通过对第六章人工智能生成艺术作品的剖析，以及第七章文创产品的工艺表征的网络分析，深入探讨了文创产品的工艺创新与人文传承。这些研究在一定程度上，为其他文创产品的人文情感认知研究提供了一些有借鉴的新思路和新方法。

随着科技的不断进步，人工智能在文创产业中的应用日益广泛。它为文创产品的创作、设计和制造带来了更多可能性，提供了更多新的表现形式。例如，在蔚县剪纸案例中，人工智能技术能够通过图像识别和图案生成等算法，自动生成新的剪纸图案，为传统剪纸艺术注入了新的活力。这种技术的应用不仅节省了人力和时间，还使得文创产品可以更加个性化和多样化，满足不同消费者的需求。

然而，新兴技术也带来了一些挑战。例如，人工智能技术的运用需要专业知识和技术支持，这对文创从业者提出了更高的要求。在融合人工智能技术的过程中，文创从业者需要不断学习和掌握相关知识，以确保技术能够得

到有效应用。此外，虽然人工智能技术能够提高文创产品的效率和质量，但过度依赖技术可能导致产品缺乏人文关怀和情感认同，从而影响消费者的体验和认可。

综上所述，新兴技术，特别是人工智能，为文创产品的发展带来了新的机遇与挑战。通过深入了解情感认知在公众对人工智能艺术的认知中的关键作用，可以为其他文创产品的情感认知研究提供新的思路和方法。文创产业在应对新兴技术带来的挑战的同时，应充分把握技术创新的机遇，不断推动文创产品的发展，以满足消费者日益增长的情感需求，为中国文创产业持续发展注入更多活力和创意。

五、结语

随着中国综合国力的不断壮大，人文情感认知在文创产品设计中的关键地位已经变得愈发明显。消费者不再仅仅满足于产品的实用性，更加注重产品所传达的情感价值和文化内涵。通过深入了解消费者的情感需求，文创产品可以更好地满足他们的期望，增加产品的吸引力和认同度。

与此同时，中国文创产业的发展，为国家经济发展和文化软实力提升提供了重要支持。在这本书中，我们通过人和物两个视角，深入研究了中国文创产品的人文情感认知机制，并重点论述了产品设计中的情感认知、地域特色与个性，以及新兴技术的重要作用。这些因素共同塑造了中国文创产业的未来，并为其注入了新的动力。理解这些因素的重要性，并将其融入产品设计和市场推广中，将有助于中国文创产业实现更大的发展，为中国文化的传承和创新注入更多的力量。

最后，我们希望本书的研究能为文化创意产业的发展提供有益的启示，为文创产品的创新设计和市场推广提供有力的支持，同时也为传统工艺的传承和创新注入新的活力。我们相信随着更多研究者的深入探索和努力，文化创意产业将迎来更加美好的未来，为社会文化的繁荣作出贡献。

参 考 文 献

中文文献

[1] 安鹏丽．基于双层网络的能源上市公司共股东强度对股价波动动态传导研究[D]. 北京：中国地质大学，2021.

[2] 白睿昇．基于复杂网络理论的产品形态设计方法研究 [D]. 兰州：兰州理工大学，2020.

[3] 曹海涛．曹海涛：论后疫情时代“文化创意产业”反击战的基本策略 [EB/OL].（2021-5-18）[2024-5-10].https：//weibo-com/2132776393/Kg3NYq6WR.

[4] 程辉．博物馆文化创意的边界与“文创思维”[N]. 中国文物报，2020-04-14（005）.

[5] 程辉，邱筱，刘炳建，等．国内文创产品设计方法研究综述：基于对《包装工程》所刊发的文创产品设计主题论文的分析 [J]. 包装工程，2022，43（12）：339-347.

[6] 陈晨，陈梦秋．环境美学与消费美学对精品酒店消费意图的影响研究 [J]. 商业经济，2020（9）：143-147.

[7] 陈静．创意消费语境下文创产业数字化管理的实施逻辑与路径 [J]. 理财，2023（5）：11-13.

[8] 陈墨，余隋怀，王伟伟，等．文创产品的设计方法与路径 [J]. 包装工程，2019，40（24）：1-10.

[9] 陈奇佳，廖亦奇．快感的考古消费：文博类文创产业的产品特性研究 [J]. 江

苏行政学院学报，2020（1）：33-41.
[10] 陈睿，张阿维，王园园 . 文化创意产品感性设计方法研究 [J]. 西部皮革，2019，41（18）：32.
[11] 陈诗 . 基于复杂网络理论的国际艺术品贸易格局演化研究 [D]. 杭州：杭州师范大学，2020.
[12] 陈忆澄 . 中国艺术传播理论的当代生成研究 [J]. 艺术传播研究，2021（4）：11-20.
[13] 陈郁璐，雷青 . 基于在线评论的考古盲盒用户体验影响因素研究 [J]. 包装工程，2022，3（8）：180-189.
[14] 储结兵 . 创客感知视角下图书馆创客空间服务质量评价指标体系研究 [J]. 国家图书馆学刊，2020，29（3）：19-30.
[15] 崔宝玉，孙迪 . 农民合作社联合社合法性的动态获取机制：基于扎根理论的研究 [J]. 财贸研究，2019，30（4）：30-40.
[16] 邓举青 . 消费者价值感知维度下文创产品营销策略创新 [J]. 商业经济研究，2021（11）：82-84.
[17] 邓小南，渠敬东，渠岩，等 . 当代乡村建设中的艺术实践 [J]. 学术研究，2016（10）：51-78.
[18] 段红 . 情绪对认知的影响及其认知神经机制 [J] 牡丹江大学学报，2019，28（7）：75-78.
[19] 丁满，程语，黄晓光，等 . 感性工学设计方法研究现状与进展 [J]. 机械设计，2020，37（1）：121-127.
[20] 丁孝佳 . 古韵新歌：中国传统图案在当代服装设计中的植入路径 [J]. 印染，2022，48（9）：89-9.
[21] 狄增如，陈晓松 . 复杂系统科学研究进展 [J]. 北京师范大学学报（自然科学版），2022，58（3）：371-381.
[22] 董占山 . 传播学视阈下的新媒体营销策略：以“故宫淘宝”为例 [J]. 出版广角，2016（11）：70-71.
[23] 段莉 . 文化创客：人与产业平衡发展新探 [J]. 福建论坛：人文社会科学版，

2016（10）：136-142.

[24] 杜惠英，王兴芬，庄文英 . 在线评价对消费者购买意愿影响理论模型与实证研究 [J]. 中国流通经济，2017，1（8）：49-56.

[25] 方超 . 现代标志设计中传统图案的设计文化研究 [J]. 包装工程，2018，39（14）：263-266.

[26] 樊岳红 . 人工智能情感认知推理的计算模型分析 [J]. 上海师范大学学报（哲学社会科学版），2020，49（2）：94-103.

[27] 范玉刚 . 消费美学何以成为可能 [J]. 探索与争鸣，2015（12）：98-102.

[28] 冯石岗，许文婷 . 京津冀文化圈的渊源和载体 [J]. 河北工业大学学报（社会科学版），2013，5（2）：9-15，61.

[29] 顾江，郭新茹，周锦 . 文化产业研究 [M]. 南京：南京大学出版社，2020.

[30] 韩涛，贺威，代俊，等 . 基于无标度网络的车联网连通性研究 [J]. 通信学报，2021，42（4）：100-108.

[31] 侯宇康，吕健，刘翔，等 . 基于神经风格迁移网络的民族图案创新方法 [J]. 图学学报，2020，41（4）：606-613.

[32] 华觉明 . 传统工艺的界定和分类 [J]. 自然科学史研究，2021，40（1）：120-129.

[33] 兰芳，袁立，项子豪 .“汉画像的日常”文创产品设计研究 [J]. 包装工程，2022，43（2）：310-318.

[34] 胡娜 . 当代社会艺术创客的兴起及意识转向 [J]. 福建论坛：人文社会科学版，2016（10）：131-135.

[35] 胡卫军，喻珊，李明星，等 . 基于社会网络分析的设计领域知识合作网络演化研究 [J]. 图书馆，2018（3）：61-67.

[36] 蒋艺芝. 湘南瑶绣艺术形态与文化创意产品开发 [J]. 贵州民族研究，2018，39（3）：128-132.

[37] 解春凤 . 地域文化元素在文创产品设计中的应用 [J]. 包装工程，2020，41（8）：313-316.

[38] 柯心霞 . 当代农业文创产品的创意与设计研究 [J]. 山东农业工程学院学报，

2023，40（6）：42-47.

[39] 梁增贤，苏思晴 . 恐惧还是愉悦？娱乐恐惧空间的情绪体验研究 [J]. 旅游学刊，2024（6）：1-26.

[40] 梁若愚，张凌浩，郑庆 . 面向网络开放创新社区的设计参与者角色研究 [J]. 包装工程，2018，39（22）：17-21.

[41] 黎荔 . 消费者价值感知维度下的文创产品营销策略研究 [J]. 中国商论，2023（15）：87-90.

[42] 李国华，刘文金，沈华杰，等 . 基于感性意象量化试验的蒙古族家具装饰知识获取与重用实践 [J]. 林产工业，2023，60（3）：66-72.

[43] 厉力 . 深度挖掘乡土文化形成“接地气”的乡村文创产品 [J]. 中国农业资源与区划，2022，43（11）：2.

[44] 李明松，何明泉 . 具在地识别陶瓷商品设计之研究 [D]. 台湾：云林科技大学工业设计研究所，2005.

[45] 林荣泰，林伯贤 . 融合文化与美学促成文化创意设计新兴产业之探讨 [J]. 艺术学报（台湾），2009，85：81-105.

[46] 林荣泰 . 文化创意产业的本质与研究 [J]. 设计学报（台湾），2011，16（4）：I-IV.

[47] 李合龙，袁宜晨，张卫国 . 中国股市行业间投资者情绪传染效应研究：基于 VMD-WA 模型 [J]. 系统管理学报，2023，32（4）：784-795.

[48] 李少波，全华凤，胡建军，等 . 基于在线评论数据驱动的产品感性评价方法 [J]. 计算机集成制造系统，2018，24（3）：752-762.

[49] 李洋，隆鑫，杨龙飞 . 面向文化语义表达的创意产品设计方法研究 [J/OL]. 机械设计与制造，2023（12）：301-304.

[50] 李志春，李日辉，包长江 . 文创产品相关评价研究综述及展望 [J]. 包装工程，2023，44（10）：95-107.

[51] 柳冠中 . 事理学论纲：概述 [J]. 设计，2013（9）：114-115.

[52] 刘华，王展，李泽珩 . 产品基因调控网络的设计知识析出新模式 [J]. 机械设计，2021，38（1）：127-134.

[53] 刘军 . 整体网分析：UCINET 软件实用指南 [M]. 上海：上海人民出版社，2019.

[54] 刘民坤，桑虹丽，梁建华 . 乡村旅游文化创意产品研发的影响因素研究 [J]. 贵州财经大学学报，2021（5）：101-110.

[55] 刘芹 . 论传统图案在现代艺术设计中的作用 [J]. 美术大观，2018，（11）：112-113.

[56] 刘婷婷，刘箴，许辉煌，等 . 基于情绪认知评价理论的虚拟人情绪模型研究 [J]. 心理科学，2020，43（1）：53-59.

[57] 刘洋，赵爽 . 运用潮流文化助推文创产品设计 [J]. 设计，2021，34（5）：8-11.

[58] 李中梅，张向先，郭顺利，等 . 新媒体环境下智库信息传播网络结构实证分析研究 [J]. 情报科学，2021，39（2）：146-156.

[59] 李作学，马婧婧 . 科技人才激励因素的组态路径研究：一项 QCA 分析 [J]. 科技进步与对策，2021，38（19）：145-151.

[60] 罗静 . 基于 SIPS 模型的公共图书馆文化创意产品营销实践路径研究 [J]. 图书馆工作与研究，2021，6：24-29.

[61] 罗尧成，赵蓓超 . 文化创意产业集群发展研究综述：基于 CNKI（2004—2013）收录文献的分析 [J]. 科技管理研究，2016，36（2）：194-198.

[62] 芦宇娅，臧卫军 . 博物馆文创产品情感化设计与研究 [J]. 鞋类工艺与设计，2022，2（16）：99-101.

[63] 马艳明 . 设计符号学视域下的陶瓷文创产品设计与原则 [J]. 陶瓷研究，2023，38（4）：64-66.

[64] 孟猛，朱庆华 . 移动社交媒体用户持续使用行为研究 [J]. 现代情报，2018，38（1）：5-18.

[65] 平亮，宗利永 . 基于社会网络中心性分析的微博信息传播研究：以 Sina 微博为例 [J]. 图书情报知识，2010（6）：92-97.

[66] 任晓龙，吕琳媛 . 网络重要节点排序方法综述 [J]. 科学通报，2014，59（13）：1175-1197.

[67] 沈华杰，程玉，黄东海，等 . 基于知识图谱的竹工艺品研究热点与发展趋

势 [J]. 世界竹藤通讯，2023（4）：1-14.
[68] 沈丽宁，杨佳艺，裴家旋，等 . 基于 OCC 模型和情绪诱因事件抽取的细颗粒度情绪识别方法研究 [J]. 数据分析与知识发现，2023，7（2）：72-85.
[69] 宋之杰，唐晓莉 . 基于 S-O-R 模型的价格和评价影响消费者网络购买意愿研究 [J]. 数学的实践与认识，2019（49）：1-9.
[70] 汤纯 . 文化旅游视野下工业文创产品的包装设计策略研究 [J]. 黄山学院学报，2023，25（4）：43-48.
[71] 田甜 . 基于 S-O-R 模型的非遗文创产品消费者购买意愿研究 [J]. 统计与信息论坛，2021，36（12）：116-124.
[72] 王嘉楠 . 品牌文化元素在文创产品设计中的具体应用 [J]. 包装工程，2023，44（16）：381-386.
[73] 王宁. 乡村旅游与乡村文化复兴：一个消费者赞助的视角 [J]. 旅游学刊，2019，34（6）：6-7.
[74] 王萍 . 博物馆文创产品的情感化设计探析 [J]. 造纸信息，2023（5）：104-106.
[75] 王琦 . 文创产品设计中传统纹样的应用研究 [J]. 包装工程，2023，44（16）：352-355.
[76] 王诗谣，代沁泉，许鑫 . 我国非物质文化遗产研究的计量分析（2002-2017）[J]. 图书馆论坛，2019，39（1）：1-8.
[77] 汪祺，周贤林，胡宇恺，等 . 情感分析视角下"未名四杰"作品的接受与评价：基于对 2005—2022 年在线书评的实证分析 [J]. 皖西学院学报，2023，39（3）：10-14.
[78] 汪小帆，李翔，陈关荣 . 网络科学导论 [M]. 北京：高等教育出版社，2012.
[79] 王一方 . 试论彼得•基维的情感认知论 [J]. 河南师范大学学报（哲学社会科学版），2015，42（6）：136-138.
[80] 王岳涵 . 形态语义学在文创产品设计中的应用研究 [D]. 景德镇：景德镇陶瓷大学，2019.
[81] 王英，孙业红，苏莹莹，等 . 基于社区参与的农业文化遗产旅游解说资源

研究：以浙江青田稻鱼共生系统为例 [J]. 旅游学刊，2020，35（5）：75-86.

[82] 万露，林丽，曹翀，等 . 感性叙事为导向的文创产品概念设计方法 [J]. 包装工程，2020，41（10）：157-162.

[83] 翁剑青 . 形式与意蕴：中国传统装饰艺术八讲 [M]. 北京：北京大学出版社，2006.

[84] 温雯，杨庆 . 创客运动与手工艺跨界创新研究 [J]. 广西民族大学学报：哲学社会科学版，2017（6）：21-27.

[85] 吴航，徐丹 . 葫芦烙画的艺术风格迁移与模拟 [J]. 中国科技论文，2019，14（3）：278-84.

[86] 向勇 . 故宫文创：传承优秀传统文化的先锋实验 [J]. 人民论坛，2019（9）：124-126.

[87] 向勇 . 新发展阶段乡村文创的价值逻辑、行动框架和路径选择 [J]. 北京舞蹈学院学报，2021（4）：83-88.

[88] 肖剑，郭婧怡，郭锦墉 . 外部刺激、心理过程与消费者家庭生鲜牛肉购买行为：基于 S-O-R 理论分析模型 [J]. 农村经济与科技，2020，31（10）：77-82.

[89] 杨琨，李彦，熊艳，等 . 基于复杂网络的知识驱动产品创新设计 [J]. 计算机集成制造系，2015，21（9）：2257-2269.

[90] 颜惠芸，林伯贤，林荣泰文创商品之感质特性探讨 [J]. 感性学报，2014，2（1）：34-61.

[91] 姚梦雨，黄丽霞 . 图书馆文创的出圈之路：以全国图书馆文化创意产品开发联盟为例 [J]. 图书馆学刊，2023，45（7）：22-27.

[92] 应艳，陈炬 . 天一阁之符号意象与文创产品设计研究 [J]. 包装工程，2018，39（6）：127-132.

[93] 尹朝晖 . 论区域地缘形象与区域媒体对外传播 [J]. 西北农林科技大学学报（社会科学版），2013，13（2）：88-91.

[94] 原研哉 . 设计中的设计 [M]. 朱谔，译 . 济南：山东人民出版社，2006.

[95] 喻国明 .5G 时代传媒发展的机遇和要义 [J]. 新闻与写作，2019（3）：63-66.
[96] 于子珈 . 浅析产品设计中的材质应用 [J]. 工业设计，2019（5）：59-60.
[97] 张朵朵 . 隐性知识：传统手工艺设计创新研究的微观视角 [J]. 装饰，2015（6）：117-119.
[98] 长町三生 . 感性工学：感性をデザインに活かすテクノロジー [M]. 东京：海文堂，1970.
[99] 张小帆 . 消费文化语境中的消费美学 [J]. 西安电子科技大学学报（社会科学版），2019，29（1）：108-113.
[100] 张雪 . 故宫博物院文化创意产品开发及启示 [J]. 浙江档案，2019（2）：20-21.
[101] 张艳芳 . 扎根理论：图书馆学本土化研究的新视角 [J]. 图书馆杂志，2011（3）：3-4.
[102] 张尧，王颖，王煜涵 . 家庭功能与幼儿社会情绪的关系：基于环状模型和线性模型的探讨 [J]. 教育生物学杂志，2022，10（4）：287-291，296.
[103] 张正元 . 对我国博物馆文化创意产品的设计反思 [J]. 四川戏剧，2019（12）：73-75，79.
[104] 赵东明，张继军 . 基于 RoBERTa 模型的客户服务热线不满情绪识别系统 [J]. 天津科技，2023，97：57-59，63.
[105] 赵梦瑶，文诗琪，韩圆圆，等 . 博物馆文创产品涉入度对消费意愿的影响：价值感知的中介作用 [J]. 全国流通经济，2023（12）：32-35.
[106] 郑烟子，王建萍 . 服装印花图案设计的感性研究 [J]. 纺织学报，2020，41（8）：101-107.
[107] 周涛，柏文洁，汪秉宏，等 . 复杂网络研究概述 [J]. 物理，2005（1）：31-36.
[108] 周佳璐，王健 . 符号消费语境下湘西非遗文创产品设计研究 [J]. 科技传播，2023，15（14）：73-75，80.
[109] 朱嘉蔚，朱晓姝，孔令卫 . 心理契约多元关系路径及其影响效应研究：基于扎根理论的个案分析 [J]. 江西社会科学，2019，39（3）：215-224，

256.

[110] 朱雅琪，刘琳琪 . 基于顾客感知价值的手工艺品牌文创产品设计策略研究[J]. 鞋类工艺与设计，2023，3（15）：54-56.

外文文献

A

[1] Ahuvia A，Rauschnabel PA，Rindfleisch A.Is brand love materialistic?[J]. Journal of product&brand management，2020，30（3）：467-480.

[2] Anderson SP.Seductive interaction design：creating playful，fun，and effective user experiences[M].California：New Riders Press，2011.

[3] Anyfantis K，Foteinopoulos P，Stavropoulos P.Design for manufacturing of multi-material mechanical parts：a computational based approach[J].Procedia CIRP，2017，66：22-26.

[4] Attri R，Dev N，Sharma V.Interpretive structural modelling（ISM）approach：an overview[J].Research journal of management sciences，2013，2319（2）：1171.

B

[5] Barabási A L，Bonabeau E.Scale-Free networks[J].Scientific American，2003，288（5）：60-69.

[6] Baudrillard J.For a critique of the political economy of the sign[M].New York：Verso Books，2019.

[7] Bhandari U，Chang K，Neben T.Understanding the impact of perceived visual aesthetics on user evaluations：an emotional perspective[J].Information & management，2019，56（1）：85-93.

[8] Blunch N J.Book reviews introduction to structural equation modelling using SPSS and Amos[M].Los Angeles：SAGE Pulications，2008.

[9] Borgatti S P，Mehra A，Brass D J，et al.Network analysis in the social sciences[J].Science，2009，323（5916）：892-895.

[10] Brown T A，Moore M T.Confirmatory factor analysis.Handbook of structural equation modeling，2012，361：379.

[11] Busse M，Siebert R.The role of consumers in food innovation processes[J].Eur. J.Innovat.Manag.2018，21（1）：20–43.

C

[12] Casas M C，Chinoperekweyi J.Color psychology and its influence on consumer buying behavior：a case of apparel products[J].Saudi journal of business and management studies，2019，4（5）：441-456.

[13] Chai C L，Bao D F，Sun L Y，et al.The relative effects of different dimensions of traditional cultural elements on customer product satisfaction[J].International journal of industrial ergonomics，2015（48）：77-88.

[14] Chen C，Yang L M.Arylation of diarylamines catalyzed by Ni（II）-PPh3 system[J].Organic letters，2005，7（11）：2209-2211.

[15] Chen D，Yuan L，Liao J，etal.Stereoscopic neural style transfer[C]//Proceedings of the IEEE Conference on Computer Vision and Pattern Recognition.2018：6654-6663.

[16] Chen S L，Guo K X，Gong K，et al. A research on the matching mechanism of Chinese traditional creative products and users：taking Yuxian ceramics as an example（in Chinese）[J].Foreign economics & management，2021，43（7）：141-152.

[17] Chen T，Xiong W，Zheng H，et al.Image sentiment transfer[C]//Proceedings of the 28th ACM International Conference on Multimedia，2020：4407-4415.

[18] Chatzipanagiotou K，Christodoulides G，Veloutsou C.Managing the consumer-based brand equity process：a cross-cultural perspective[J].International business review，2019，28（2）：328-343.

[19] Coelho F J F，Bairrada C M，de Matos Coelho A F.Functional brand qualities and perceived value：the mediating role of brand experience and brand personality[J]. Psychology & marketing，2020，37（1）：41-55.

[20] Cooper R G.The drivers of success in new-product development[J].Ind.market. manag，2019（76）：36–47.

[21] Crilly N.Methodological diversity and theoretical integration：research in design fixation as an example of fixation in research design? [J].Design studies，2019，65：78-106.

[22] Crilly N.The structure of design revolutions：Kuhnian paradigm shifts in creative problem solving[J].Design Issues，2010，26（1）：54-66.

D

[23] Dan N.How may the aesthetic language of artwork represent reality[C]//Munz VA，Puhl K，Wang J.From the ALWS archives：a selection of papers from the International Wittgenstein Symposia in Kirchberg am Wechsel，2014.

[24] De Meo P，Ferrara E，Fiumara G，et al.A novel measure of edge centrality in social networks[J].Knowledge-Based systems，2012，30：136-150.

[25] Demirbilek O，Sener B.Product design，semantics and emotional response[J]. Ergonomics，2003，46（13-14）：1346-1360.

[26] Deng Y.Application of traditional Chinese auspicious patterns in modern design[J].Packaging ergonomics，2019，40：223-235.

[27] Devlieger I，Rosseel Y.Factor score path analysis[J].Methodology，2017.

[28] Diener E，Cha Y，Oishi S.Reinterpreting mood induction experiments[J]. Journal of positive psychology，2022：1-11.

[29] Ding J W，Yang D T，Cao Y A D，et al.A review of research on product innovation design based on emotion[J].Science and technology progress and countermeasures，2010（27）：156-160.

[30] Ding Leong B，Clark H. Culture-Based knowledge towards new design thinking and practice：a dialogue design issues[J].Design issues，2003，19（3）：48-58.

F

[31] Farooq R.How to design and frame a questionnaire[M]//Innovations in

Measuring and Evaluating Scientific Information.IGI Global，2018：50-60.

[32] Feng X，Yu L，Kong W，et al.Frontier hotspots and trend evolution of cultural and creative design in China：an empirical research on CNKI-based bibliometrics[J].Library Hi Tech，2022.

[33] Fink-Hafner D，Dagen T，Doušak M，et al.Delphi method：strengths and weaknesses[J].Advances in Methodology and Statistics，2019，16（2）：1–19.

[34] Fiss P C，Sharapov D，Cronqvist L.Opposites attract? Opportunities and challenges for integrating large-N QCA and econometric analysis[J].Political research quarterly，2013：191-198.

[35] Fitzpatrick E，Reilly R C.Making as method：reimagining traditional and indigenous notions of "Craft" in research practice[J].Art/Research international：a transdisciplinary journal，2019，4（1）：Ⅰ-ⅩⅥ.

[36] Fornell C，Larcker D F.Evaluating structural equation models with unobservable variables and measurement error[J].Journal of marketing research，1981，18（1）：39-50.

G

[37] Gassmann O，Sandmeier P，Wecht CH.Extreme customer innovation in the front-end：learning from a new software paradigm[J].J. technol. manag，2006，33（1），46–66.

[38] Girvan M，Newman M E J.Community structure in social and biological networks[J].Proceedings of the national academy of sciences，2002，99（12）：7821-7826.

[39] Greckhamer T，Furnari S，Fiss P C，et al.Studying configurations with qualitative comparative analysis：best practices in strategy and organization research[J].Strategic organization，2018，16（4）：482-495.

[40] Green O，Bader D A.Faster betweenness centrality based on data structure experimentation[J].Procedia computer science，2013，18：399-408.

[41] Green W，Jordan P.Pleasure with products：beyond usability[M].London：

Taylor & Francis，2002.

[42] Green W S，Jordan P W.Pleasure with products：beyond usability[M].Florida：CRC Press，2002.

[43] Ghiselli E E，Campbell J P，Zedeck S.Measurement theory for the behavioral sciences[M].San Francisco：Freeman WH，1981.

[44] Goldman BM，Leland HE，Sibley DS.Optimal nonuniform prices[J].The review of economic studies，1984，51（2）：305-319.

[45] Goldenberg J，Horowitz R，Levav A，et al.Finding your innovation sweet spot[J].Harv. bus. rev，2003，81（3）：120–129.

[46] Goucher-Lambert K，Cagan J.Crowdsourcing inspiration：using crowd generated inspirational stimuli to support designer ideation[J].Design studies，2019，61：1-29.

H

[47] Hair J F，Black W C，Babin B J，et al.Multivariate data analysis（7thed.）.Upper Saddle River，N J：Prentice Hall.

[48] Hair J F.Multivariate data analysis[D].Kennesaw：Kennesaw State University，2009.

[49] He R K.Community-Based cultural innovation：the“New Channel”design and social innovation project[J].Public art，2016，5：14-21.

[50] Hoegg J A，Alba J W.A role for aesthetics in consumer psychology[M]. Handbook of Consumer Psychology.Routledge，2018：726-747.

[51] Hollins B，Pugh S.Successful product design：what to do and when[M]. London：Butter Worth-Heinemann，1990.

[52] Horvat A，Granato G，Fogliano V，et al.Understanding consumer data use in new product development and the product life cycle in European food firms：an empirical study[J].Food qual，2019（76）：20–32.

[53] Hou Y.Research on the application of emotional design in cultural creative product design[C]//E3S Web of Conferences，2020，179（4）：02119.

[54] Huang H，Wang H，Luo W，et al.Real-Time neural style transfer for videos[C]//Proceedings of the IEEE Conference on Computer Vision and Pattern Recognition.2017：783-791.

[55] Huang X，Belongie S.Arbitrary style transfer in real-time with adaptive instance normalization[C]//Proceedings of the IEEE international conference on computer vision，2017：1501-1510.

I

[56] Imbert E，Ladu L，Tani A，et al.The transition towards a bio-based economy：a comparative study based on social network analysis[J].Journal of Environmental Management，2019，230：255-265.

[57] Imperiale F，Fasiello R，Adamo S. Sustainability determinants of cultural and creative industries in peripheral areas[J]. Journal of risk and financial management，2021，14（9）：438.

J

[58] Jacoby J，Chestnut R W.Brand loyalty measurement and management[M]. Hoboken，NJ：JohnWiley & Sons，1978.

[59] Jagtap S.Aesthetic design process：descriptive design research and ways forward[M].Springer India，2015.

[60] Jagtap S.Attributes and emotions in product form design：a survey of professional industrial designers[C].International Conference on Research into Design.Springer，Singapore，2017：705-714.

[61] Jain R，Jayesh A，Shilpa B.Customer experience：a review and research agenda[J].Journal of service theory and practice，2017，27：3.

[62] Jay P.Raw visionary：Samant chauhan，bhagalpursilk，and the beauty economy of Indian fashion[J].Fashion practice，2015，7：199-124.

[63] Jiang P，Fu Y G，Li S.Inheritance and reconstruction of Chinese artifact spirit in contemporary cultural and creative design[J].Packaging ergonomics，2022，43（6）：252-258.

[64] Ji S，Lin P S.Aesthetics of sustainability：research on the design strategies for emotionally durable visual communication design[J].Sustainability，2022，14（8）：46-49.

[65] Jing Y，Yang Y，Feng Z，et al.Neural style transfer：a review[J].IEEE transactions on visualization and computer graphics，2019，26（11）：3365-3385.

[66] Jordan P W.Pleasure with products：human factors for body，mind and soul[M].Boca Raton：CRC Press，1999.

K

[67] Khalid H M，Helander M G.A frame work for affective customer needs in product design[J].Theoretical issues in ergonomics science，2004，5（1）：27-42.

[68] Kikuchi Y.The craft debate at the crossroads of global visual culture：re-centring craft in postmodern and postcolonial histories[J].World art，2015，5（1）：87-115.

[69] Kleemann S，Fröhlich T，Türck E，et al.A methodological approach towards multi-material design of automotive components[J].Procedia CIRP，2017，60：68-73.

[70] Klijn E H，Nederhand J，Stevens V.The necessity of collaboration in branding：analysing the conditions for output legitimacy through qualitative comparative analysis（QCA）[J].Public management review，2022，24（5）：664-682.

[71] Klink R R，Athaide G A. An illustration of potential sources of concept-test error[J].J. prod. innovat. manag，2006，23（4）：359-370.

L

[72] Landoni P，Dell’era C，Frattini F，et al. Business model innovation in cultural and creative industries：insights from three leading mobile gaming firms[J]. Technovation，2020，92：82-102.

[73] Lane A M，Sewell D F，Terry P C，et al.Confirmatory factor analysis of the competitive state anxiety inventory-2[J].Journal of sports sciences，1999，17(6)：505-512.

[74] Latora V，Marchiori M.Efficient behavior of small-world networks[J].Physical review letters，2001，87（19）：198701.

[75] LAZARUS R S. Emotion and adaptation[M]. New York：Oxford University Press，1991.

[76] Lee J H，Ostwald M J，Gu N.Design thinking：creativity，collaboration and culture[M].Cham，Switzerland：Springer，2020.

[77] Leong B D，Hazel C.Culture-Based knowledge towards new design thinking and practice：a dialogue[J].Design issues，2003，19（3）：48-58.

[78] Lewis J R，Jeff S.Usability and user experience：design and evaluation[J]. Handbook of human factors and ergonomics，2021：972-1015.

[79] Li C L.Analysis of the current situation of regional cultural and creative product design and design research[J].Art education research，2021，2：65-67.

[80] Li，M.A few basic patterns of artistic identity（in Chinese）[J].National arts，2021，37（4）：117-131.

[81] Li W.Research on the emotional design of cultural and creative products based on the reflection level[J].Artwork，2020，6：89-92.

[82] Li X H.The "new infrastructure" for the smart society and its policy orientation[J]. Reform，2020，5：34-48.

[83] Lin Y S，Lin M H.Exploring indigenous craft materials and sustainable design：a case study based on Taiwan kavalan banana fibre[J].Sustainability，2022，14（13）：72-78

[84] Lilien G L，Morrison P D，Searls K，et al. Performance assessment of the lead user idea-generation process for new product development[J].Manag. sci，2002，48（8）：1042-1059.

[85] Lindstrom M，Seybold P B.Brandchild：remarkable insights into the minds of

today's global kids and their relationships with brands[M].London：Kogan Page Publishers，2003.

[86] Lin R.Acculturation in human culture interaction：a case study of culture meaning in cultural product design[J].Ergonomics international journal，2018，2：1.

[87] Lin R.Transforming Taiwan aboriginal cultural features into modern product design：a case study of a cross-cultural product design model[J].International journal of design，2007（1）：247-255.

[88] Liu S.Research on the style of art works based on deep learning[J].Journal of advanced transportation，2022.

[89] Liu G Z.Methodology of matter[M].Shanghai：Shanghai People's Fine Arts Publishing House，2019.

[90] Liu X X.Aesthetic Economy and Creative Industries：a Review of Taiwan's Perspectives[J].Asia pacific economy，2010，5：135-139.

[91] Lu Z.Digital image art style transfer algorithm and simulation based on deep learning model[J].Scientific programming，2022.

M

[92] Ma B Y，He C C，Wang W.The development trend of product design model of museum culture and originality[J].Industrial design，2021，42：79-83.

[93]Ma R G，Lin W.Exploring new ideas of cultural and creative product design based on regional culture[J].Packaging engineering，2022，43（10）：312-318.

[94]Marx A.Towards more robust model specification in QCA results from a methodological experiment[C].Philadelphia：American Sociological Association，2006.

[95]A H Maslow. A theory of human motivation[J].Psychological review，2000，50（8）：370–396.

[96]Maslow A.Motivation and personality[M].Beijing：China Renmin University Press，2012.

[97] Mattke J，Maier C，Weitzel T，et al.Qualitative comparative analysis（QCA）

in information systems research：status quo，guidelines，and future directions[J].Communications of the association for information systems，2022，50（1）：8.

[98]Mazzone M，Elgammal A.Art，creativity，and the potential of artificial intelligence[C]//Arts.MDPI，2019，8（1）：26.

[99] McCarthy J，Wright P.Technology as experience[J].Interactions，2004，11（5）：42–43.

[100] Millard J，Sorivelle M N，Deljanin S，et al.Is the maker movement contributing to sustainability? [J].Sustainability，2018，10（7）：2212.

[101] Millett S M.Futuring and visioning：complementary approaches to strategic decision making[J].Strat. leader，2008，34（3）：43–50.

[102] Morgan T，Obal M，Anokhin S.Customer participation and new product performance：towards the understanding of the mechanisms and key contingencies[J].Res. pol，2018，47（2）：498–510.

[103] Mueller R O，Hancock G R.Structural equation modeling//The reviewer's guide to quantitative methods in the social sciences.Routledge，2018：445–456.

N

[104] Nijssen E J，Lieshout K F.Awareness，use and effectiveness of models and methods for new product development[J].Eur. J. market，1995，29（10）：27–44.

[105] Norman D A.Emotional design：why we love（or hate）everyday things[M].NY：Basic Books，2004.

[106] Nyurenberger L，Kvita G，Shchetinina N.The role of aesthetic component in tourism product development[C]//Dukic G，Cliford J，Atkinson D.Economic and Social Development：book of Proceedings.London:Varazdin Development and Entreprenewslip Agency，2019：310–317.

P

[107] Patrick V M，Hollenbeck C R.Designing for all：consumer response to inclusive design[J].Journal of consumer psychology，2021，31（2）：360-381.

[108] Parmentier G，Mangematin V.Orchestrating innovation with user communities in the creative industries[J].Technol.Forecast.Soc.Change，2014，83：40–53.

[109] Parmentier G，Paris T，Gandia R.Paradox，Articulation，and Issues in the Transition from Creativity to Innovation[J].Journal of innovation economics management，2021（3）：1-10.

R

[110] Richards G.Designing creative places：the role of creative tourism[J].Annals of tourism research，2020，85：102922.

[111] RIHOUX B.Qualitative comparative analysis（QCA）and related systematic comparative methods[J].International sociology，2006，21（5）：679-706.

[112] Rofianto W，Haque MG，Sunarsi D，et al.Cultural Product Branding，Antecedents，And Its Implications：a Study On The Context Of Indonesian Batik[J].International journal of social，policy and law，2021，2（2）：37-46.

[113] Roggeveen A L，Rosengren S.From customer experience to human experience：uses of systematized and non-systematized knowledge[J].Journal of retailing and consumer services，2022，67：102967.

[114] Rubinson C，Gerrits L，Rutten R，et al.Avoiding common errors in QCA：a short guide for new practitioners[J].Sociology，2019，9：397-418.

S

[115] Sadabadi A A，Ramezani S，Fartash K，et al.Social Innovation：drawing and Analysis with Using Research in Scientific Base[J].Journal of information & knowledge management，2022，21（4）：2250048

[116] Salonitis K，Pandremenos J，Paralikas J，et al.Multifunctional materials

used in automotive industry：a critical review[J].Engineering against fracture，2009：59–70.

[117] Sanders R.The Pareto principle：its use and abuse[J].Journal of services marketing，1987，1（2）：37–40.

[118] SCHNEIDER C Q，WAGEMANN C.Reducing complexity in qualitative comparative analysis（QCA）：remote and proximate factors and the consolidation of democracy[J].European journal of political research，2006，45（5）：751–786.

[119] Schwarz N，Clore G L.Mood，misattribution，and judgments of well–being：informative and directive functions of affective states[J].Journal of personality and social psychology，1983，45：3513.

[120] Shao Y，Zhang C，Zhou J，et al.How does culture shape creativity? A mini–review[J].Frontiers in psychology，2019，10：12–19.

[121] Shavitt S，Barnes A J.Culture and the consumer journey[J].Journal of retailing，2020，96（1）：40–54.

[122] Shi D，Maydeu–Olivares A，Rosseel Y.Assessing fit in ordinal factor analysis models：SRMR vs.RMSEA[J].Structural equation modeling：a multidisciplinary journal，2020，27（1）：1–15.

[123] Shiner L.“Blurred boundaries”? Rethinking the concept of craft and its relation to art and design[J].Philosophy compass，2012，7（4）：230–244.

[124] Skibski O，Rahwan T，Michalak T P，et al.Attachment centrality：measure for connectivity in networks[J].Artificial intelligence，2019，274：151–179.

[125] So C.Measuring aesthetic preferences of neural style transfer：more precision with the two–alternative–forced–choice task[J].International journal of human–computer interaction，2022：1–21.

[126] Solomon M.R.Consumer behavior buying，having and being[M].Uuppersaddle River，New Jersey Pearson Education：2009.

[127] Suriadi J，Mardiyana M，Reza B.The concept of color psychology and logos

to strengthen brand personality of local products[J].Linguistics and culture review，2022，6（S1）：839-856.

T

[128] Tao W，Liu Y，Zhang K.Automatically generating abstract paintings in Malevich style[C]//2014 IEEE/ACIS 13th International Conference on Computer and Information Science（ICIS）.IEEE，2014：201-205.

[129] Tu JC，Liu LX，Cui YA.Study on consumer's preferences for the palace museum's cultural and creative products from the perspective of cultural sustainability[J].Sustainability，2019，11（13）：1-23.

[130] Thakkar J J.Structural equation modelling application for research and practice（with AMOS and R）.SSDC，2020.

[131] Tschimmel K.Creativity，Design and design thinking：a human centred ménageàtrois for innovation[M].Perspectives on Design II.Springer，Cham，2022.

U

[132] Ulwick AW.Turn customer input into innovation[J].Harv. Bus. Rev，2020，80（1）：91–98.

V

[133] Van Kleef E，Van Trijp H C，Luning P. Consumer research in the early stages of new product development：a critical review of methods and techniques[J]. Food pual. prefer，2005，16（3）：181–201.

[134] van Trijp H C，van Kleef E. Newness，value and new product performance[J]. Trends food Sci. technol，2008，19（11）：562–573.

[135] Verganti R.Design driven innovation：changing the rules of competition by radically innovating what things mean[M].Massachusetts：Harvard Business Press，2013.

[136] Voorn R J J，van der Veen G，van Rompay TJL，et al.Human values as added value（s）in consumer brand congruence：a comparison with traits and

functional requirements[J].Journal of brand management，2021，28（1）：48–59.

W

[137] Wang X Y.Case study of innovative design of regional cultural elements in the Central Plains[J].Decoration，2020，35（5）：112–115.

[138] Wargnier H，Kromm F X，Danis M，et al.Proposal for a multi–material design procedure[J].Materials & Design（1980–2015），2014，56：44–49.

[139] Woodward K.Questioning identity：gender，class，ethnicity[M].Brandon：Psychology Press，2004.

X

[140] Xu L P.The application of regional cultural symbols in the cultural and creative product design based on psychological resonance strategy[J].Enterprise economy，2018，38（12）：109–114.

[141] Xu S B.Cultural memory reconstruction on the earth：a case study of the Earth Art Festival in Echigo Wife Area，Japan[J].Hundreds of arts，2020，36（3）：82–89.

Y

[142] Yan X H.Design rooted in local：a case study of cultural and creative design in Yonghe County，Shanxi Province[J].Fine arts observation，2021，41（4）：142–143.

[143] Yang C，Fan J C.Research on the method of cultural and creative product design based on sense–quality theory[J].Packaging ergonomics，2020，41：1461–1466.

[144] Yang J，ČernevičiūtėJ.Cultural and creative industries（CCI）and sustainable development：China's cultural industries clusters[J].Entrepreneurship and sustainability issues，2017，5（2）：231–242.

[145] YANG Jian–fei，CERNEVICIUTEJ.Cultural and creative industries（CCII）and sustainable development：China's cultural industries clusters[J].

Entrepreneurship and sustainability issues，2017，5（2）：231-242.

[146] Yang S C，Peng L H，Hsu L C.The influence of teacup shape on the cognitive perception of tea，and the sustainability value of the aesthetic and practical design of a teacup[J].Sustainability，2019，11（24）：68-95.

[147] Yen H Y，Lin P H，Lin R.Emotional product design and perceived brand emotion[J].International journal of advances in psychology，2014，3：259.

[148] Yu L，Feng X，Wang J，et al.Research on the mechanism of emotional design in Chinese cultural and creative products[J].Heritage science，2022，10（1）：1-18.

[149] Yueming H.Research on the role of art creation in ceramic material product design based on the perspective of innovation[C]//E3S Web of Conferences. EDP Sciences，2021，251：01033.

Z

[150] Zhan X，Walker S.Craft as leverage for sustainable design transformation：a theoretical foundation[J].The design journal，2019，22（4）：483-503.

[151] Zhang G G，Chen X Y，Law R，et al.Sustainability of heritage tourism：a structural perspective from cultural identity and consumption intention[J]. Sustainability，2020，12（21）：91-99.

[152] Zhang M Z，Chen X.Regional culture+Regional tourism：innovation of tourism industry development mode based on industry integration[J].Economic problems，2021，43（1）：112-118.

[153] Zhao J H.Design psychology[M].Beijing：Beijing Institute of Technology Press，2003.

[154] Zhao Y P，Yang J.Oriental secret language：creating a humanistic poetic realm of museum cultural creation[J].Decoration，2020，10：68.

致　谢

本书的完成离不开各方的支持与帮助。在此，我谨向所有在本书编写与出版过程中提供支持的单位和个人致以最诚挚的谢意。

首先，衷心感谢国家社会科学基金艺术学一般项目对本书研究的资助。本书得以顺利开展并最终呈现，与国家社科基金的支持密不可分。这一资助不仅为研究提供了充足的资源保障，更激励我及团队深入探索文化创意领域中的关键问题，推动本书内容更加丰富和科学。

其次，要特别感谢燕山大学出版社的支持。出版社不仅为本书提供了出版平台，更在编辑、排版和校对过程中投入了大量心血，其专业性和耐心细致的工作确保了本书的高质量出版。同时，也感谢燕山大学艺术与设计学院和燕山大学社会科学工作处的帮助，无论是在研究的初期阶段还是书稿完善的过程中，这些单位都给予了宝贵的支持和指导。

在本书的具体编写过程中，团队成员分工明确，通力合作，共同完成了各章节的编写工作。其中于雷负责内容框架、编写及统筹与细化工作，于雷、冯鑫负责全书的初稿审核，于雷负责全书的统稿工作，陈江飞、王静雅、孔维歆、李爽汲、涂伟龙、彭文博、王安然、王子妍负责部分章节的修订、编改工作，具体分工如下：孔维歆负责第一章，陈江飞负责第二章，陈江飞、王静雅负责第三章，李爽汲负责第四章，王安然、王子妍负责第五章，彭文博负责第六章，涂伟龙负责第七章，于雷负责余论。每一位成员的智慧与付出，都是本书得以完成的重要支撑。

同时，本书的研究和写作过程中，参考并引用了多家机构和专家学者的研究成果。这些资料为本书提供了丰富的理论依据与案例支持。在此一并致谢！

最后，我要向我的家人和朋友致以深深的感谢。正是他们在我创作期间的无私支持和包容，让我能够全身心投入到本书的研究与写作中。

当然，由于时间仓促，本书难免存在不足之处，敬请各位读者批评指正。我将继续努力，在未来的研究中不断完善，以期为文化创意产业的发展贡献更多的学术价值和实践指导。

谢谢大家！